AF628139

WATERCOLOR TIERE

(bär von pappe)

Jenny Boidol

WATERCOLOR TIERE

Tierische Motive in Aquarell von Ameisenbär bis Zebra

Alle Motive Schritt für Schritt

EMF

EIN BUCH DER
EDITION MICHAEL FISCHER

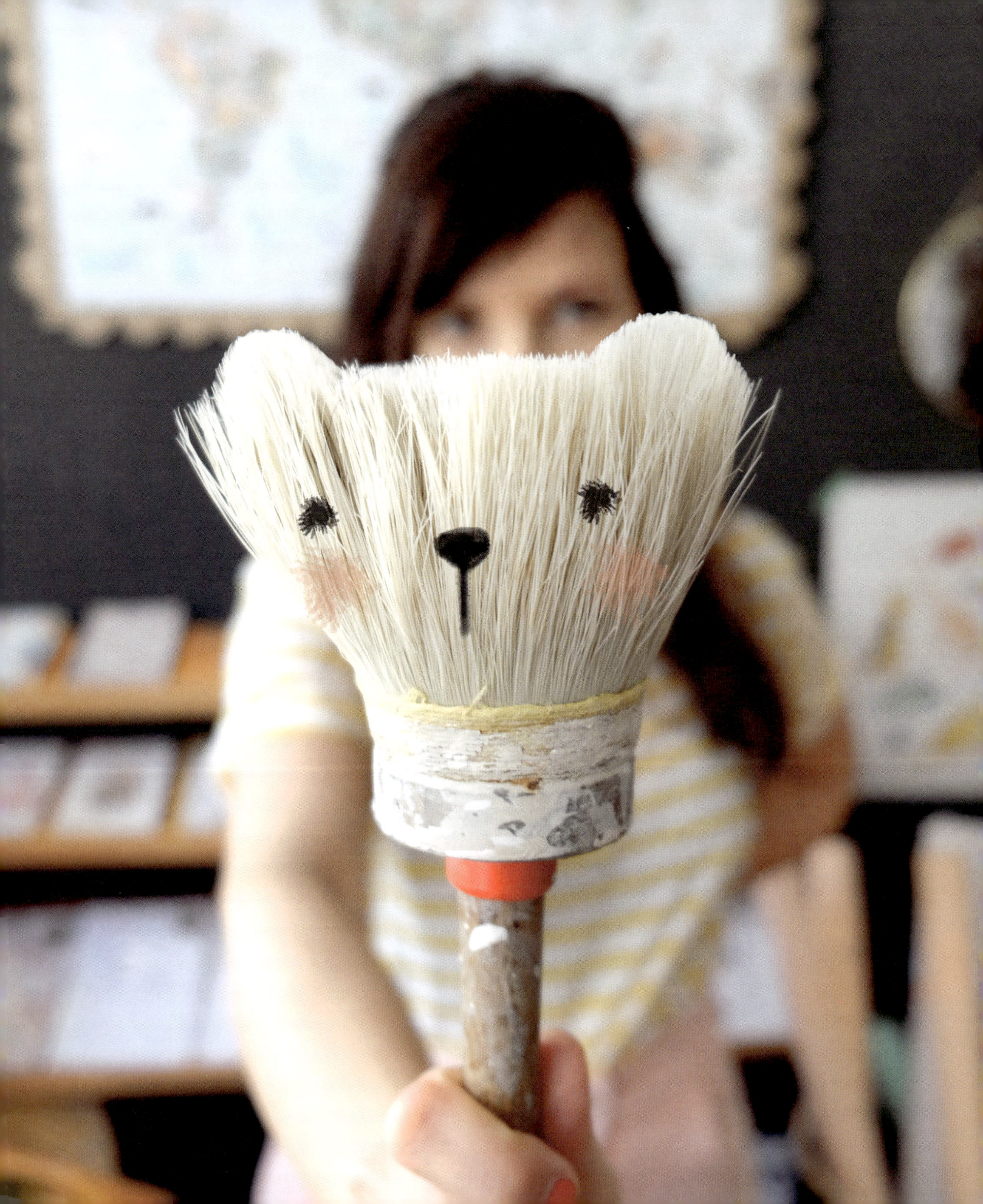

Vielen lieben Dank

an meine bärenstarken

FREUNDE, follower, Unterstützer

und

Bubu ♥

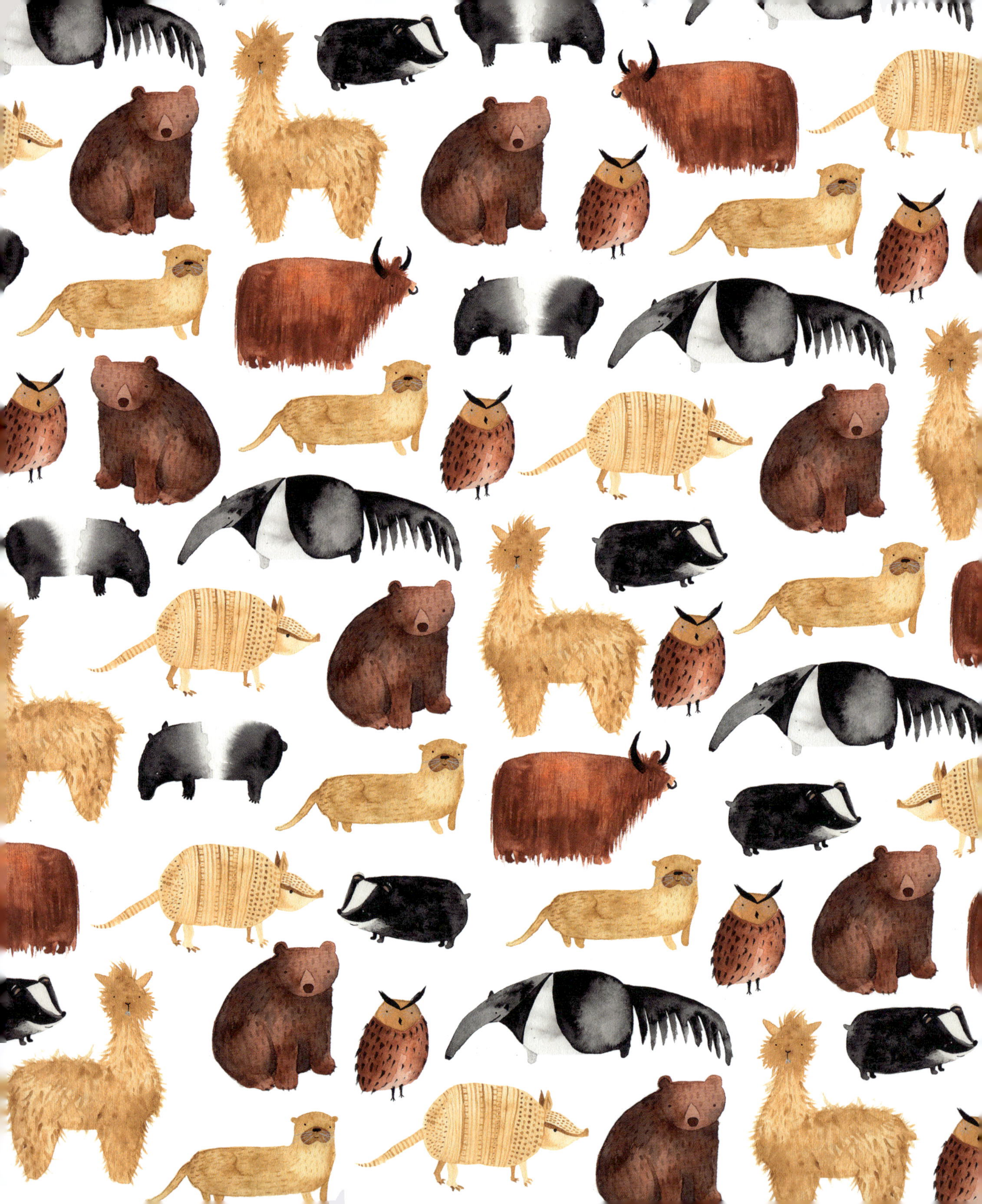

Inhalt

8 Vorwort

11 How I became an illustrator

17 bär von pappe

28 Material & Technik – Mein Watercolor 1 x 1

43 Übungen

TIERE VON A bis Z

56 Ameisenbär

58 Bär

60 Clownfisch

62 Dachs

64 Eichhörnchen

68 Faultier

70 Gürteltier

72 Hahn

76 Igel

78 Jaguar

82 Koala

86 Lama

90 Manta

92 Nautilus

94 Otter

96 Papagei

100 Qualle

102 Robbe

104 Seepferdchen

106 Tapir

108 Uhu

112 Viper

116 Wal

120 Xenopus laevis

122 Yak

124 Zebra

Vorwort

Ähm, wie bitte? Es soll ein Buch werden, welches zeigt, wie ich Schritt für Schritt illustriere? Ziemlich verrückt, aber schön verrückt!

Das waren meine ersten Gedanken, als ich die Anfrage vom wunderbaren EMF Verlag bekam.

Hätte mir man das in meiner Schulzeit erzählt, während ich gerade etwas trinke, so wäre mir das Getränk vor lauter Lachen und Prusten aus der Nase geschossen! Obwohl ich immer eine Menge Spaß am Kunstunterricht hatte und mich gern mit Kreativität umgeben habe, so wollte ich dies nie beruflich tun. Ich hatte Angst, dass es mir aufgrund der Ernsthaftigkeit und Pflichten die Freude, Leichtigkeit und Freiheit, in andere, erfundene Welten abzutauchen, nehmen würde.

Diese Gedanken waren aber wohl nicht allzu tief verankert, denn nun bin ich tatsächlich Illustratorin.
Und sehr glücklich damit!

Es war gar nicht so einfach, alles in Worte zu fassen oder überhaupt meine Herangehensweise zu zerstückeln – tja, wie mache ich das denn?

Es war eine kleine Herausforderung für mich, meinen Malstil, der für mich ganz selbstverständlich ist, in Schritte zu gliedern. Denn ich male weder vor, noch warte ich nach jedem Schritt, bis es komplett durchgetrocknet ist. Eigentlich male ich immer alles fließend in einem großen Schritt. Dadurch empfinde ich die Illustrationen als lebhafter. Es wird nicht perfekt, dafür eigensinnig. Aber für dieses Buch musste ich mir zum einen überlegen, welche Schritte für jemanden sinnvoll wären, der nicht ich ist, und zum anderen musste ich nach jedem Einzelschritt warten, bis es getrocknet ist, um es einscannen zu können. Das war neu für mich. Dadurch wurde mein FLOW ein bisschen gestört, aber mit dem Ergebnis bin ich dennoch sehr zufrieden.

Es war eine kleine Herausforderung für mich ...

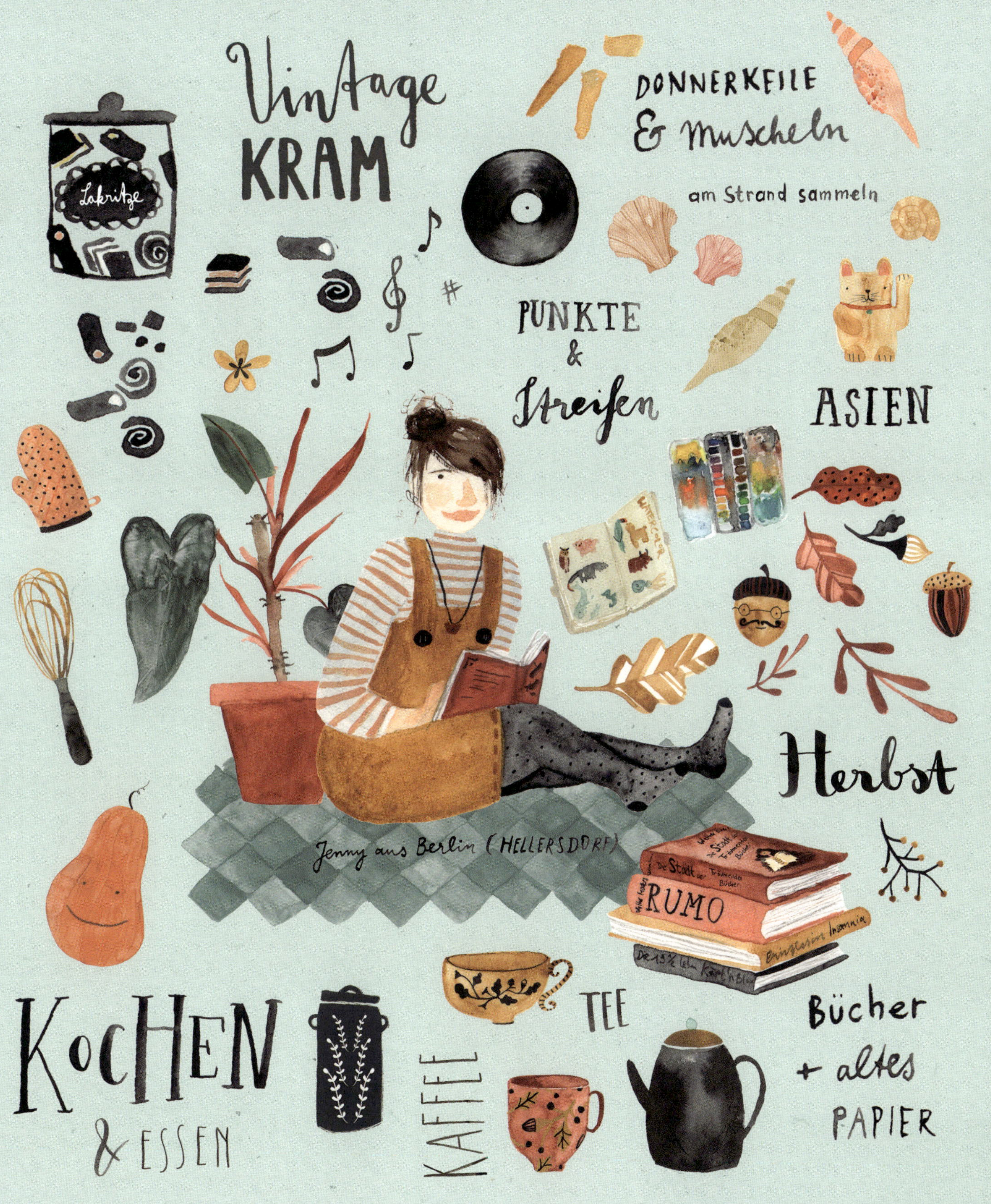
Vintage KRAM
Lakritze
DONNERKEILE
& muscheln
am Strand sammeln
PUNKTE
&
Streifen
ASIEN
Herbst
Jenny aus Berlin (HELLERSDORF)
RUMO
KOCHEN
& ESSEN
KAFFEE
TEE
Bücher
+ altes
PAPIER

Dies ist kein Schulbuch zum Thema Aquarell ...

Bis heute habe ich mir noch nicht einmal einen Guide zum Thema Watercolor angeschaut.

Denn dies ist kein Schulbuch zum Thema Aquarell: Wer ganz viel über Farbenlehre, Papierherstellung, Komposition etc. lernen möchte, für den ist dieses Buch nicht geeignet.

Es gibt viele andere Bücher, die sich damit beschäftigen – ich zeige einfach, wie ich arbeite. Ganz Basic, ganz einfach, ohne viel Schnickschnack.

Deshalb bin ich eben kein Watercolor-Guru, einfach eine junge Frau, die für sich herausgefunden hat, schöne Ergebnisse auf ihre Art zu erreichen.

Denn das faszinierende an Aquarell ist für mich, dass es so wunderbar unvorhersehbar ist! Diese wahnsinnig tollen Effekte, die du ein bisschen lenken kannst, aber du wirst auch so oft überrascht. Ich bin so dankbar – so kitschig es auch klingt –, meinen Traum zu leben, weil ihr meine Kreationen so sehr mögt! Und ich freue mich, dies mit euch jetzt teilen zu dürfen.

Deshalb möchte ich euch auf den folgenden Seiten zuerst einen kleinen Einblick in meinen Werdegang geben, in meine Arbeitsweise, und dann kommt auch schon der Teil, in dem ich euch zeige, wie ich meine kleinen Tierchen zum Leben erwecke.

Habt ganz viel Freude beim Schmökern in diesem Büchlein und natürlich beim Selber-kreativ-Werden!

Jenny (bär vonpappe)

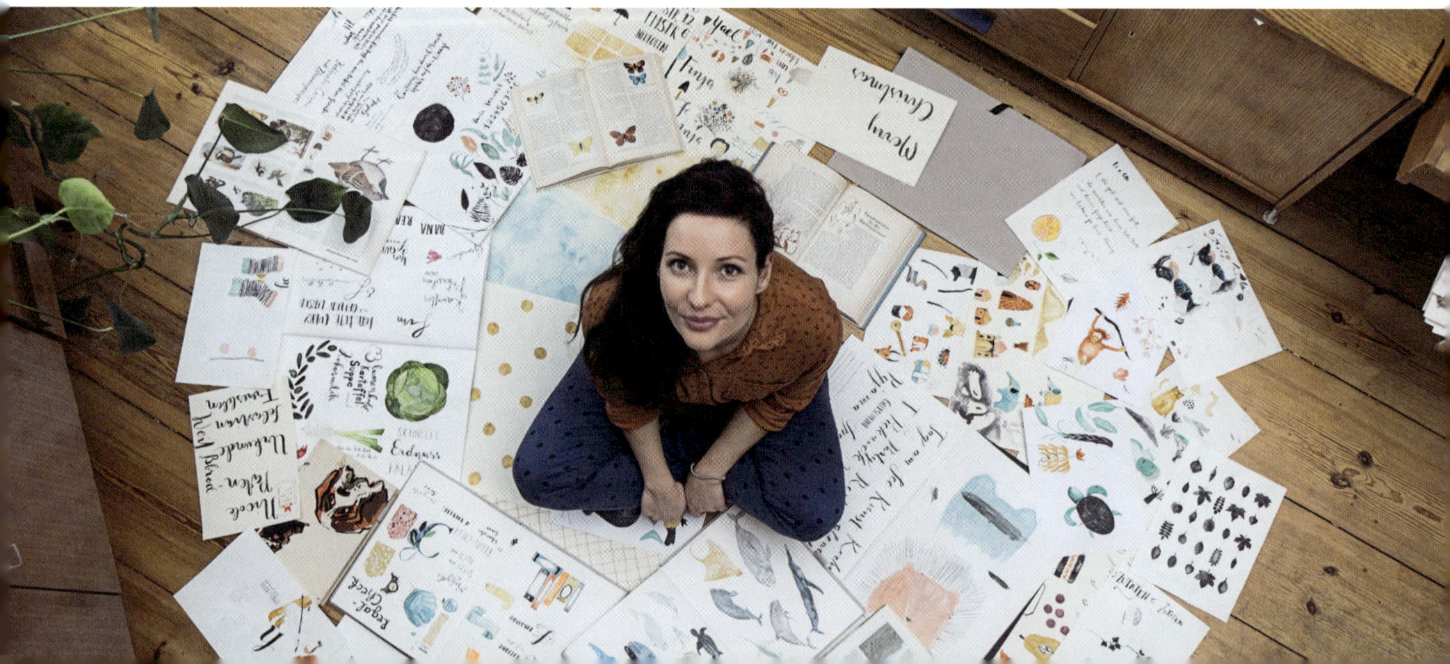

How I BECAME an Illustrator

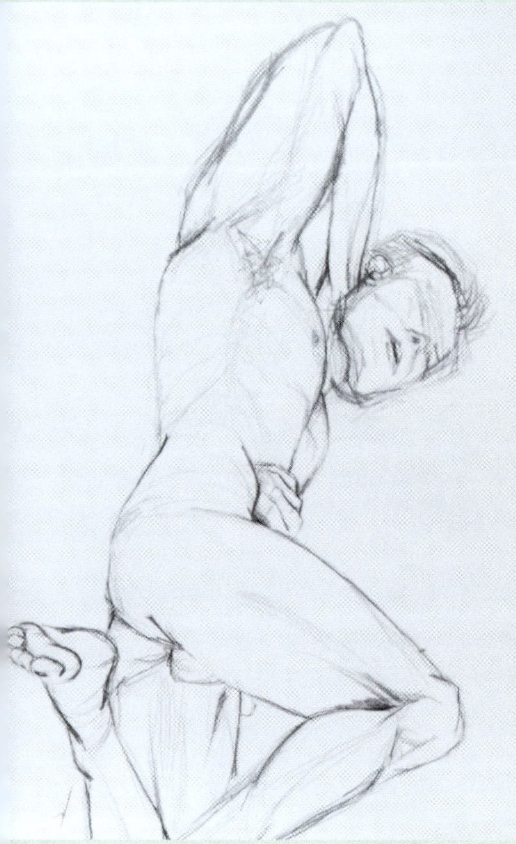

Bei mir im Atelier und auch auf Instagram werde ich oft gefragt, wie und warum ich das alles mache, wie ich dazu gekommen bin und ob man von der eigenen Kunst leben kann. Ich denke, viele von euch, die das Buch nun in den Händen halten, könnte das auch interessieren. Vielleicht habt ihr sogar selber den Wunsch, als Illustrator zu arbeiten. Deshalb erzähle ich euch, wie ich Vollblut-Illustratorin geworden bin.

Nach dem Abitur wusste ich erstmal gar nicht, was ich machen sollte. Mein Talent und Interesse für Mathe, Bio und Sprachen war leider nicht ausreichend. So entschied ich mich dann doch für einen Mappenkurs zur Vorbereitung auf Aufnahmeprüfungen an Hochschulen. Denn ein kreativer Werdegang blieb dann wohl oder übel nur noch übrig. In einem Mappenkurs lernt man Techniken, ein bestimmtes Problem zu visualisieren, und ich habe dadurch auch gelernt, dass ich gar nicht in die Kunstrichtung gehen möchte, sondern eher in Richtung Grafik. Der Unterschied war mir vorher gar nicht wirklich bewusst gewesen.

Meine Mappenthemen waren damals Wald und Waldtiere, besonders Eulen.

Ich wollte also Grafikerin werden. Ich fertigte unterschiedliche Mappen an, bewarb mich bei verschiedenen Hochschulen und wurde auch zu den Aufnahmeprüfungen eingeladen. Erhielt aber letzendlich Absagen. Das war schrecklich, alle Aufnahmeschritte brachte ich hinter mich und wurde dann doch abgelehnt. Damals wollte ich nicht hören, dass ich noch zu jung war, aber mittlerweile kann ich sagen, es stimmte! Direkt von der Schule war ich noch nicht ‚reif'.

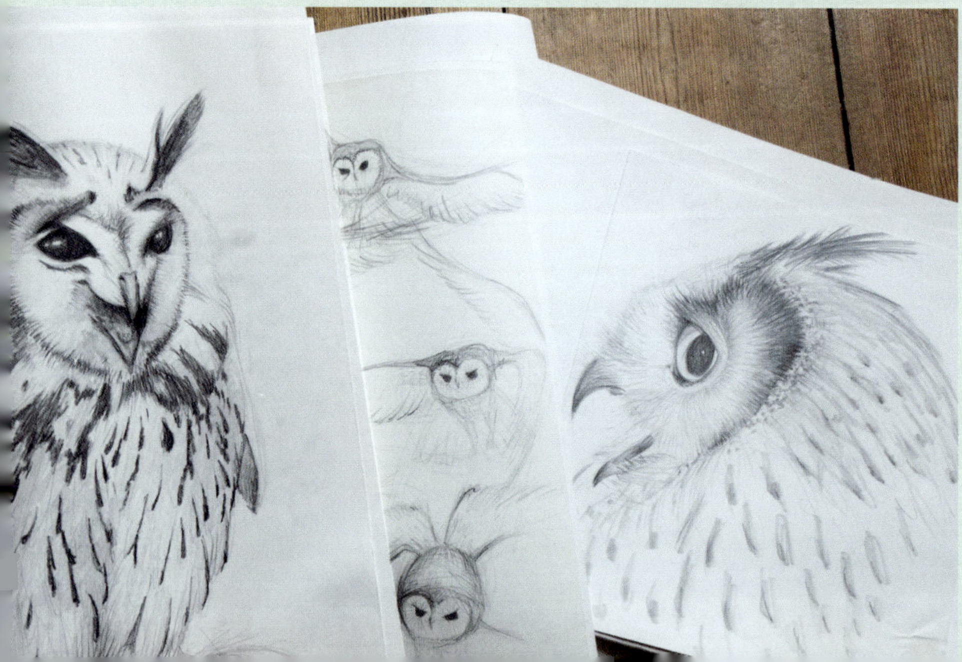

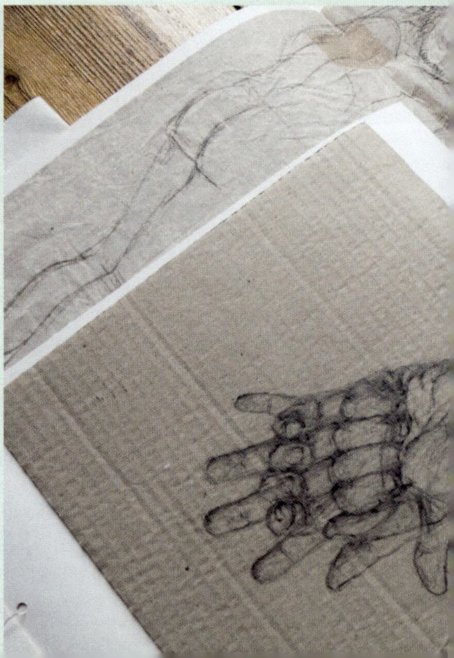

Also absolvierte ich erstmal Praktika in kleinen Werbeagenturen und Animationsbüros. So bekam ich einen Einblick, was die tatsächlichen Aufgabenbereiche eines Grafikers waren. Ich kam zum ersten Mal in Kontakt mit Grafikprogrammen – genial! Was damit alles möglich war. Logos erstellen, Bilder bearbeiten, Schrift setzen, Layouts für Flyer und Magazine erstellen. Das wollte ich machen!

Angetan von der Vielfalt dieses Berufs entschied ich mich für den ‚vernünftigen' Weg und machte eine Ausbildung zur Mediengestalterin. Das ist sozusagen der Assistent des Grafikers. Man ‚schrubbt' viel weg, wie wir es immer genannt haben. Viele Pickelchen retuschieren, Texte in Flyer einfügen ... Dabei habe ich gelernt, dass kreatives Arbeiten nicht nur Spaß macht, sondern man sich durchbeißen muss und es eben manchmal gar nicht kreativ ist. Kreativität ist auch Arbeit.

Studium

Nach der Ausbildung war es dann doch so weit, ich habe Kommunikationsdesign in Berlin studiert. Juhuuu!

Im Studium habe ich mich hauptsächlich auf die Illustrationskurse konzentriert, denn die anderen Bereiche kannte ich ja irgendwie schon aus der Ausbildung und Berufsschule. Zu Beginn meiner Illustrationsreise hab ich ein ganz anderes Medium bevorzugt, eher Stifte und den Schabekarton. Ein Schabekarton ist mit einem schwarzen Material beschichtet, welches man mit einer Art Nadel abkratzen kann. Man erreicht tolle Effekte zwischen Grobheit und sehr feinen Linien. Aber das ist auch sehr langwierig und auch etwas anstrengend auf Dauer. Dazu Papeterie aus alten Matrialien. Dann gab es im Studium einen Aha-Moment!

Kreativität ist auch Arbeit.

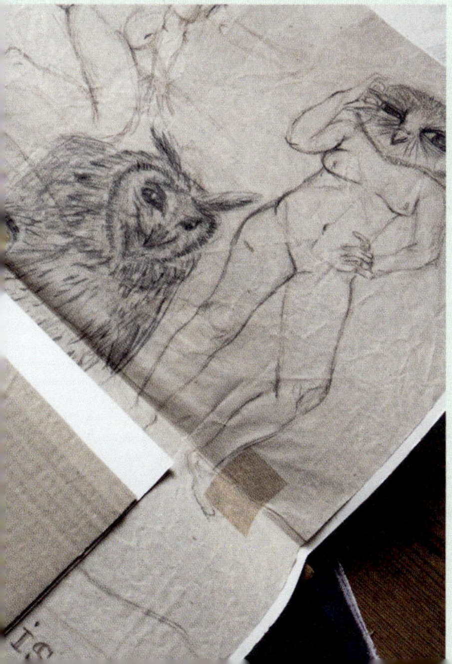

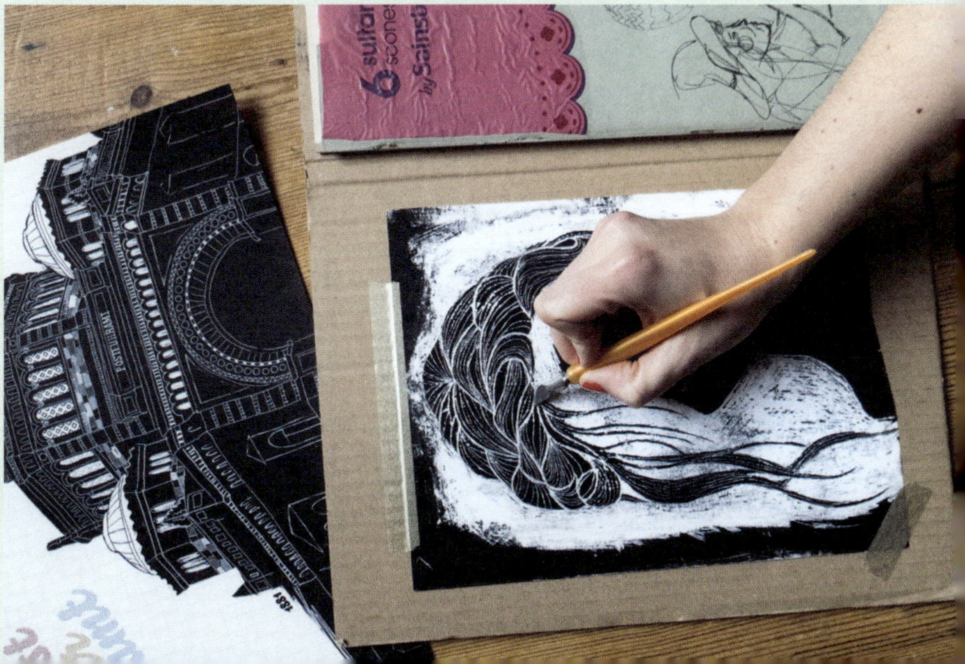

I FELL IN LOVE WITH WATER-COLORS

Mein Aha-Moment

In einem Kurzzeitprojekt im Studium sollte jeder ein Wimmelbild erstellen – ganz egal in welcher Technik. Wir hatten eine Woche Zeit. Der Schabekarton eignete sich da nicht sehr gut, denn es ist ganz schön anstregend, und er verzeiht keine Fehler. Was einmal weggekratzt wurde, ist weg. Also nahm ich mir den Schmincke-Aquarell-Kasten zur Hand, den mein Freund (Industrial-Design-Student zu der Zeit) in der Schublade hatte. Für einige Kurse hatte ich damit schon gearbeitet und wusste, damit könnte ich schneller arbeiten – und was soll ich sagen, es fühlte sich so ‚richtig' an. Der Aquarellkasten und ich waren von da an unzertrennlich!

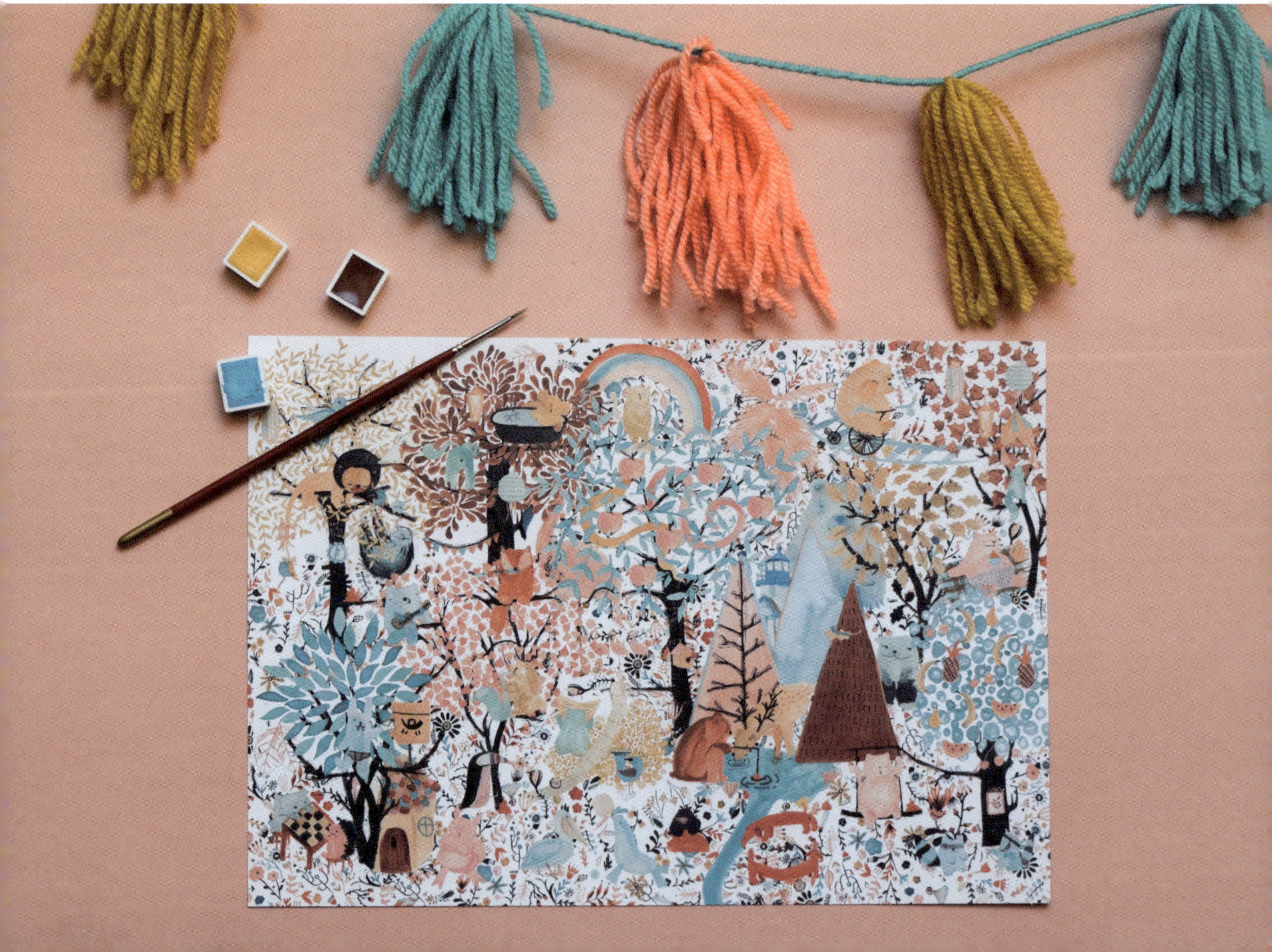

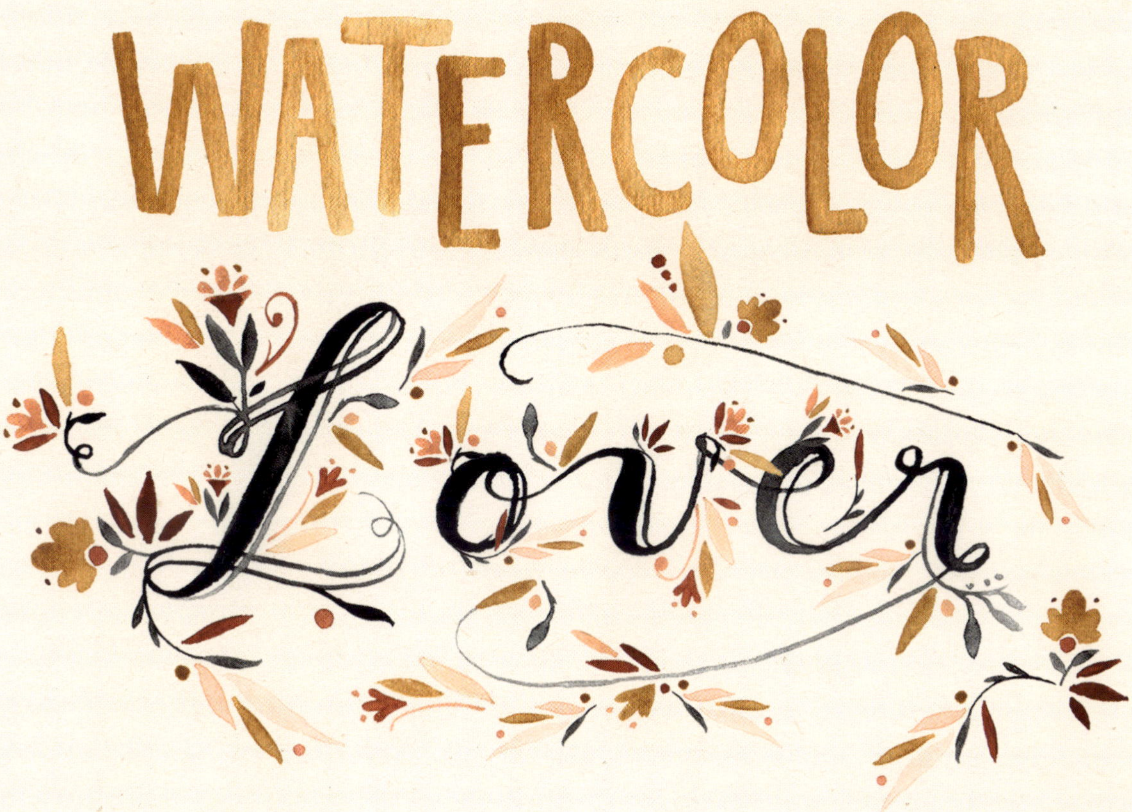
WATERCOLOR
Lover

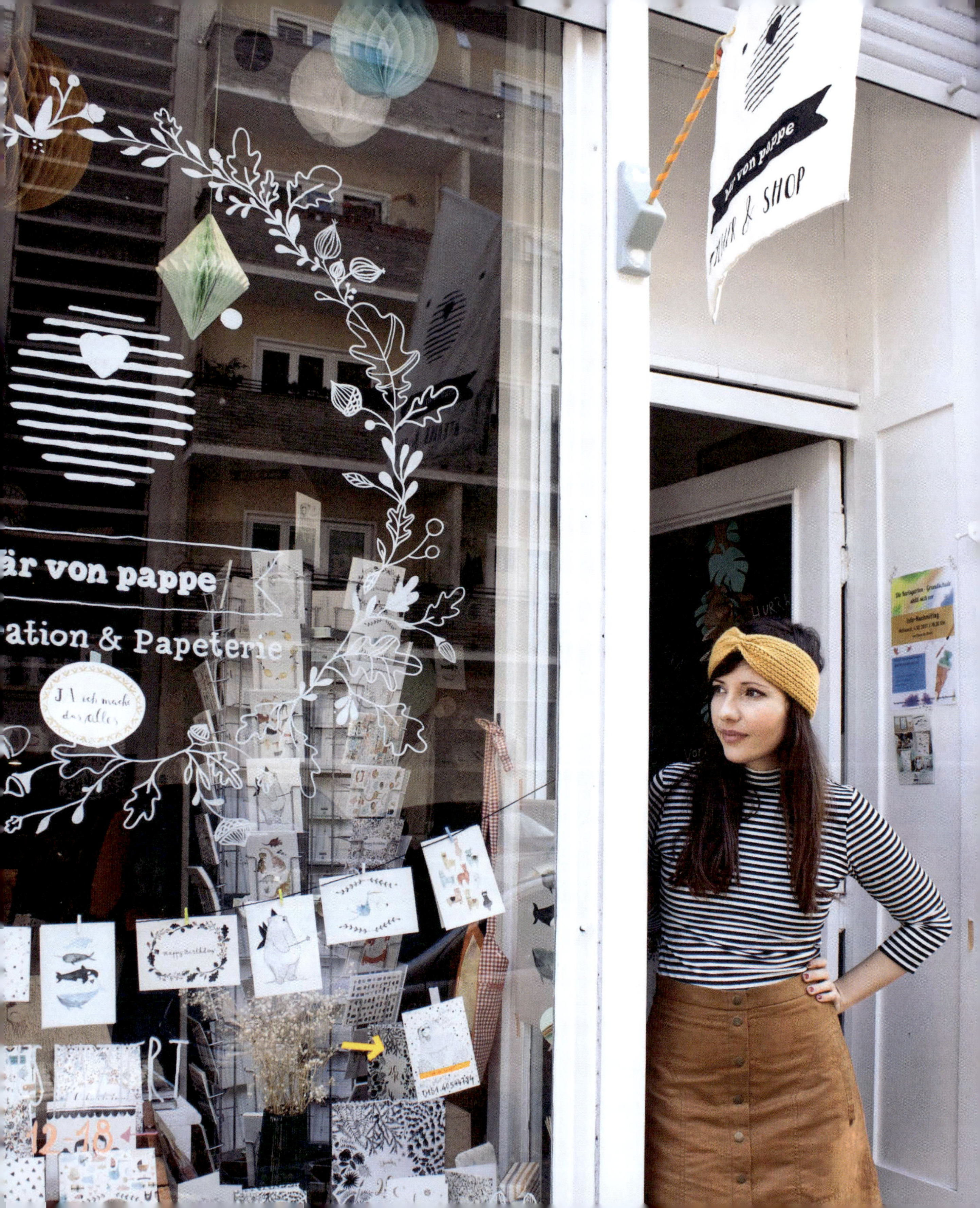

är von pappe
ation & Papeterie

Willkommen im bär von pappe Studio

Im Winter 2014 entschloss ich mich, das Studium an den Nagel zu hängen, denn immer mehr Menschen interessierten sich für mein kleines Label *bär von pappe*. Ich musste mich entscheiden, Studium oder selbstständiges Arbeiten, beides ließ sich zeitlich beim besten Willen nicht mehr vereinen. Das JA zu *bär von pappe* fühlte sich richtig gut an.

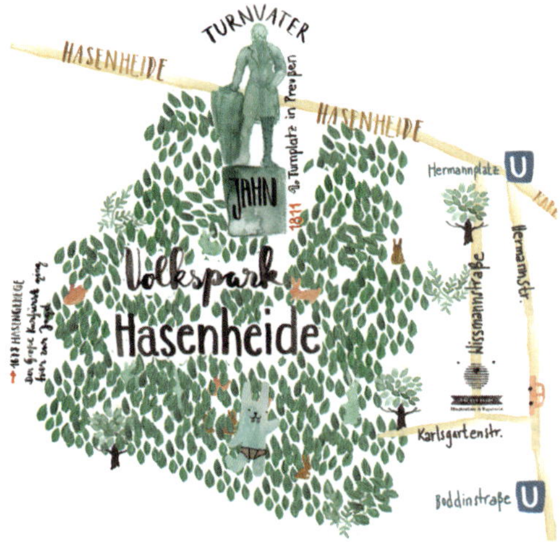

Zu Beginn arbeitete ich von zu Hause aus, dann in der Ateliergemeinschaft *Musenstube* an einem gemieteten Tisch. Dort hat auch der großartige kleine *Jaja Verlag* seinen Sitz. Seitdem erscheint mein Jahresplaner im *Jaja Verlag*.

Immer mehr Postkarten, Poster, Babybücher und Notizhefte wurden Teil meiner Produktwelt. Der Stauraum wurde leider knapp! So zog ich wieder um – und diesmal hatte ich gleich eine eigene Ladenatelierhälfte bei *HOPE & GLORY*, auch in Berlin Neukölln. Ein Traum wurde wahr! Aber ihr könnt es euch sicherlich schon denken – der Bär wurde immer größer und dicker!

Und so baute ich mir eine neue, geräumigere Höhle aus. Hier lagern nun meine Produkte, ich verpacke liebevoll eure Bestellungen, arbeite an neuen Illustrationen und freue mich immer, wenn sich ein Besucher in die ruhige Wissmannstraße in Berlin Neukölln verirrt!

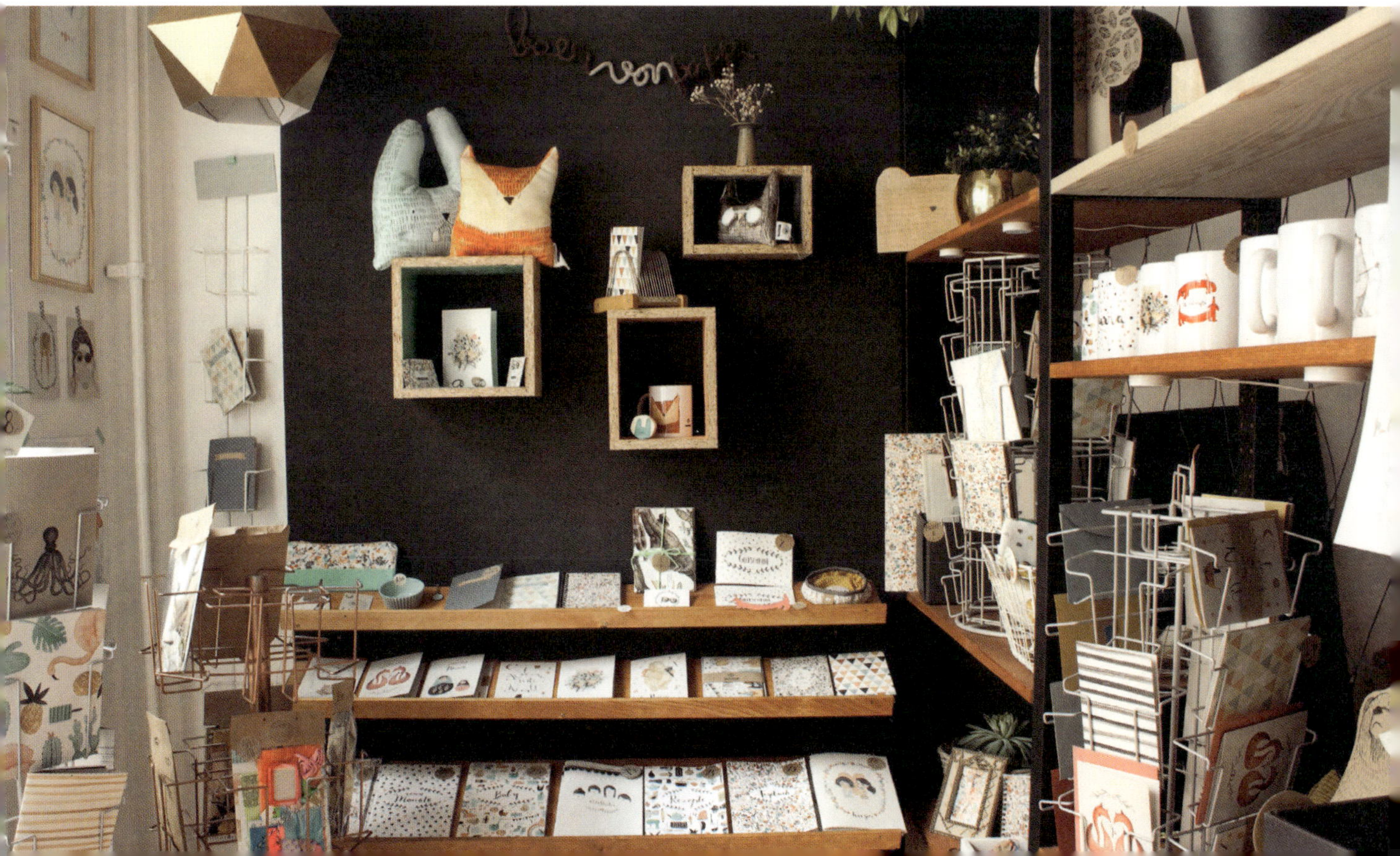

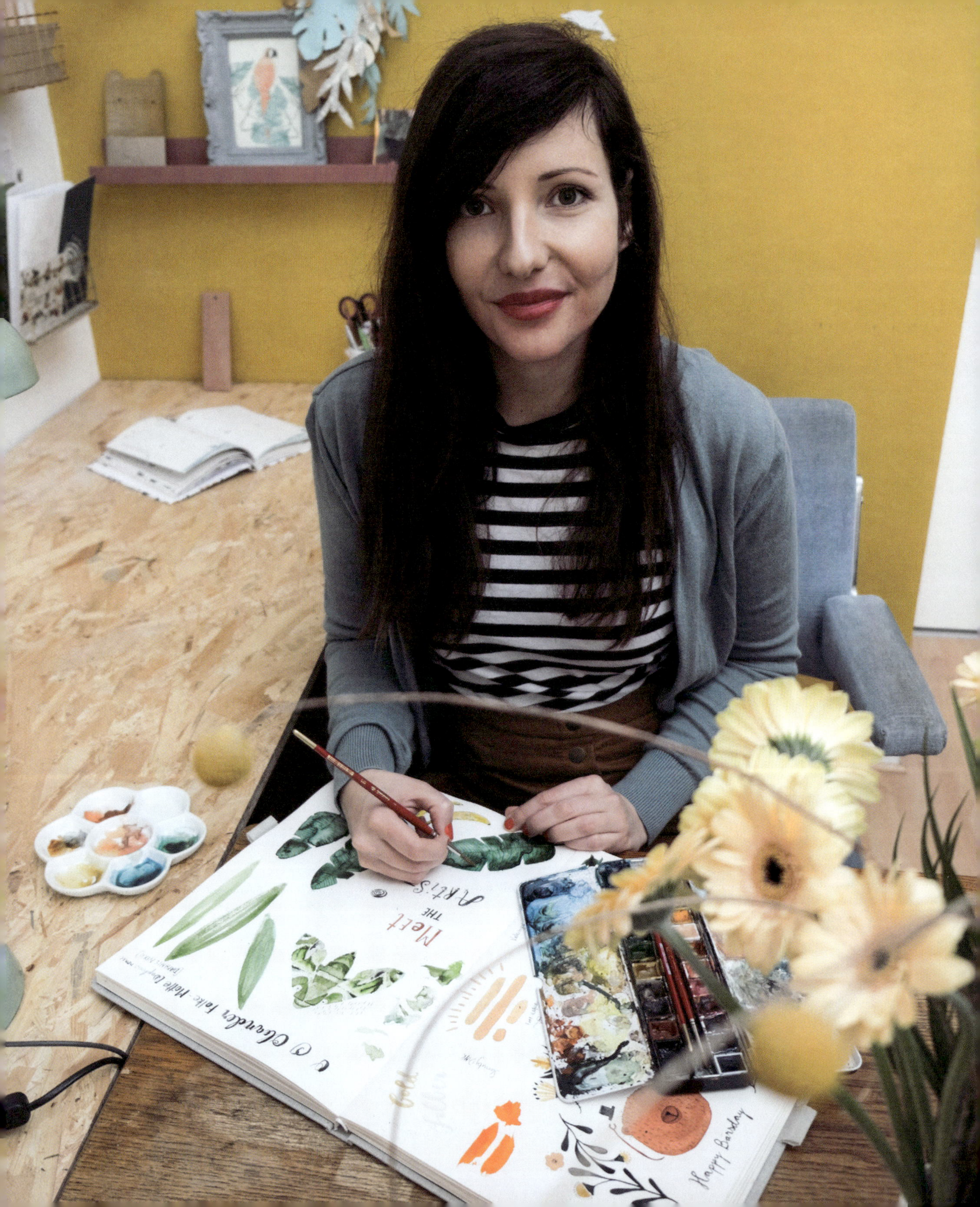
Meet
THE
Artists

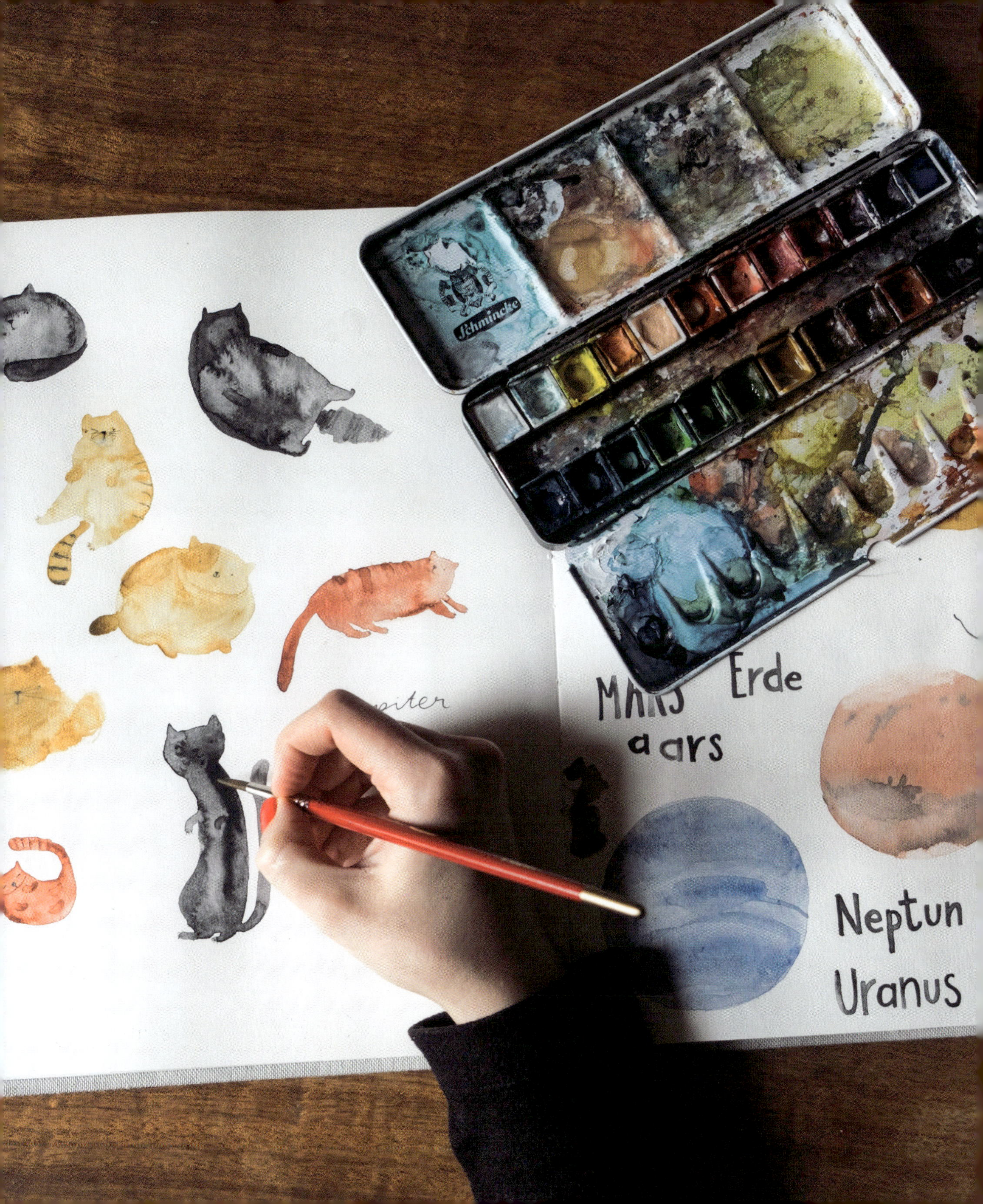
Schmincke
Erde
Neptun
Uranus

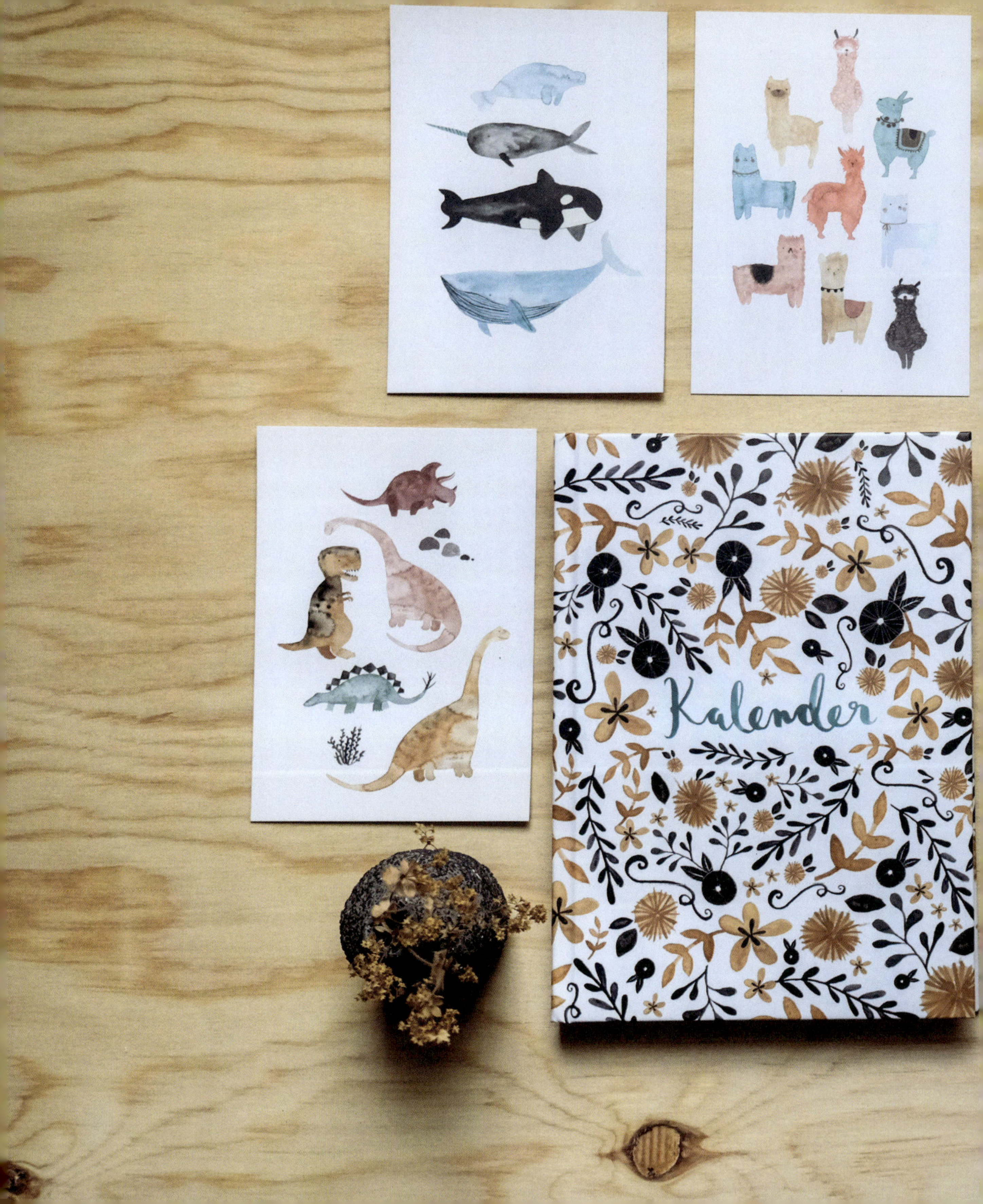
Kalender

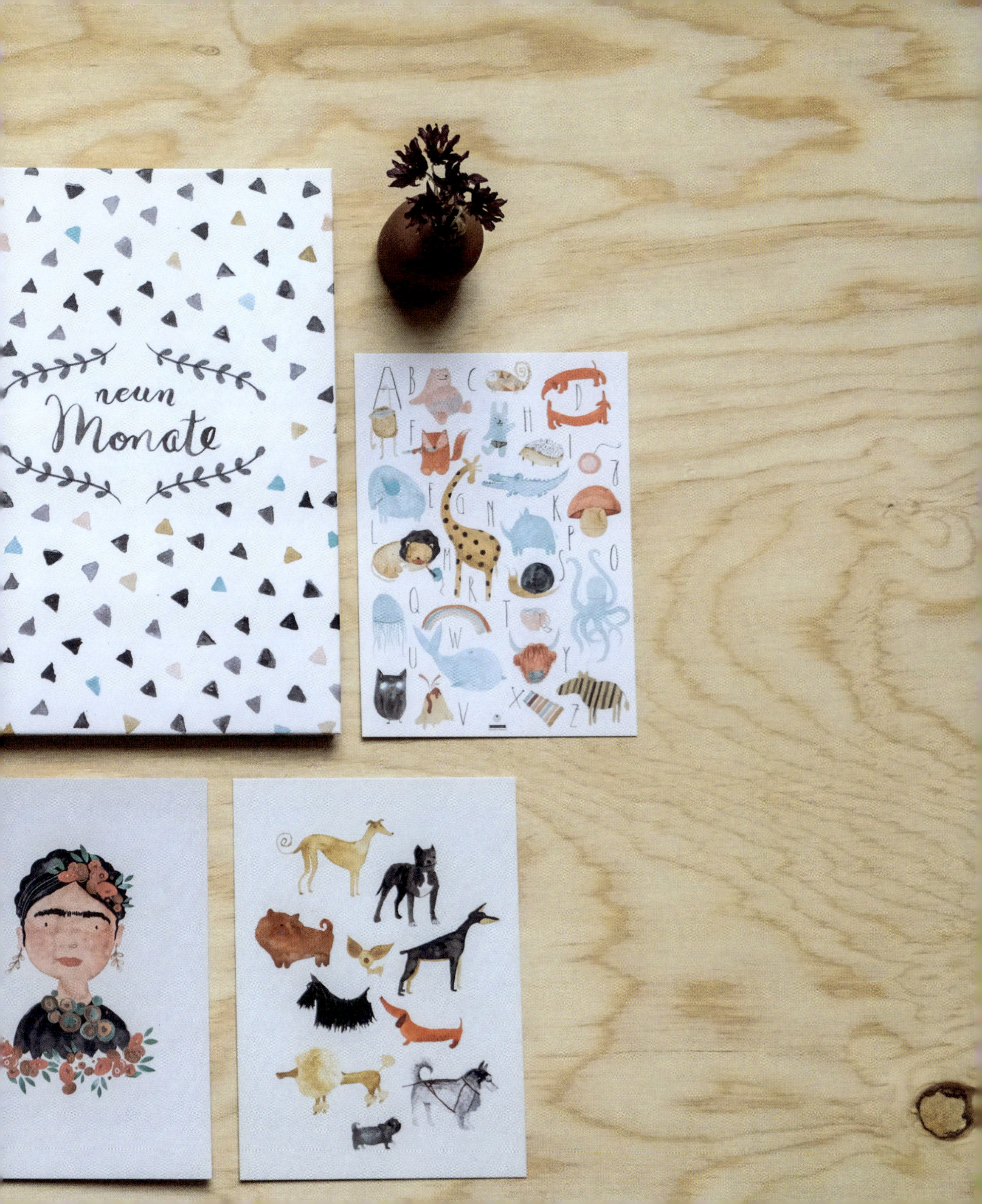
neun
Monate

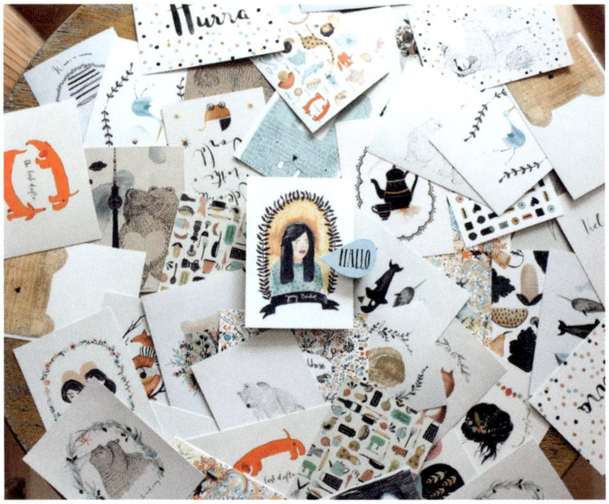
Hurra
HALLO

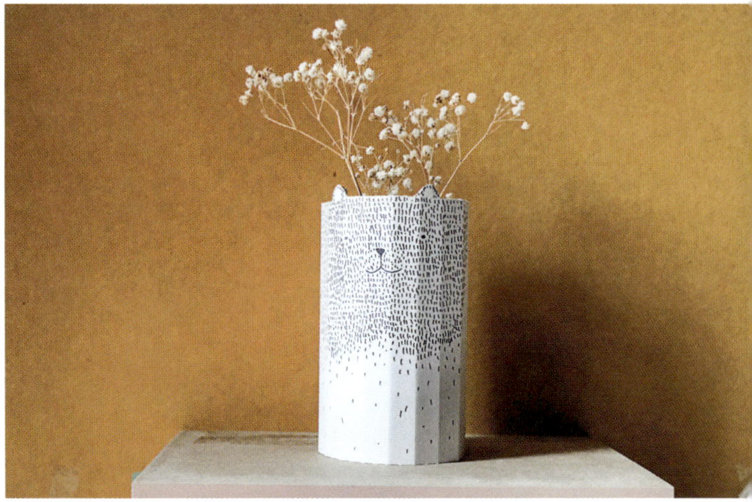

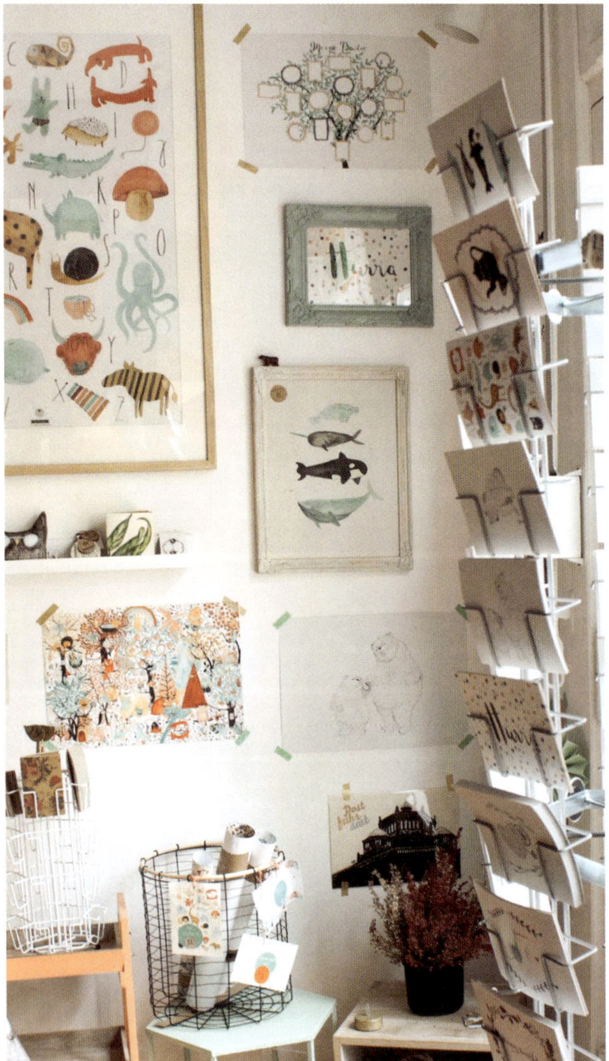
Hurra

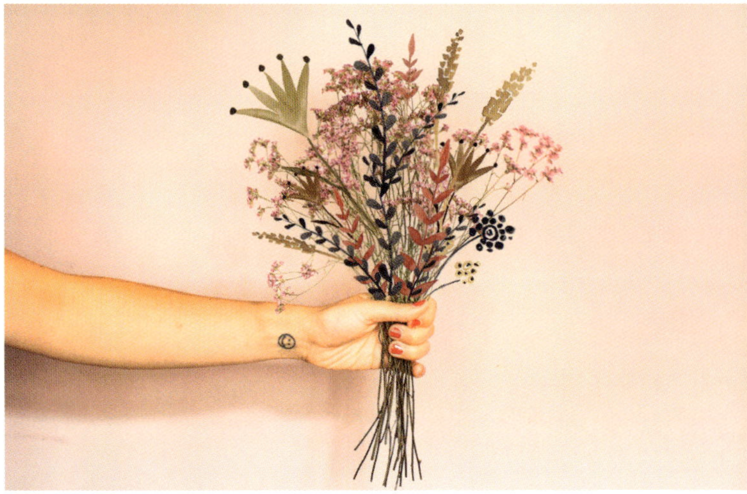

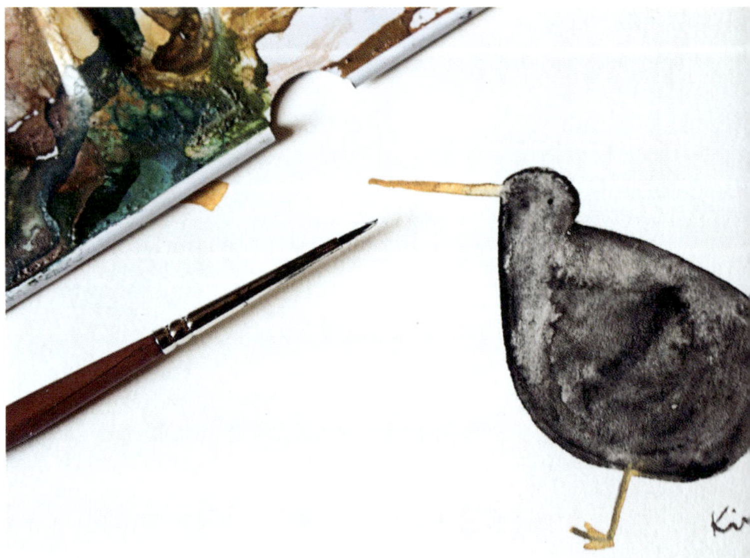

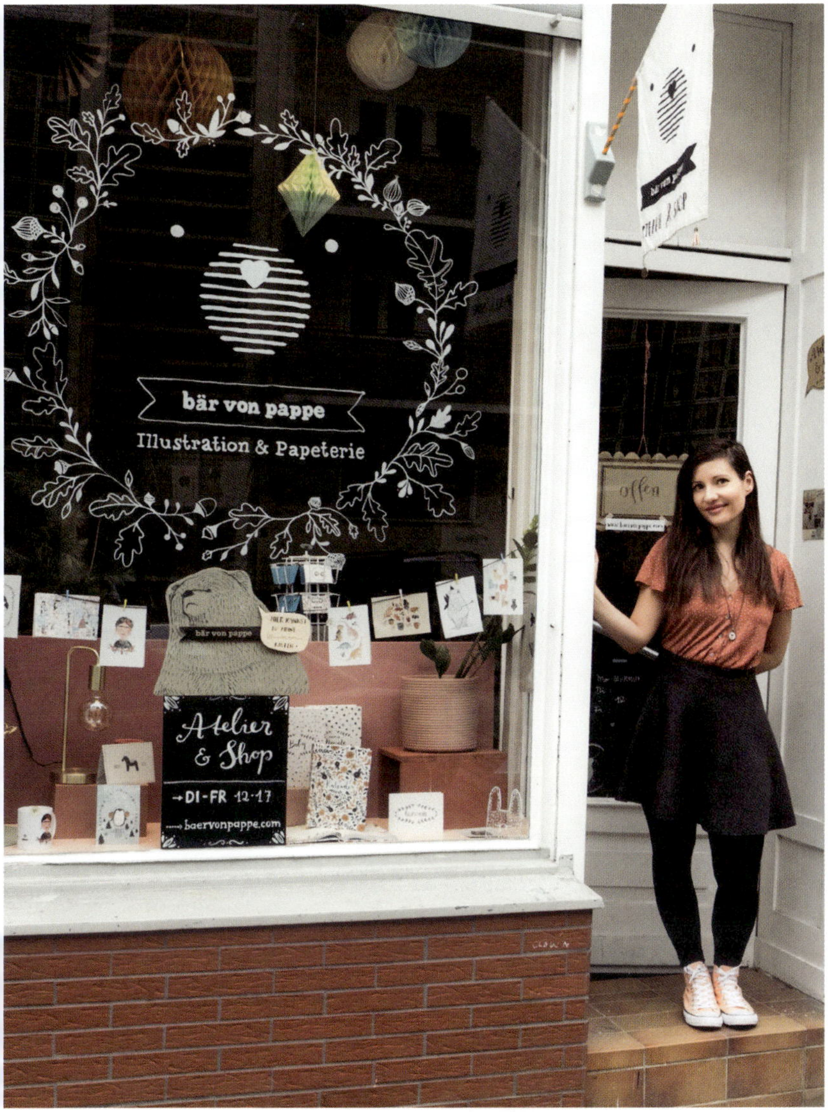
bär von pappe
Illustration & Papeterie
Atelier & Shop
→DI-FR 12-17
baervonpappe.com
offen
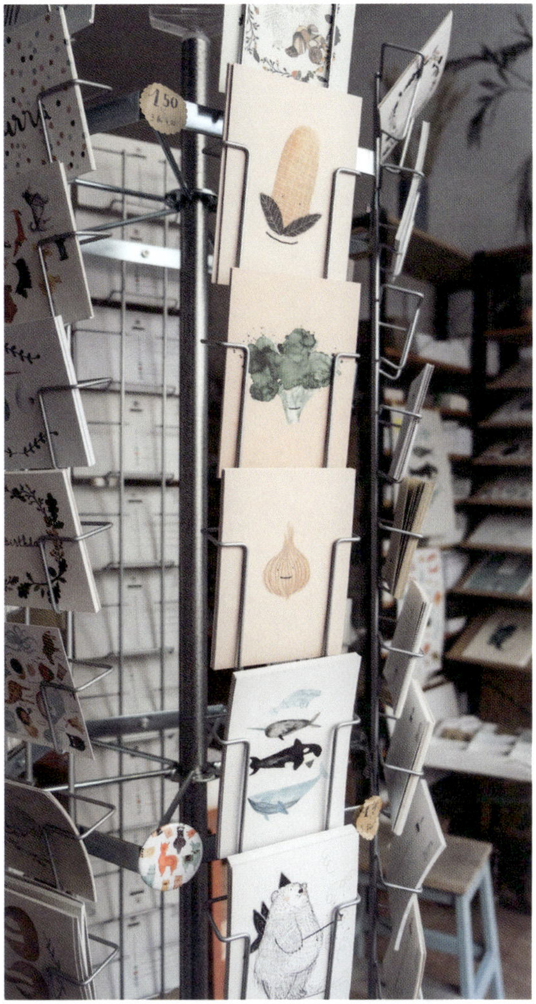
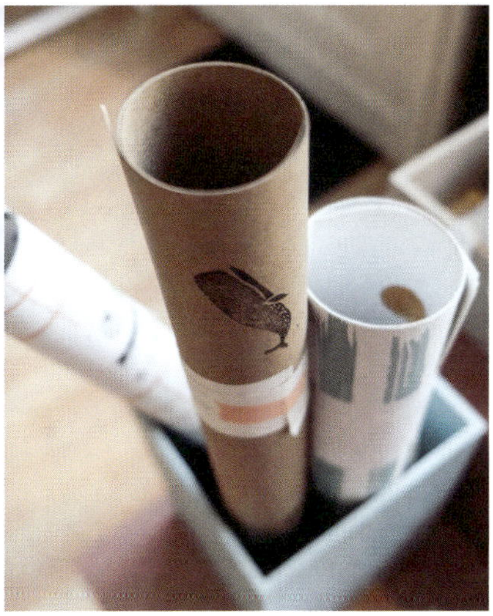
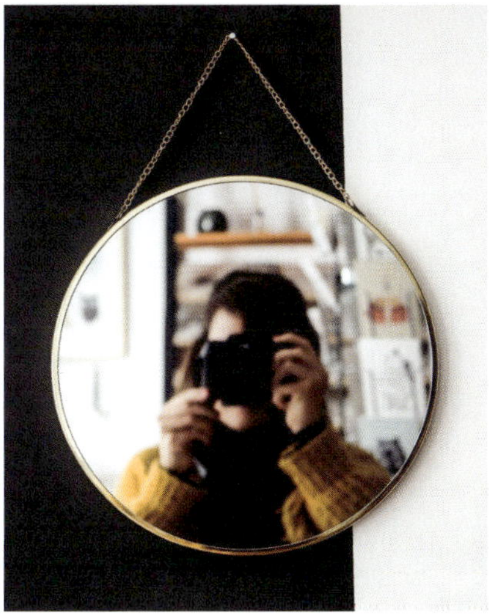
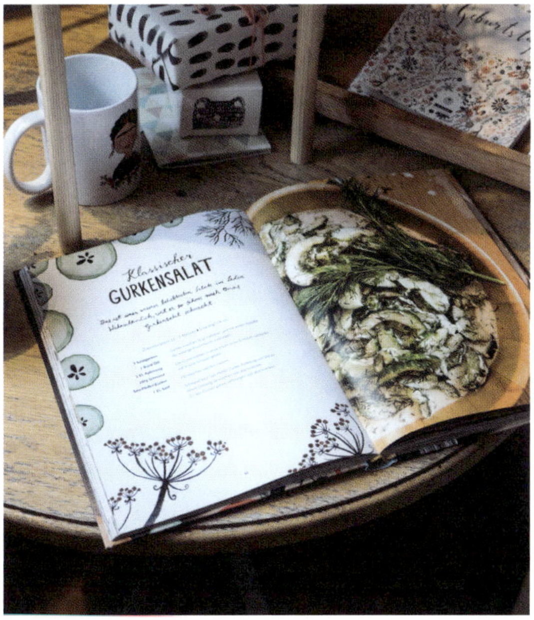
Klassischer
GURKENSALAT

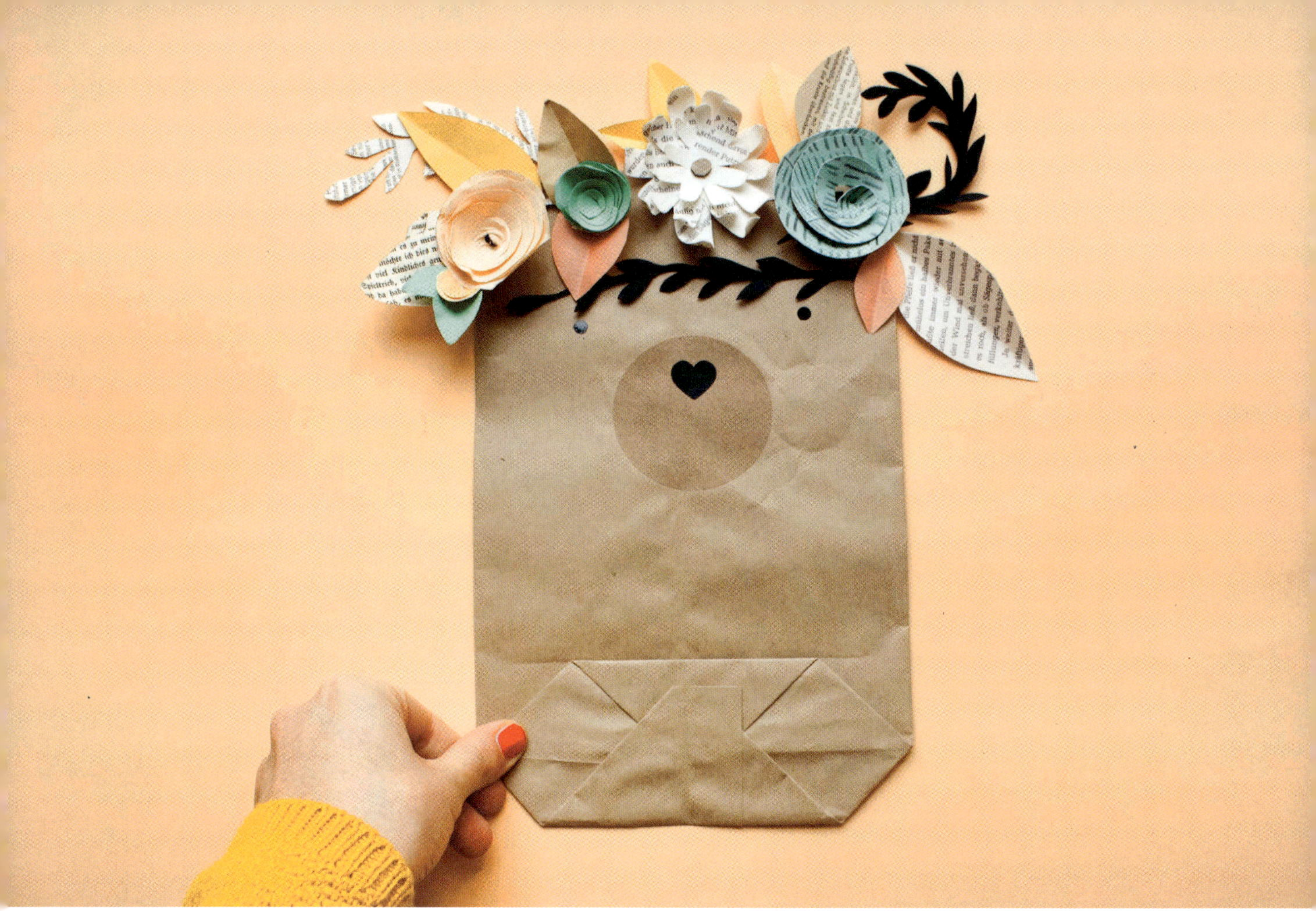

bär von WAS?

Pappa Bär, Herr Bär. Papierbär ... bär von pappe! Woher kommt eigentlich der ulkige Name? Ich bin gebürtige Berlinerin, und als es darum ging, einen Namen zu finden, zeichnete ich gerade einen Bären. Super, dachte ich mir, es wird irgendwas mit Bär ... gepaart mit meiner großen Liebe zu alten Papieren und Büchern, rundete ich es mit von pappe ab – von steht dabei für einen Adelstitel, da für mich alte Materialien wunderschön und wertvoll sind.

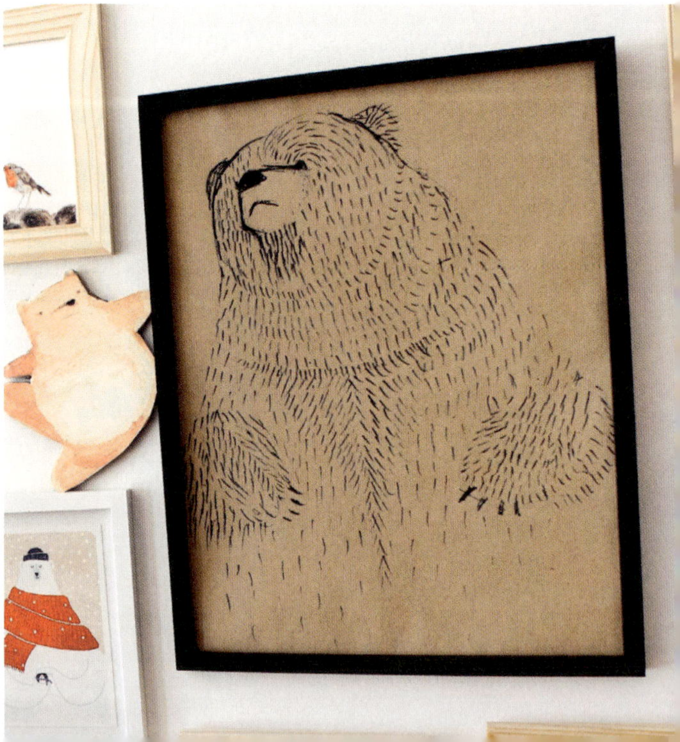

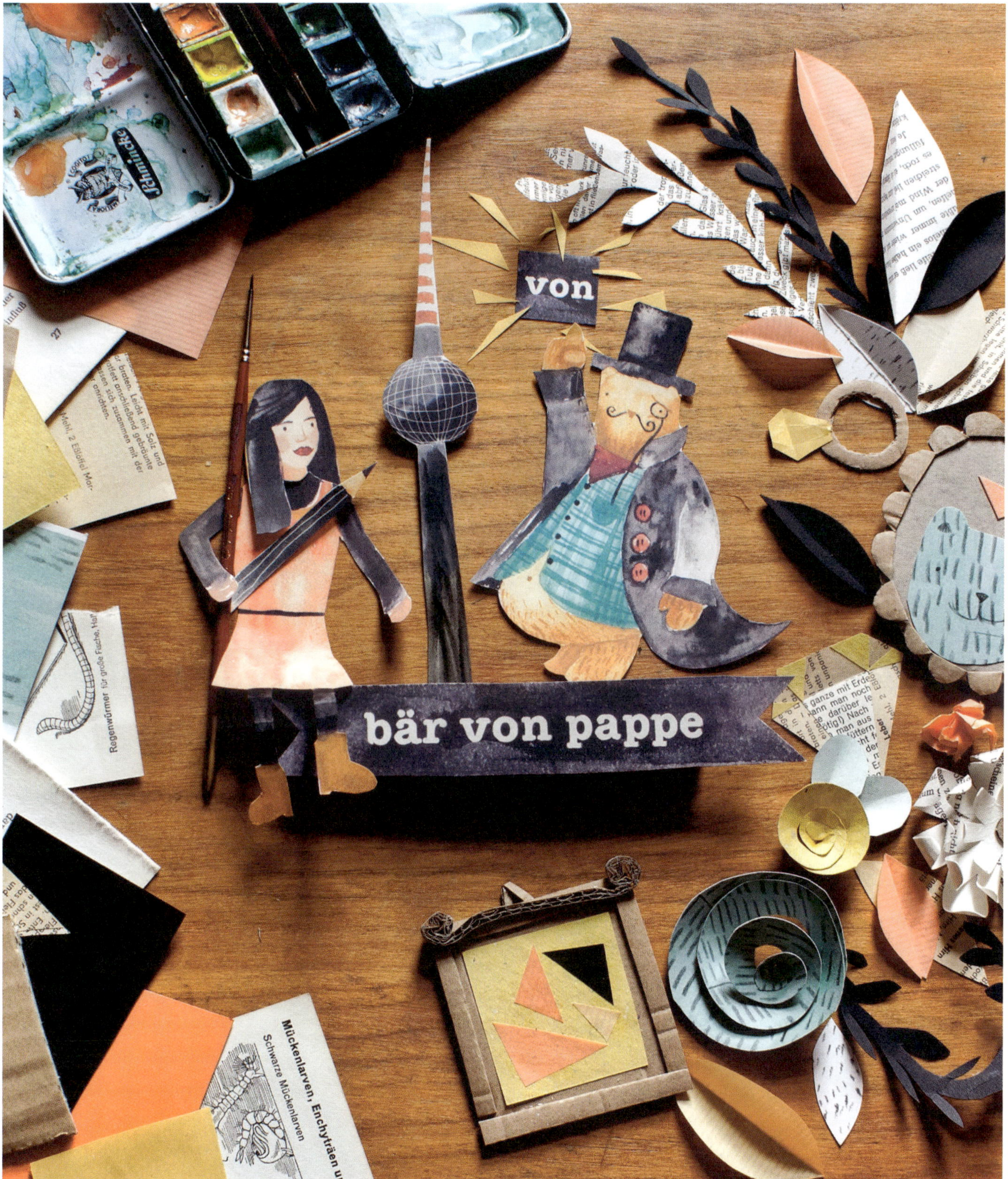
von
bär von pappe

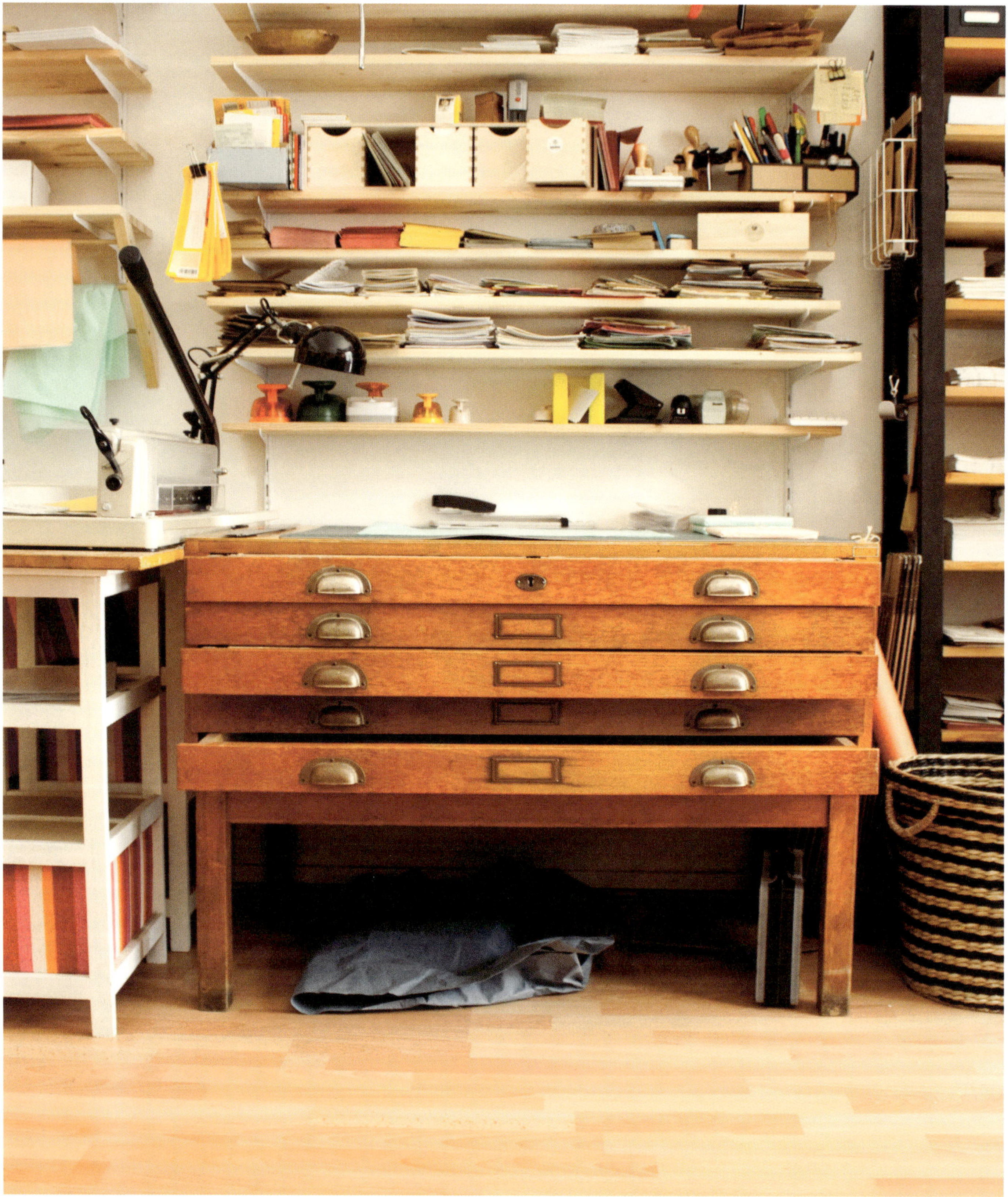

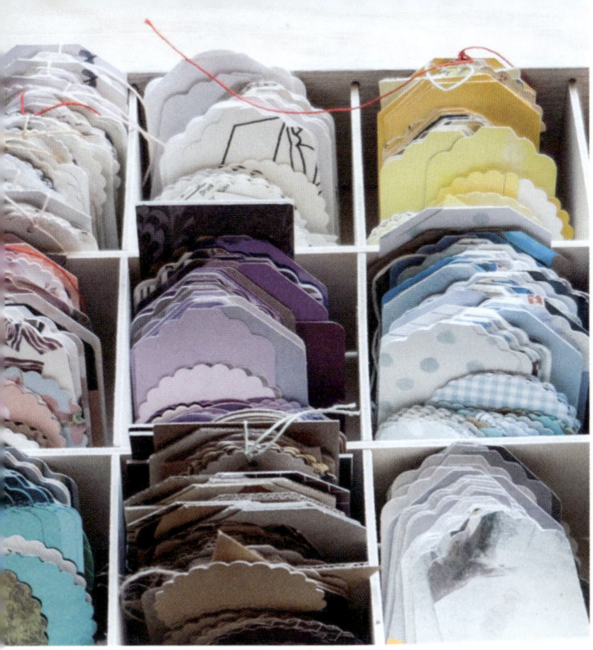

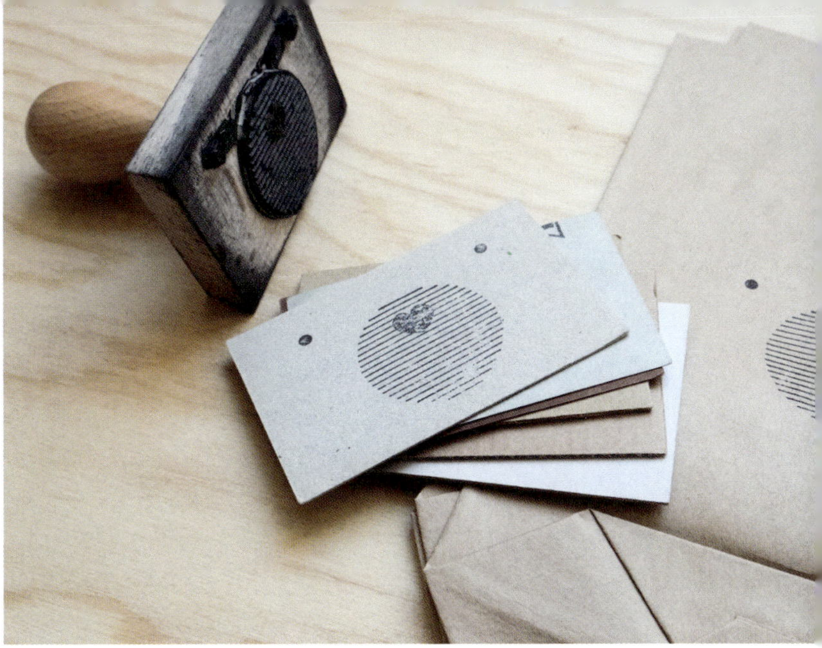

Zu Beginn habe ich größtenteils Papeterie aus alten Materialien hergestellt. Meine Schubladen und Regale platzten aus allen Nähten – denn ich war (okay das bin ich immer noch) ein Papier- und Krimskrams-Messie! Von alten Schulheften, Atlanten, Naturbüchern, Geschenkpapieren, hübschen Schachteln, Knöpfen, Bändern, Fehldrucken und Skizzen bis hin zu Klopapier-Rollen ... ich hob ALLES auf! Ich wollte den Schönheiten unbedingt ein zweites, nützliches Leben schenken! Also stellte ich daraus Briefumschläge, Geschenkanhänger und Notizhefte her und druckte meine Illustrationen auf alten Papieren. Mittlerweile ist das leider zu zeitintensiv und ja, man bastelt sich die Finger wund und macht kaum nennenswerten Gewinn. Aber zu Beginn meiner Reise in die Selbstständigkeit war das optimal, ich hatte sehr geringe Ausgaben und habe das Geld jedes verkauften Produktes in die Produktion ‚profesioneller' Postkarten und Kalender gesteckt.

Ich hob ALLES auf!

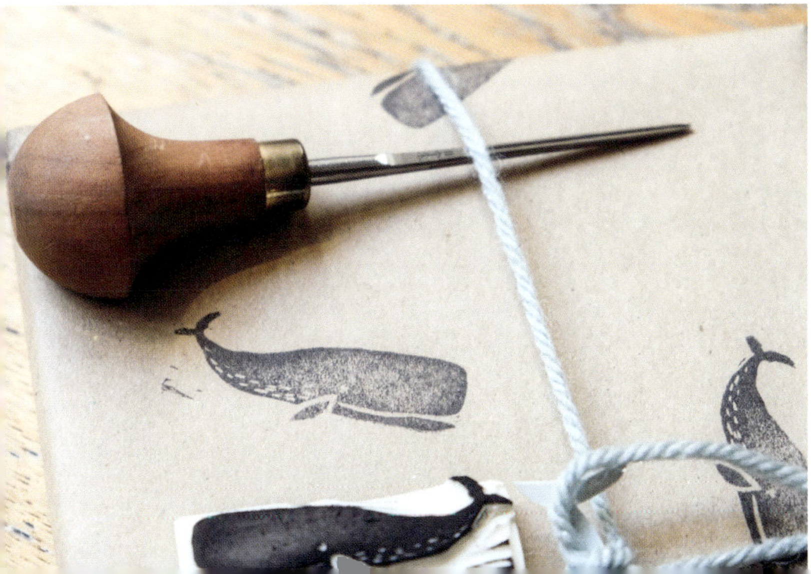

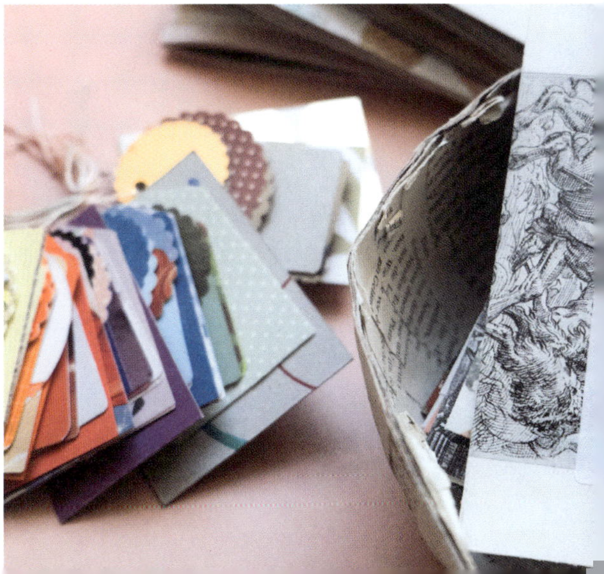

MATERIAL & TECHNIK

Mein Watercolor 1 x 1

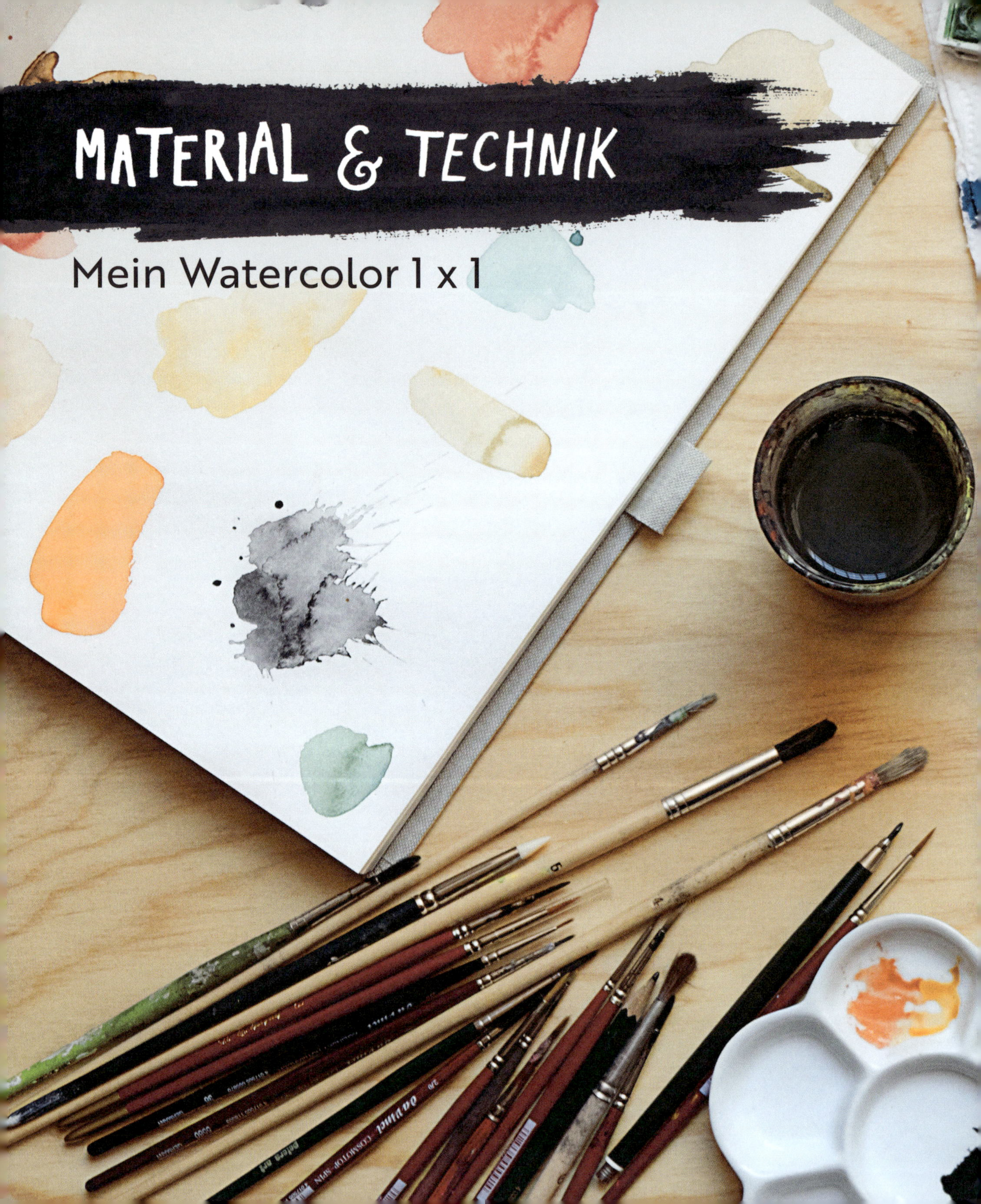

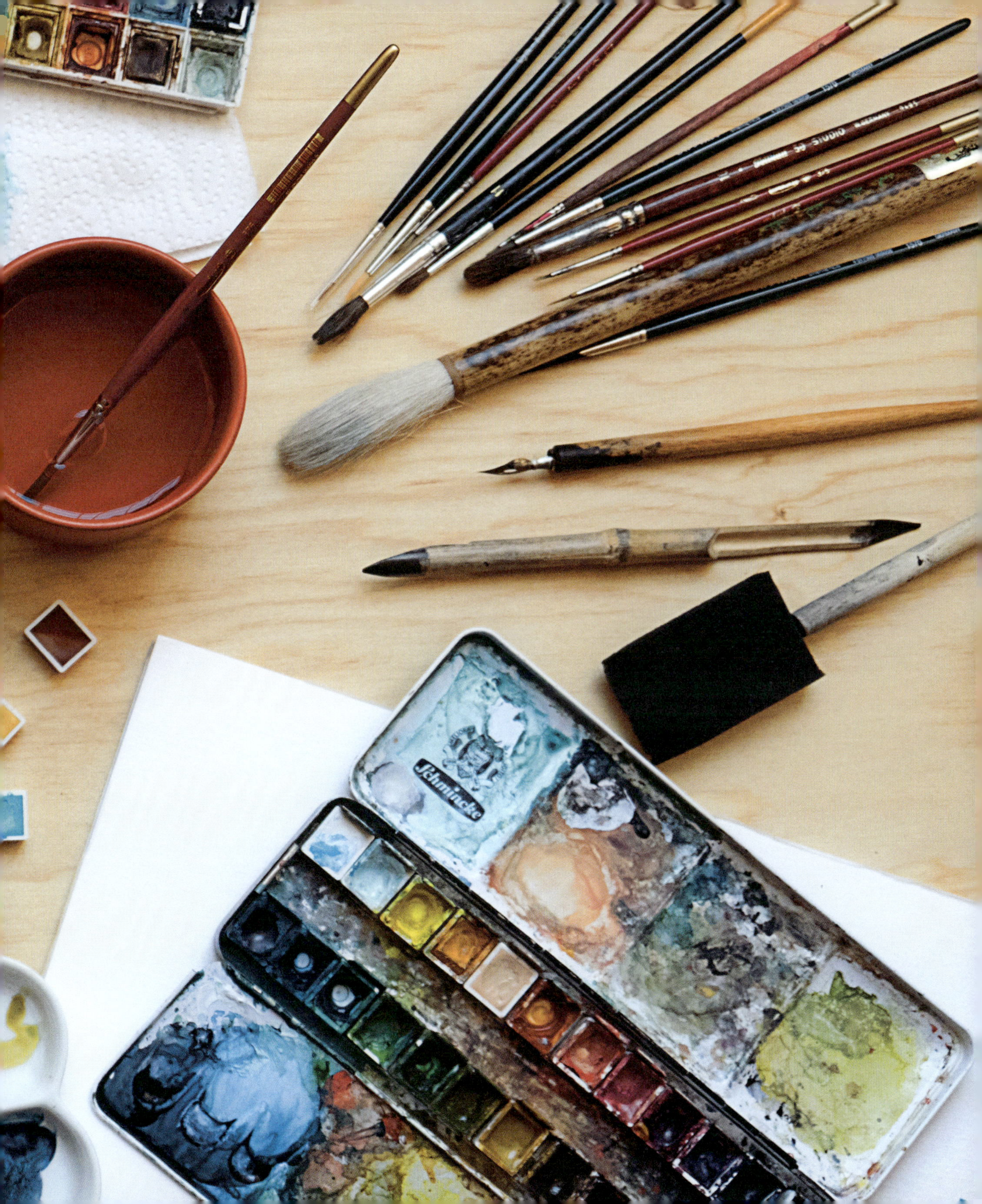
Schmincke

Ich möchte ehrlich sein: Als ich anfing, diesen Teil des Buches zu schreiben, habe ich überlegt, euch etwas über die vielen Papiere, Herstellungsarten, Pinsel, Farben und und und zu schreiben. Aber wisst ihr was? Damit kenne ich mich eigentlich gar nicht aus. Es gibt so viele Bücher, die Tipps bezüglich Technik und Farben-/ Papier- und Pinsel-Schnickschnack beinhalten. Bei mir gibt es keine Farbenlehre etc.

Diese Tipps hier spiegeln nur meine Herangehensweise und Erfahrungen wider. Erstmal ausprobieren ist viel wichtiger als Perfektion zu Beginn. Vielleicht ist es nicht immer DAS Richtige, aber so mache ich es, und ich komme ganz gut damit zurecht, und ich bin mir ganz sicher: ihr auch!

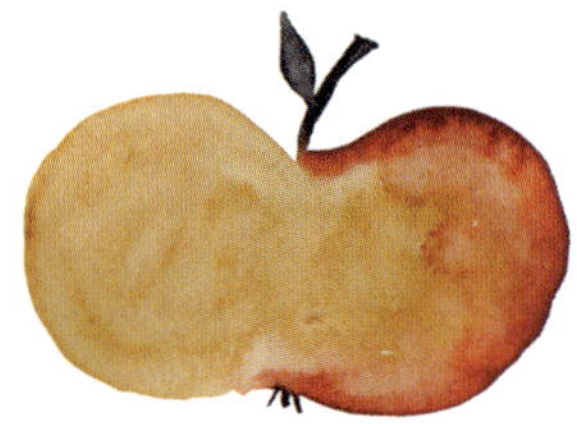

Auf 80 g Skizzenpapier

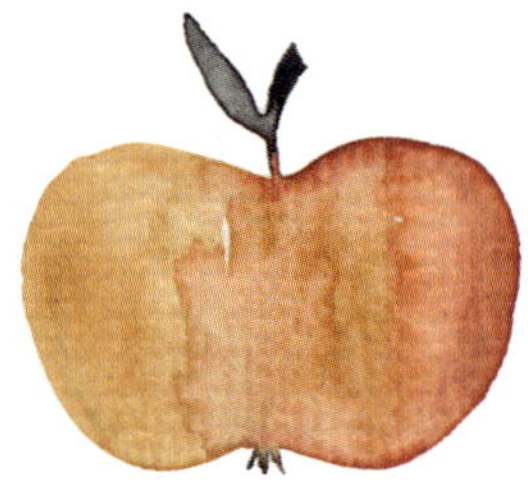

Auf 150 g Hahnemühle Aquarellpapier

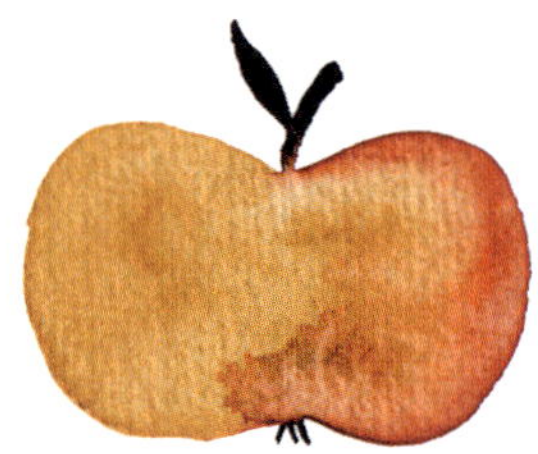

Auf 300 g Vang Universalpapier (auch für Aquarell)

Papier

Es gibt viele Arten von Aquarellpapier: heiß gepresst, kalt gepresst und rau, glatt oder mit Struktur.

Persönlich habe ich immer gern alle Illustrationen zusammen in einem Buch. Mein Liebling ist daher das Skizzenbuch Lineo von Vang, in hübschem Leineneinband. Es ist eigentlich kein Aquarellpapier, aber fest und leicht gelblich. Da es aber kaum noch verfügbar ist, wird das Watercolour Book von Hahnemühle diesen Platz einnehmen.

Ich male auf fast allen Papieren, nur zu glatt sollten sie nicht sein, dann verbindet sich die Farbe nicht so gut mit dem Papier und trocknet nicht richtig.

Zu dünn sollte das Papier aber auch nicht sein. Da man ja mit viel Wasser arbeitet, wellt das Papier dann zu stark oder ein Pilling entsteht, wenn du zu oft über die gleiche Stelle gehst.

Ist es zu rau, ist es zu Beginn vielleicht auch nicht jedermanns Sache. Der Pinsel bleibt an sehr rauem Papier etwas hängen.

Einem Anfänger würde ich einen leicht strukturierten, an den Kanten geleimten Aquarellblock mit mindestens 300 g Papierstärke empfehlen. Er wellt sich nicht, da er ja die ganze Zeit straff gehalten wird.

Nach dem Scan ist das Ergebnis mit jedem Papier ganz gut, wenn es allerdings auf dem Papier direkt bleiben soll, z. B. für eine Geburtstagskarte, nimm unbedingt 300 g Aquarellpapier!

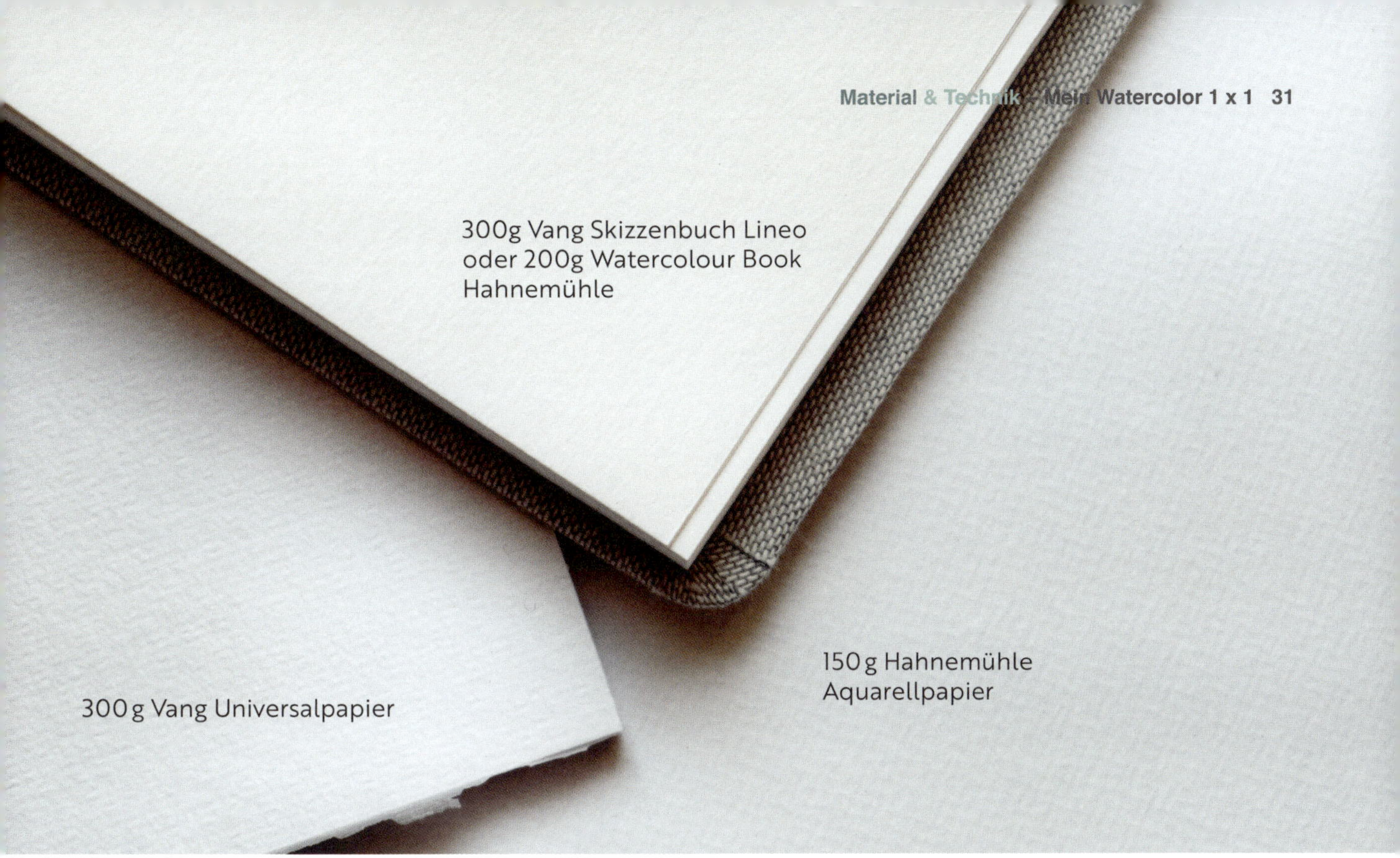
300g Vang Skizzenbuch Lineo
oder 200g Watercolour Book
Hahnemühle
300 g Vang Universalpapier
150 g Hahnemühle
Aquarellpapier

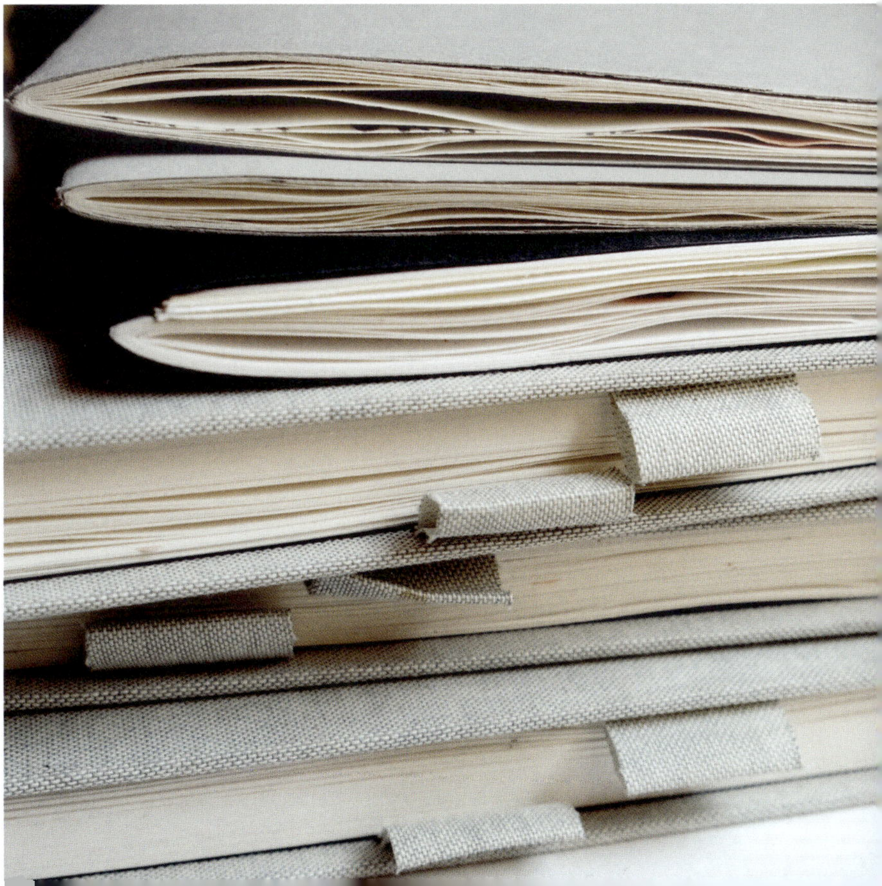

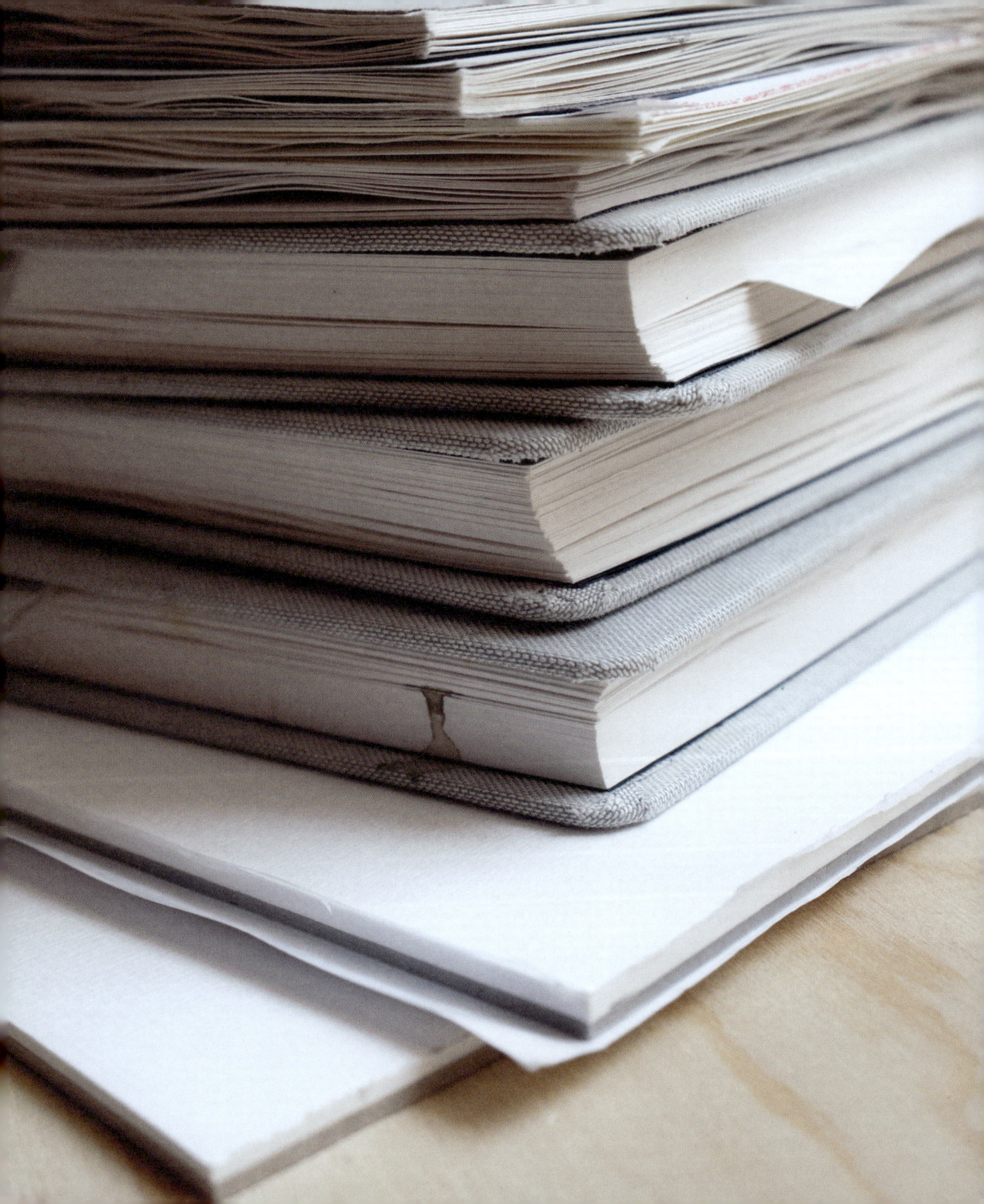

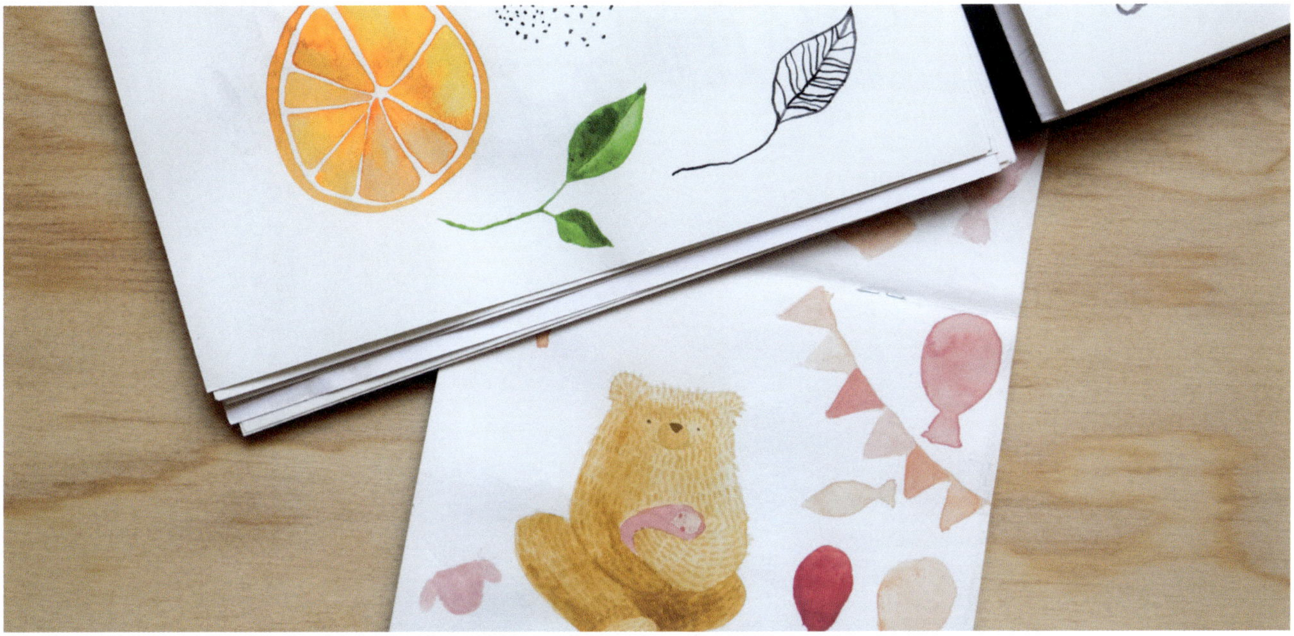

Natürlich bin ich auch bereit, mal super Aquarellpapier auszuprobieren – vielleicht wird das eine Offenbarung, ein unglaubliches Ergebnis –, aber bisher war ich immer ganz zufrieden mit meinen Ergebnissen. Diese Illustrationen sind in normalen Skizzenbüchern entstanden.

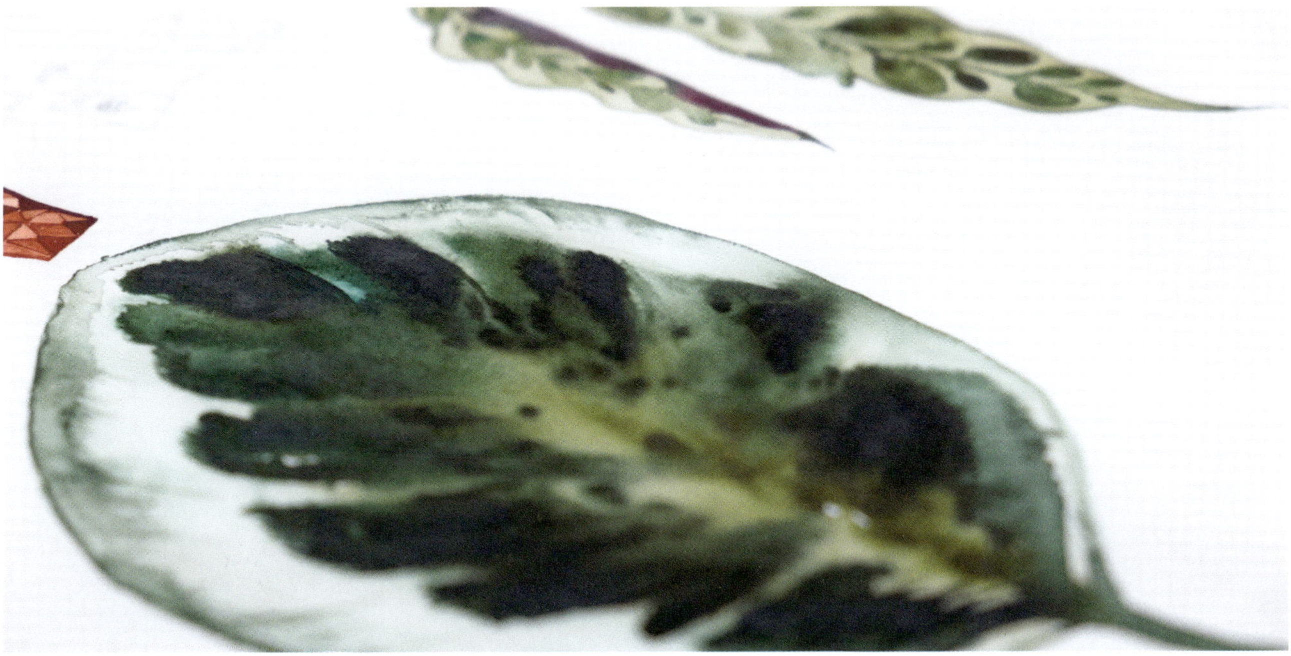

Pinsel

Ich bin kein Pinsel-Fanatiker, der auf eine bestimmte Marke schwört. Ich habe einige Marken-Pinsel, aber auch oft irgendwelche No-name-Pinsel, die ich bestimmt noch aus Schulzeiten habe. Bevor ihr ganz viel neues Material kauft, testet doch erstmal, was ihr eventuell noch zu Hause habt. Wenn die Pinsel aber struppig und borstig sind oder Haare lassen, schmeißt sie weg, diese taugen wirklich nichts. Es ist wahnsinnig ärgerlich, ein ausgefallenes Haar von der vielleicht perfekt verlaufenen Stelle deiner Illustration zu kratzen.

Die Pinsel sollten Farbe und Wasser gut halten und auch wieder gut auf das Papier abgeben. Testet einfach mal durch euer Sortiment. Wenn du aber ganz bei null anfängst benutze gern die Pinsel, die ich auf der nächsten Seite vorstelle und selber nutze.

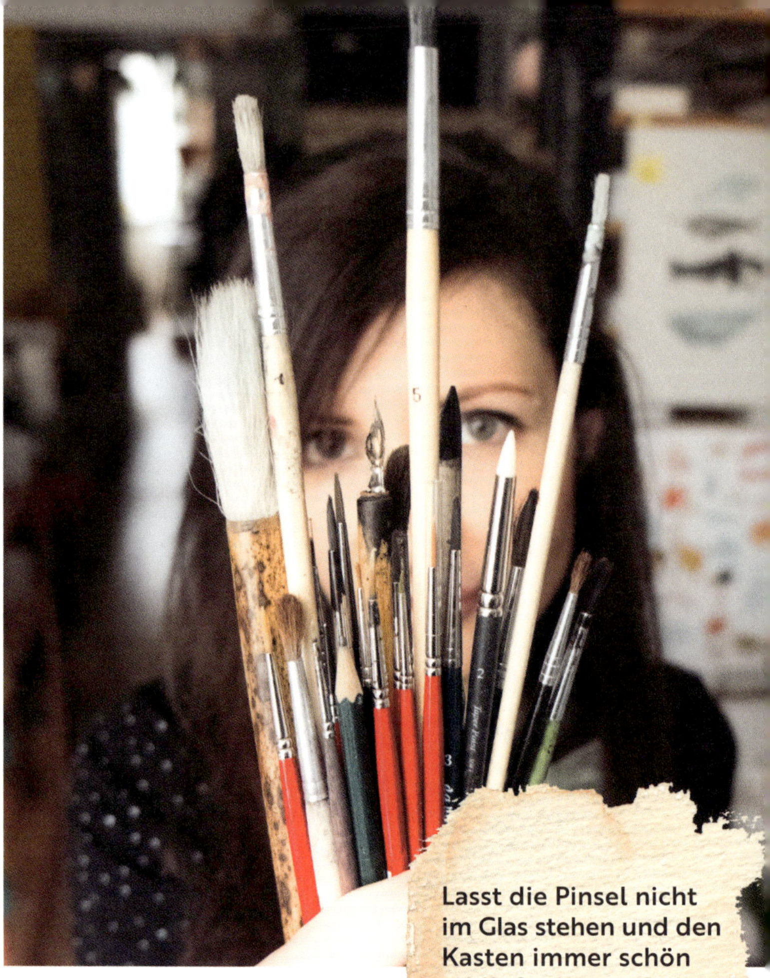

Lasst die Pinsel nicht im Glas stehen und den Kasten immer schön schließen, sonst habt ihr nervige Staubfusseln in der Farbe und dann auf dem Blatt!

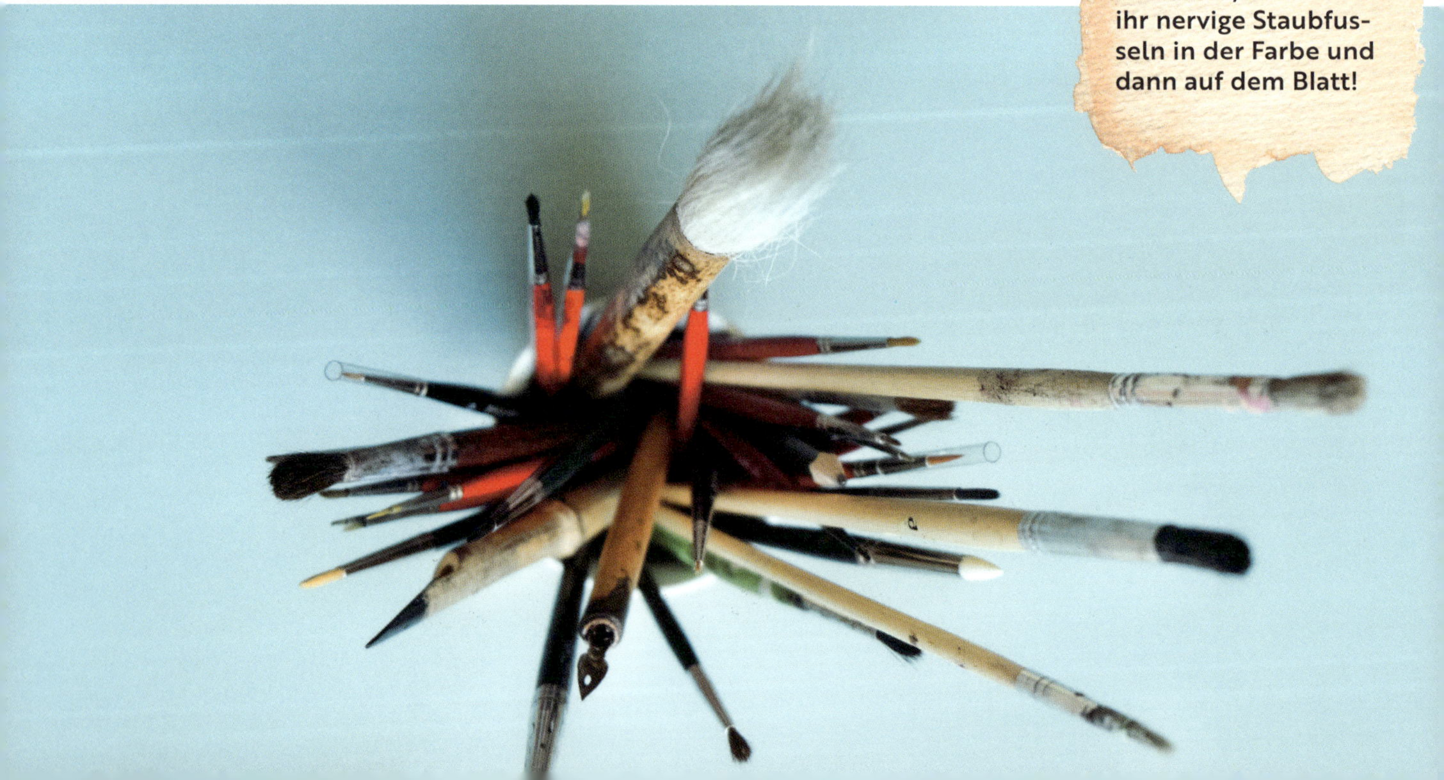

Aquarellpinsel

Es gibt viele verschiedene Pinselformen, aber bisher habe ich hauptsächlich Rundpinsel benutzt. Sie sollten auch in nassem Zustand ihre Form behalten und eine dünne Spitze haben. So hast du bei dickeren Pinseln die Möglichkeit, fein zu malen, aber auch flächig, wenn du den ganzen Pinsel auf das Papier drückst.
Ich benutze in diesem Buch die drei abgebildeten Pinsel, diese haben meiner Meinung nach ein gutes Preis-Leistungs-Verhältnis. Natürlich gibt es auch teurere Pinsel aus z.B. Marderhaar.

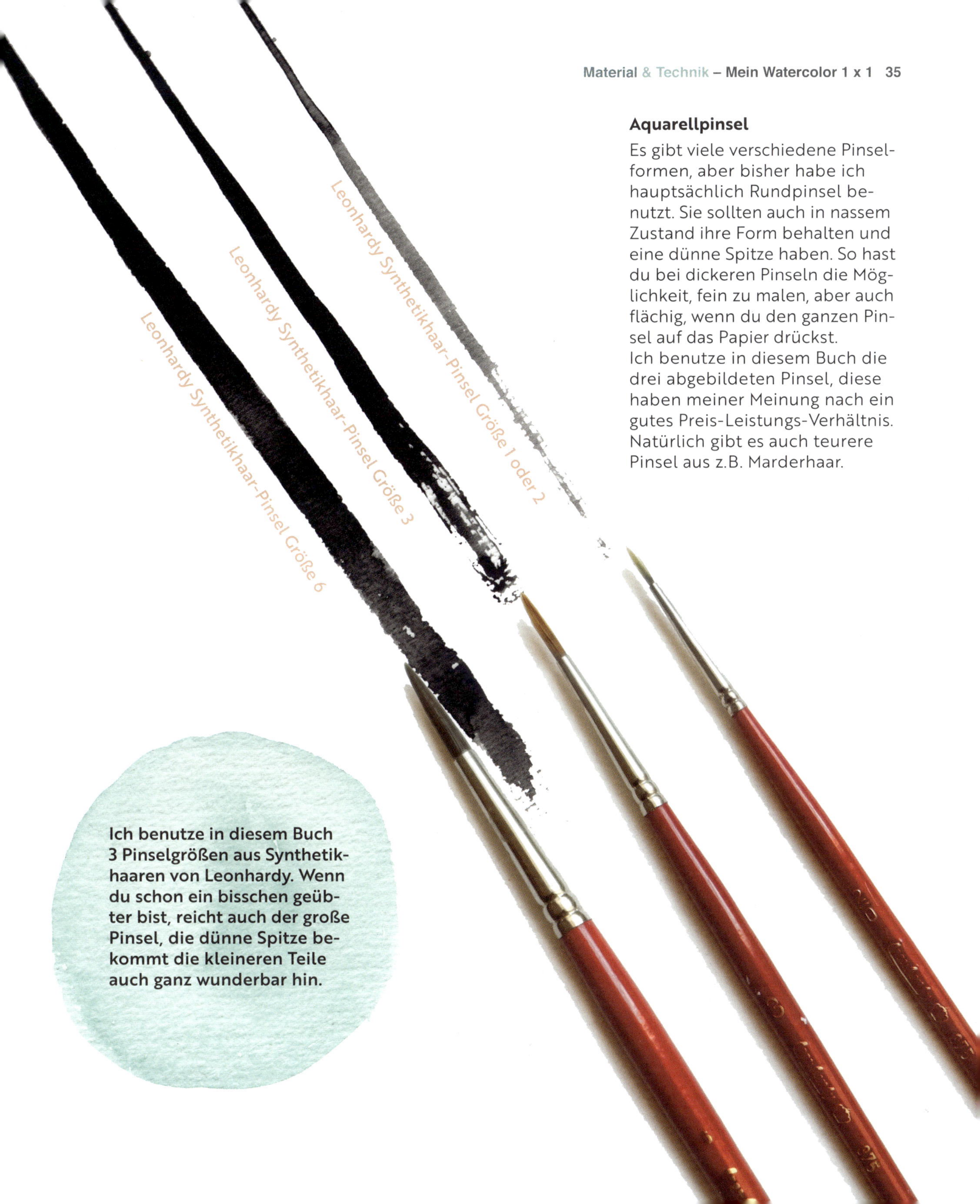

Ich benutze in diesem Buch 3 Pinselgrößen aus Synthetikhaaren von Leonhardy. Wenn du schon ein bisschen geübter bist, reicht auch der große Pinsel, die dünne Spitze bekommt die kleineren Teile auch ganz wunderbar hin.

Farbe

Oh Farben! Farben sind fantastisch! Damit kannst du so wunderbar Geschichten erzählen.

Farben setzen sich aus Pigmenten und wasserlöslichem Bindemittel zusammen, es gibt sie fest in Näpfchen, dickflüssig in Tuben und ganz wässrig in Fläschchen. Bisher habe ich aber nur Erfahrungen mit Näpfchen gemacht, die anderen noch nie ausprobiert.

Ich benutze einen kleinen Kasten von Winsor & Newton für Reisen und einen mittleren Kasten von Schmincke. Es gibt bereits gefüllte Kästen, du kannst dir deine Farbpalette aber auch ganz individuell zusammenstellen. Das kann ich dir sehr empfehlen, dann ist es wirklich DEIN Kasten, mit DEINER Farbwelt und DEINEN Geschichten.

Die Farben von Schmincke sind sehr lichtecht und haben sehr gute Maleigenschaften. Von Schmincke gibt es zwei Serien von Aquarellfarben:

Die Akademie Farben (gute Qualität) und die Horadam Farben (die Luxus-Variante).

In meinem Kasten habe ich halbe Näpfchen, nur Schwarz als ganzes Näpfchen, sonst muss ich es so oft nachkaufen.

Des Weiteren habe ich immer ein Misch- und ein Deckweiß im Kasten sowie die unten abgebildeten Farben. Mein Mint-Ton variiert, den mische ich immer aus verschiedenen Tönen.

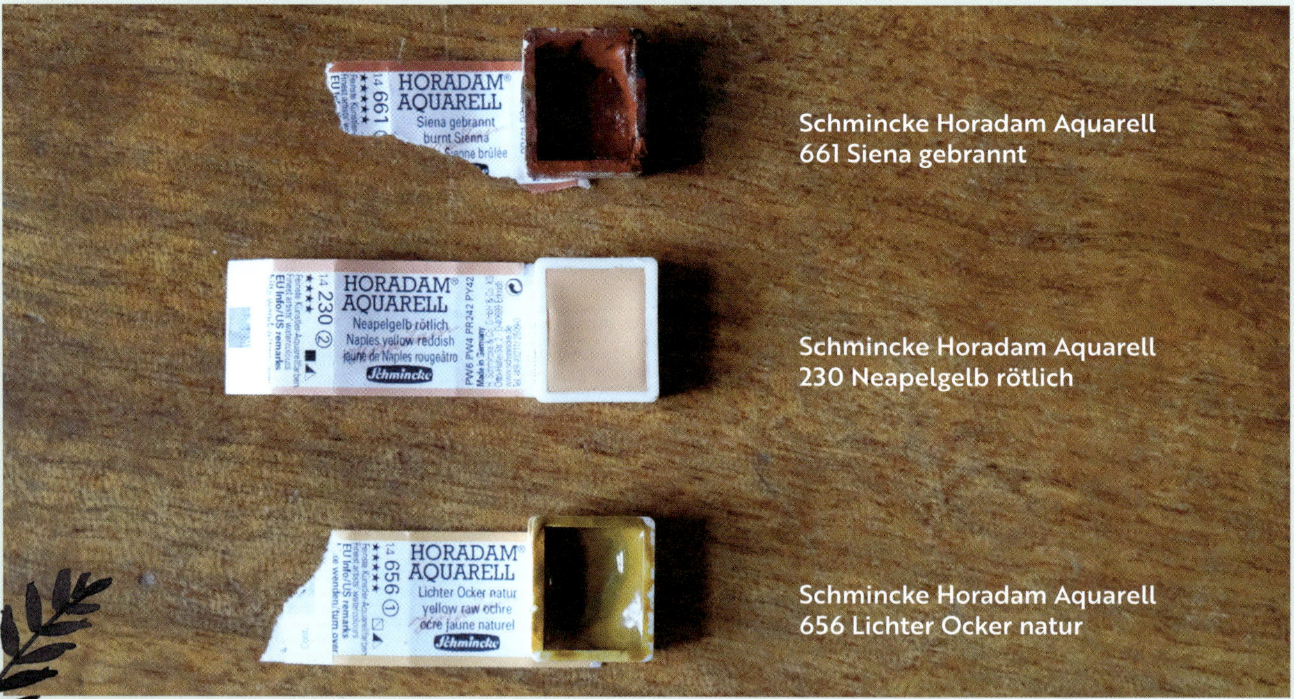

Schmincke Horadam Aquarell
661 Siena gebrannt

Schmincke Horadam Aquarell
230 Neapelgelb rötlich

Schmincke Horadam Aquarell
656 Lichter Ocker natur

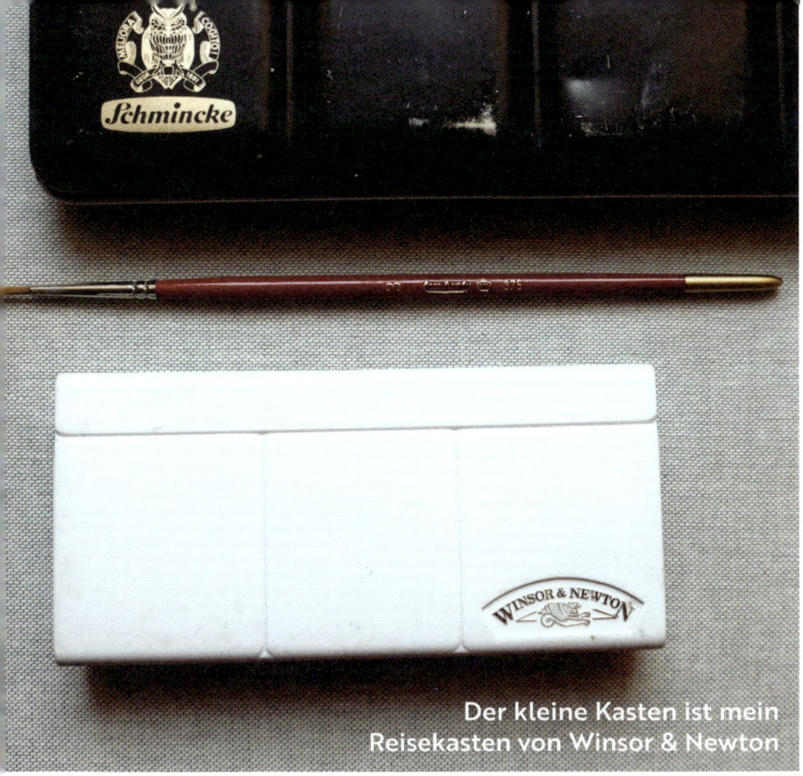

Der kleine Kasten ist mein
Reisekasten von Winsor & Newton

Meine 3 Lieblinge sind:

Papier von Vang 300 g
Pinsel von Leonhardy
Farbe von Schmincke

Des Weiteren:
Mischpalette
Wasserglas 2 x
Küchentuch
Bleistift

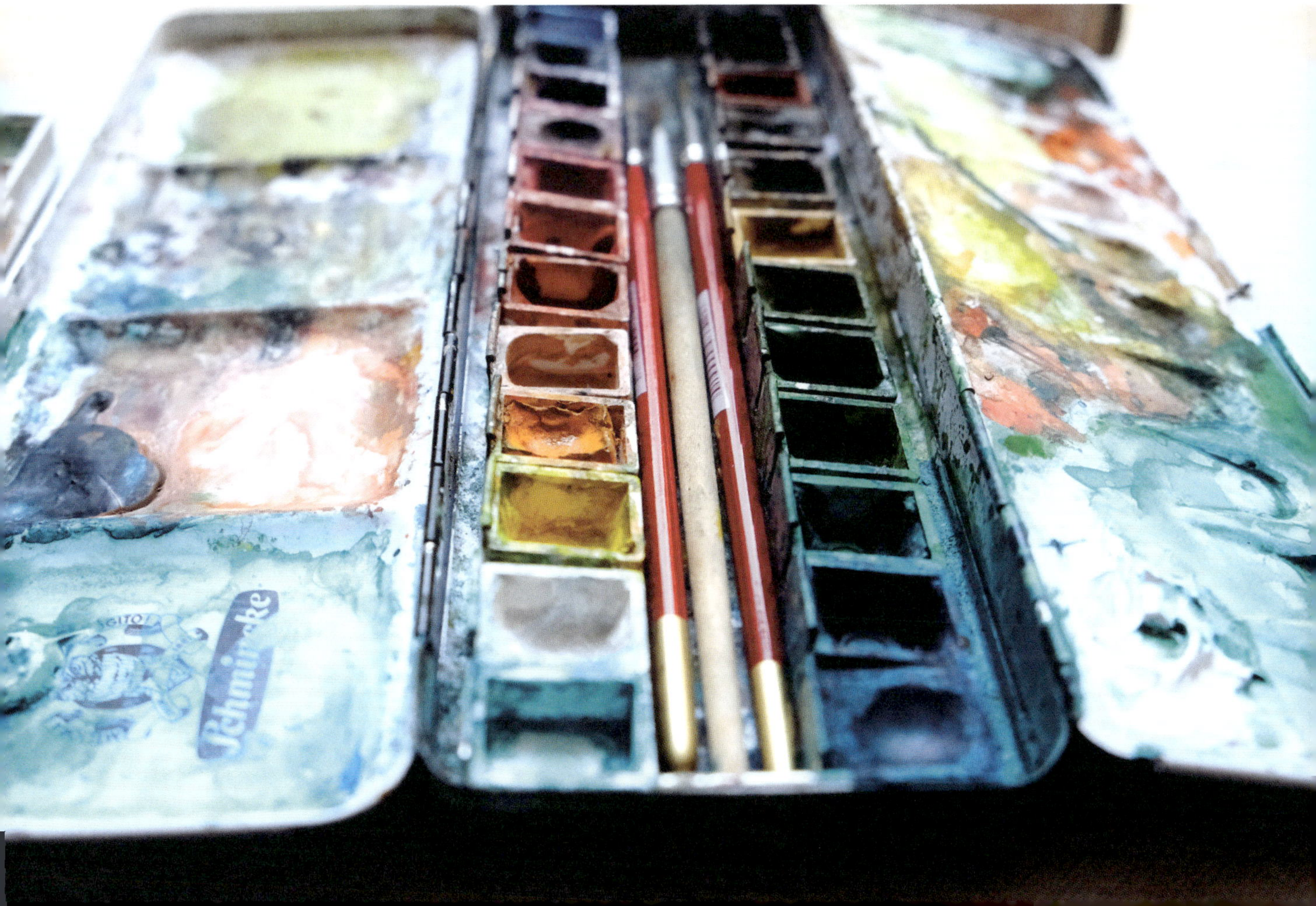

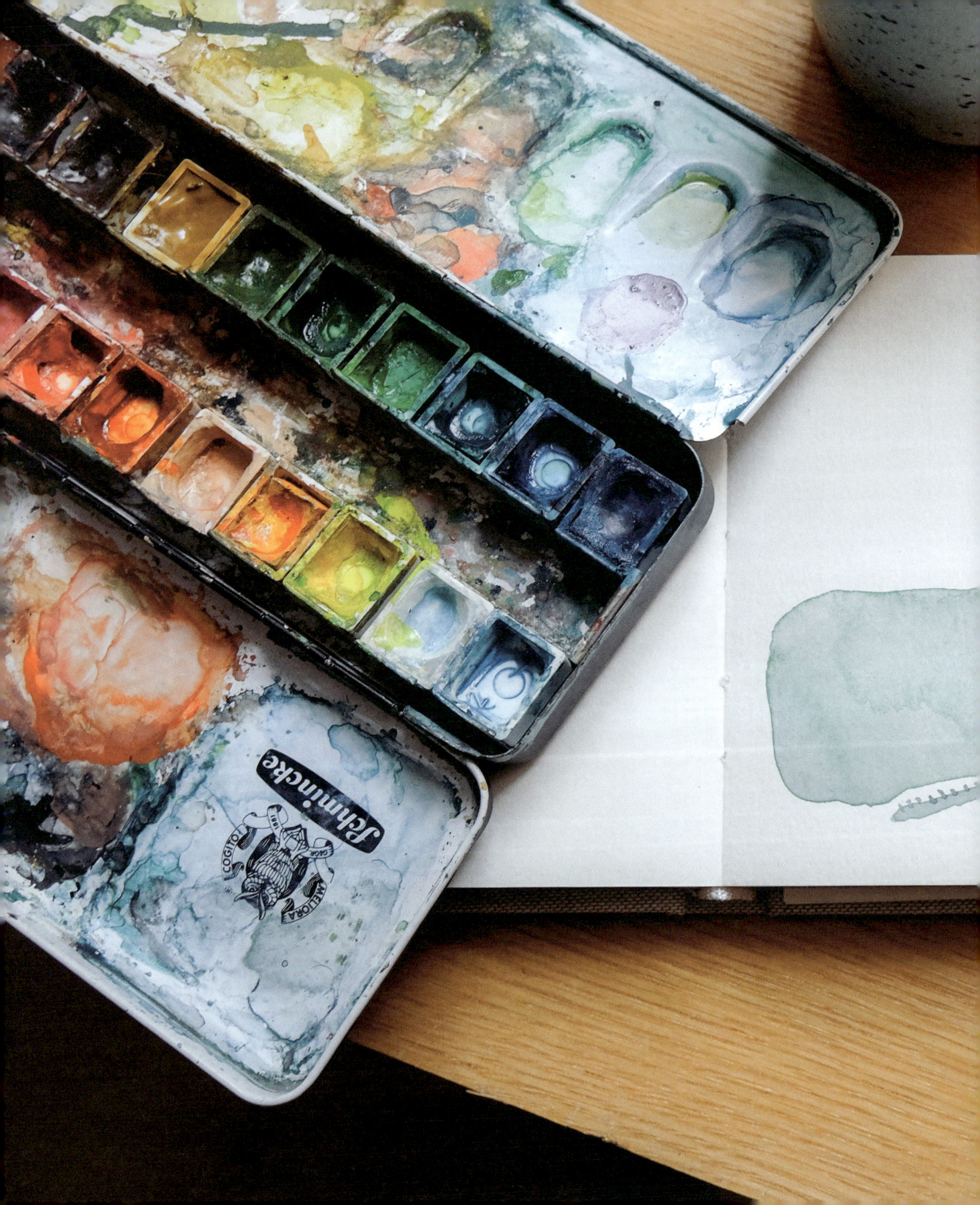
Schmincke

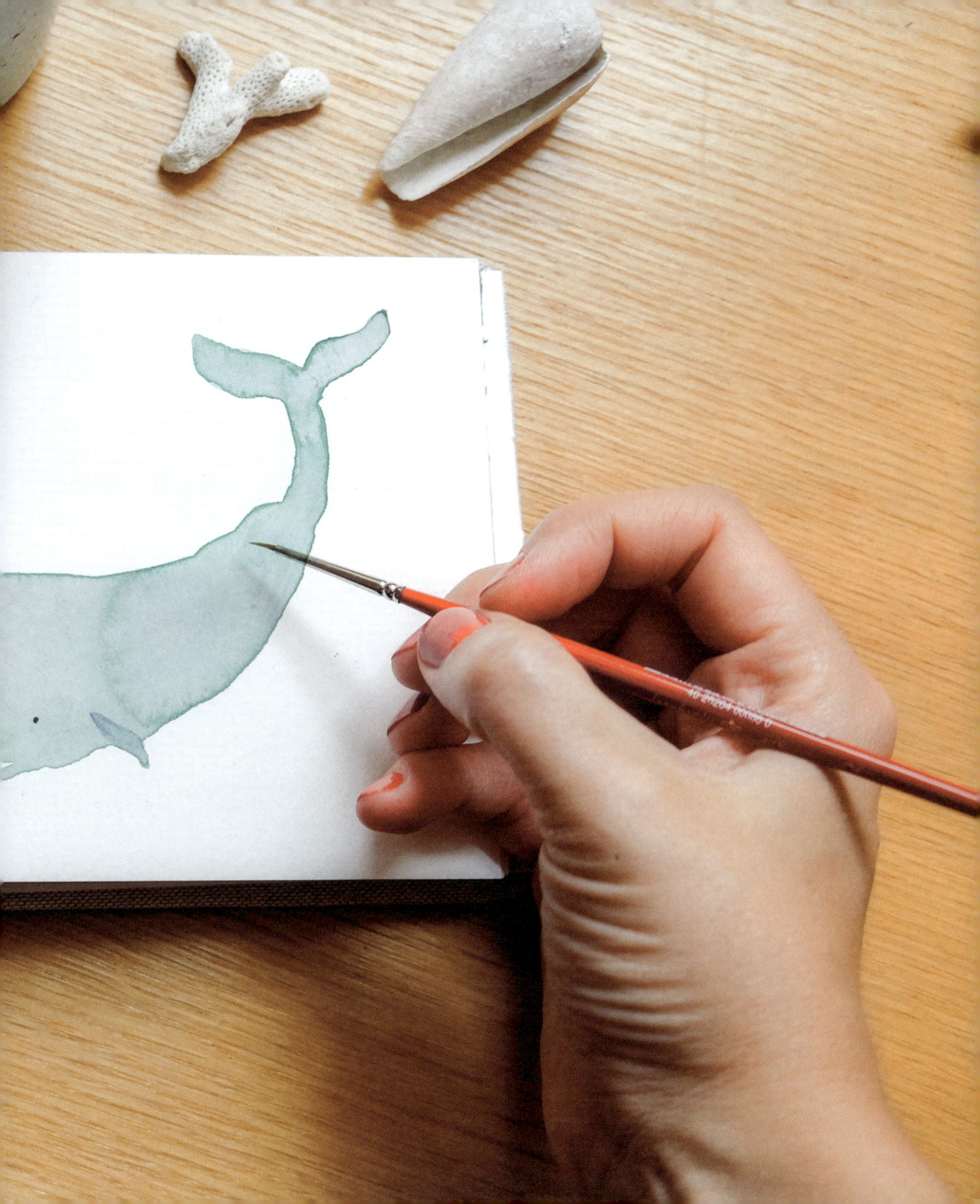

Auf den vorherigen Seiten habe ich euch etwas über meine Farben erzählt, und nun kommt das Wasser dazu – denn für Wasserfarben benötigt man Wasser!

Ich benutze Farben zu Beginn eher selten deckend mit voller Pigmentstärke, ich nutze eher wässrige, transparente Farben als Basis. Der wässrige, helle Farbton dient mir als Grundgerüst. Nach und nach füge ich mehr Pigmente hinzu, um die Illustration auszumodellieren.

Taste dich dabei heran: wie wirkt eine Farbe mit viel und weniger Wasser oder lasse zwei Farbtöne ineinader überfließen. Male damit ein paar Blätter voll, um es auszuprobieren und dich an die Reaktion der Farben zu gewöhnen.

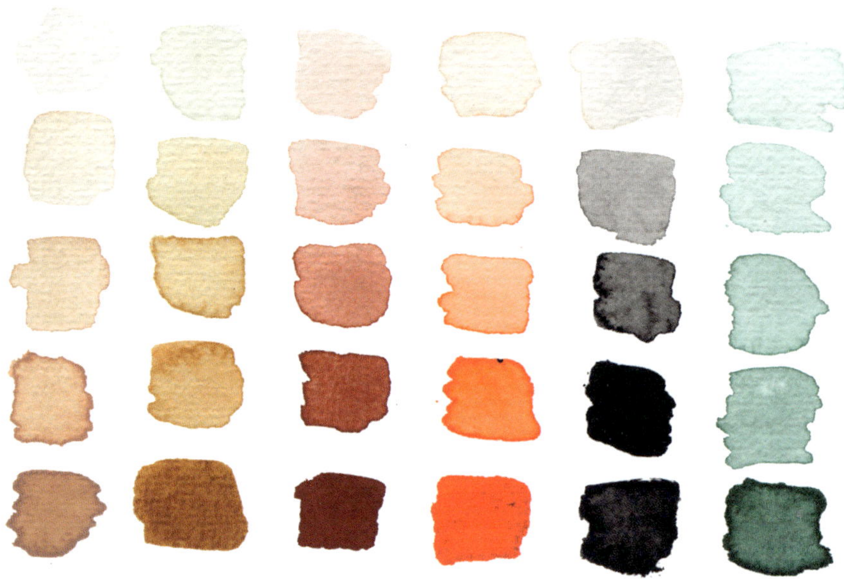

Farbton-Stufen von wässrig nach pigmentiert

Farbe aufhellen

Du erreichst schon viele Abstufungen, wenn du die Farbe nur mit Wasser aufhellst.

Farben mischen

Hier habe ich links und rechts zwei Farbtöne angesetzt, die mit Wasser in der Mitte zusammenlaufen und einen neuen Ton ergeben.

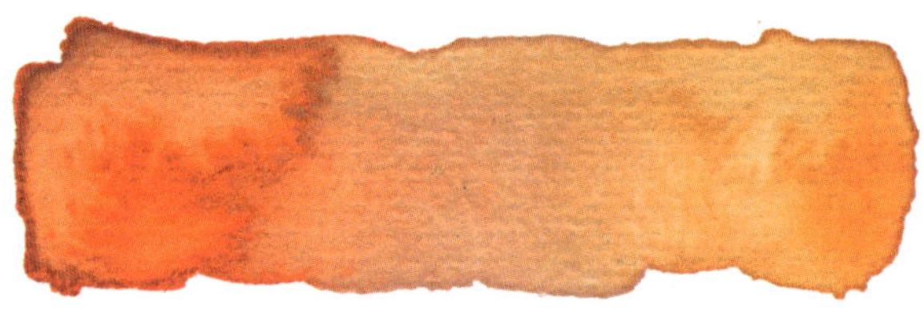

Meine Farben nehme ich alle aus den fertigen Tönen im Aquarellkasten – bis auf meine Minttöne, diese variieren immer ein bisschen, da mal mehr Blau, mal mehr Grün beigemischt wird.

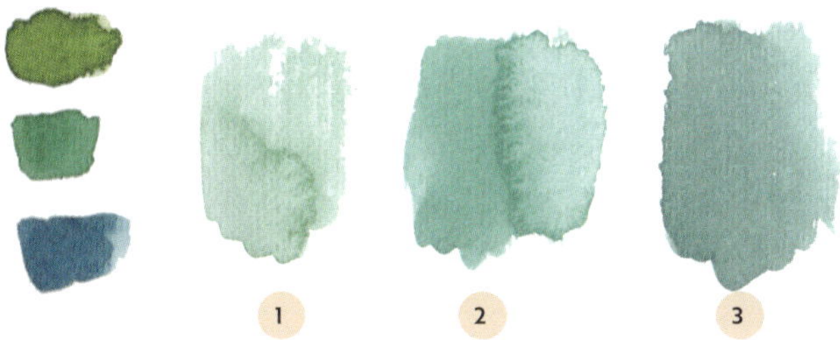

Im ersten Beispiel wurden die drei Blau- und Grüntöne nur gemischt und mit Wasser aufgehellt. In der Mitte wurde Weiß beigemischt, Nummer 3 wurde noch Schwarz beigemischt.

Du benutzt am besten 2 Wasserbecher: einen zum Auswaschen der Pinsel und einen, um sauberes Wasser aufzunehmen.

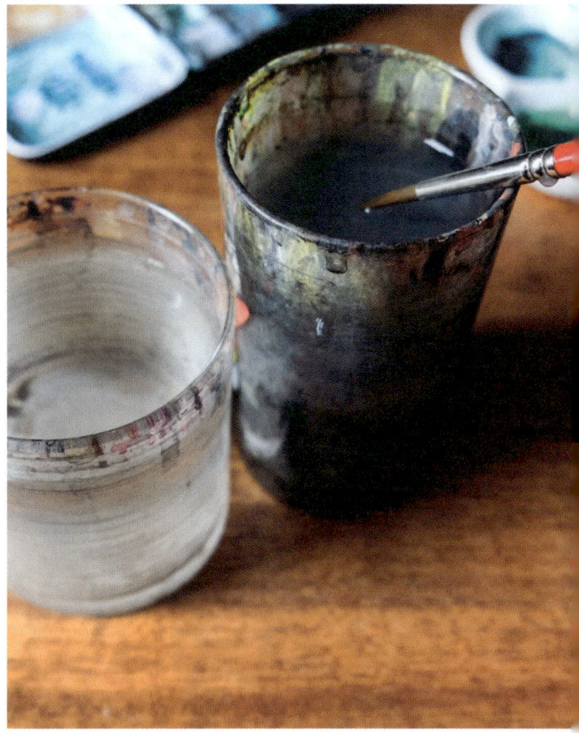

Meine Farbmischkleckse am Blattrand
Wenn der Farbton zu kräftig ist, tunke den Pinsel kurz in dein sauberes Wasserglas.

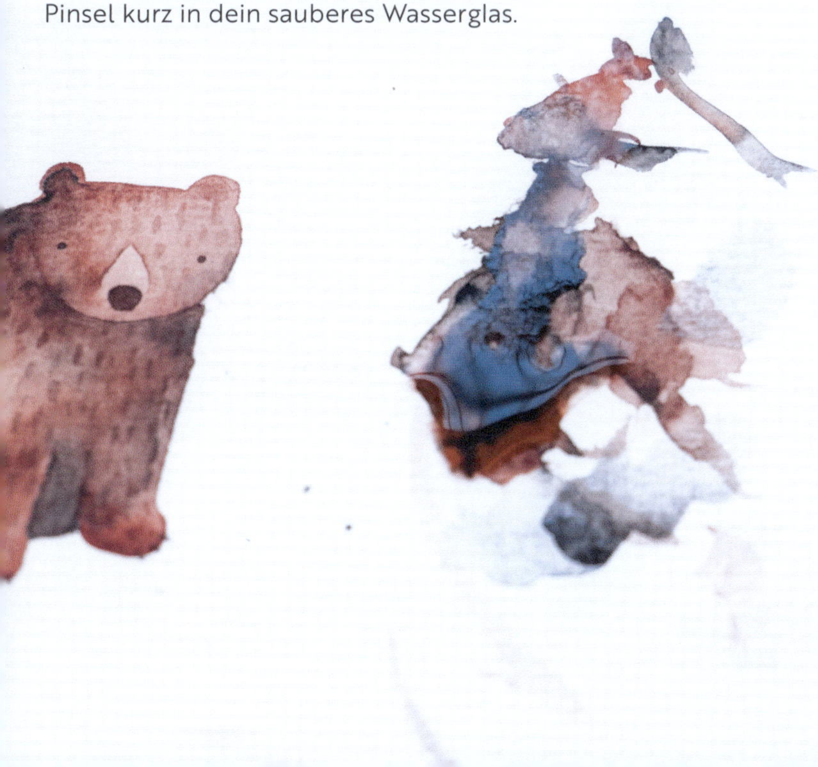

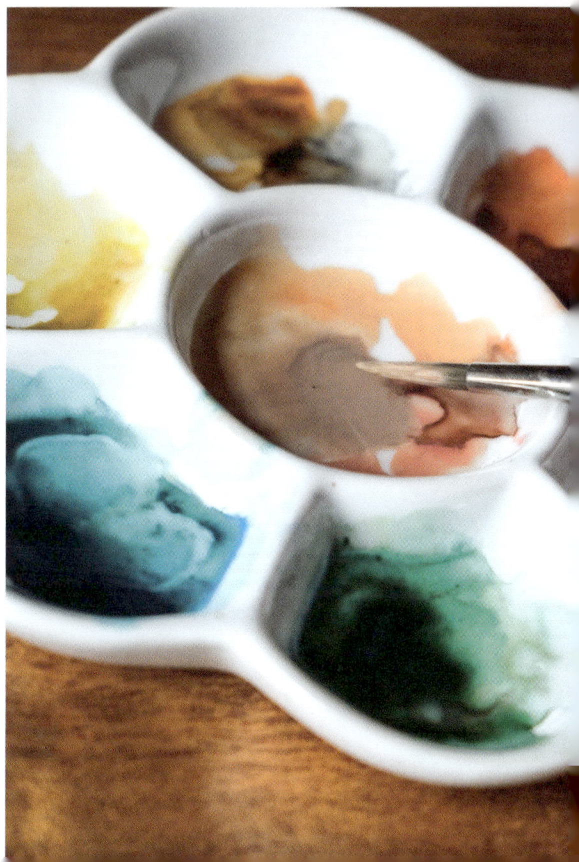

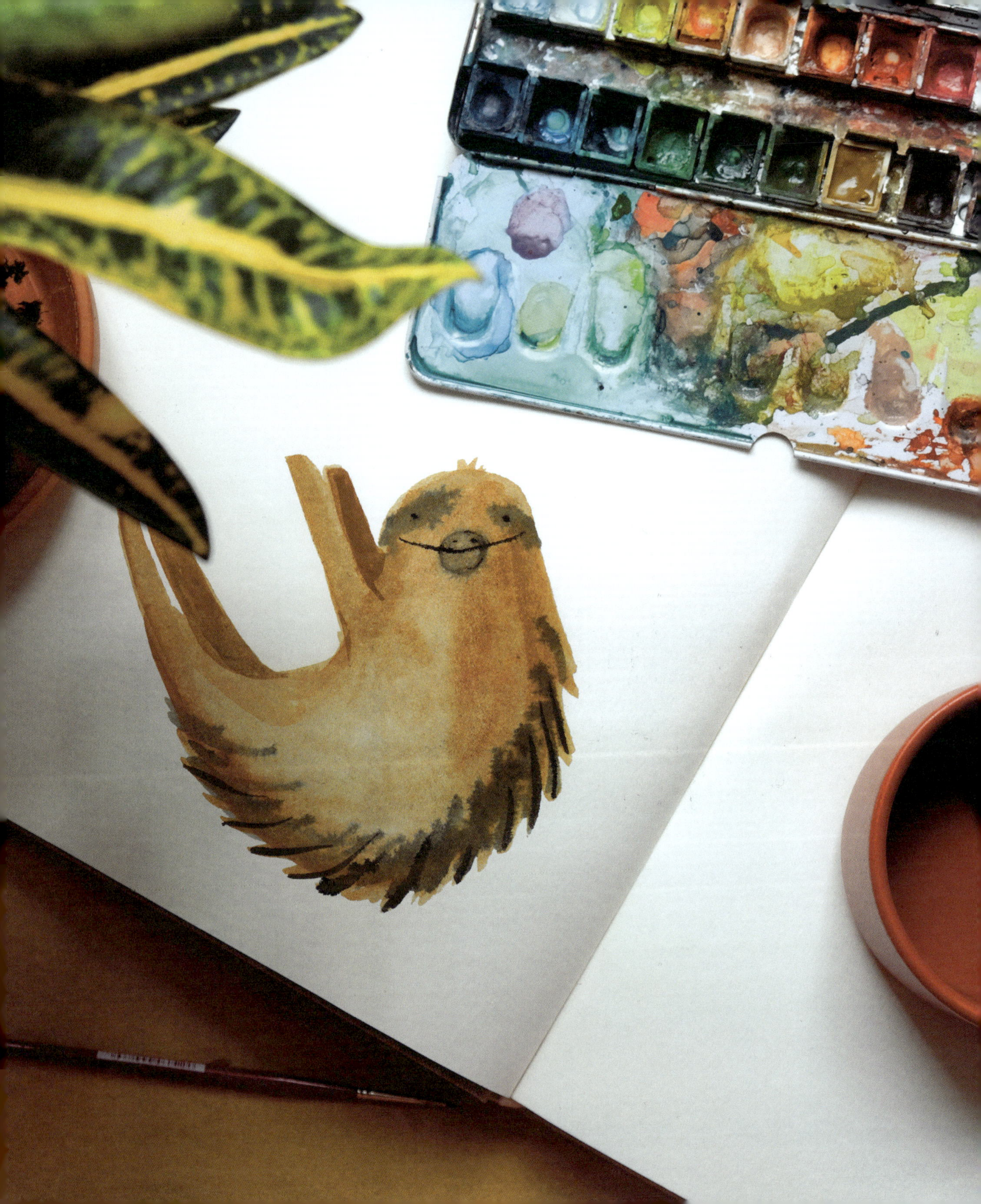

Technik

Teste zu Beginn all deine Pinsel. Mit welchen fühlst du dich besser, um Flächen auszumalen, und mit welchen Pinseln kannst du feine Linien besser ziehen?

Dafür kannst du diese Übung machen mit den unterschiedlichen Pinselgrößen. Ein paar Flächen, Linien, Pünktchen, Auf- und Abstriche, auch in der diagonalen und geschwungenen Variante.

So bekommst du ein Gefühl für den Pinsel in deiner Hand.

Teste aus, wie sich die Farbe mit viel und wenig Wasser verhält.

Ein recht trockener Pinsel eignet sich wunderbar für grobe Striche, die etwas ausgefranst aussehen sollen, z.B. auch für die Darstellung von Fell.

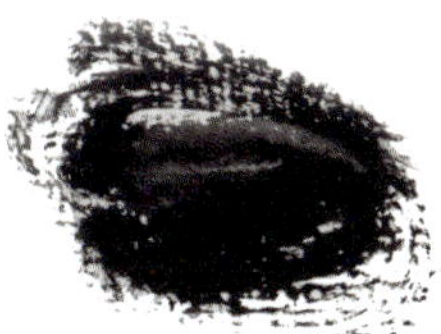

trockene Farbe

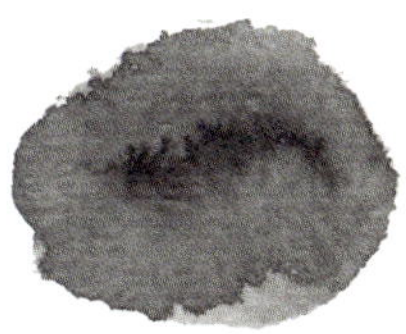

Farbe mit viel Wasser

Übung: Struktur und Malrichtungen

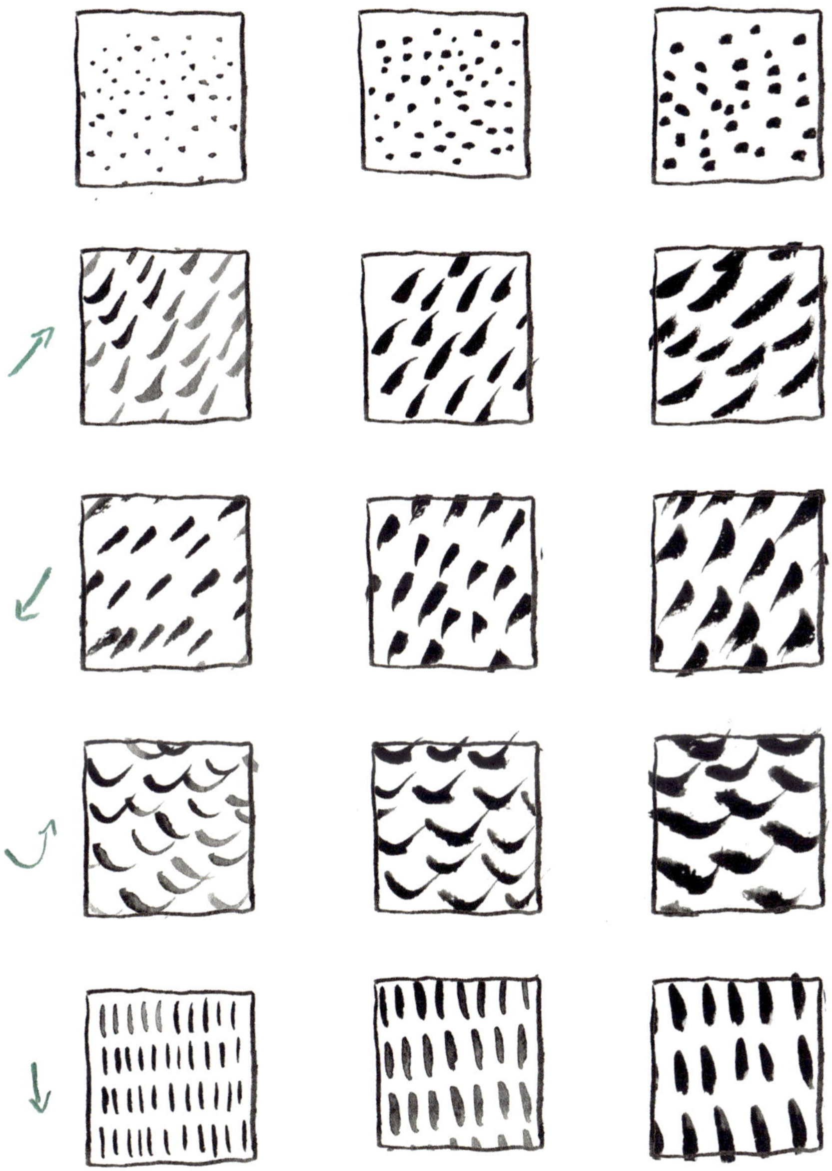

Mit den kleinen Übungen bekommst du ein Gefühl für den Pinsel in deiner Hand.

Übung: Farbe und Wasser

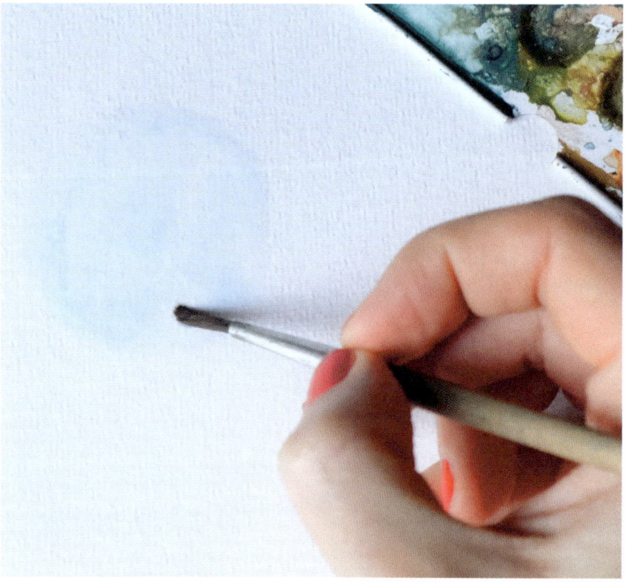

Teste dich heran. Male einen Kreis nur mit Wasser.

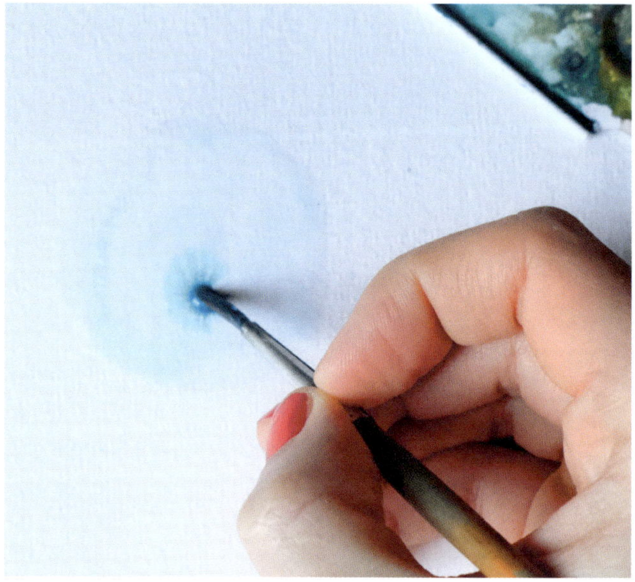

Kleckse mit etwas Farbe einige Tupfen in den Kreis.

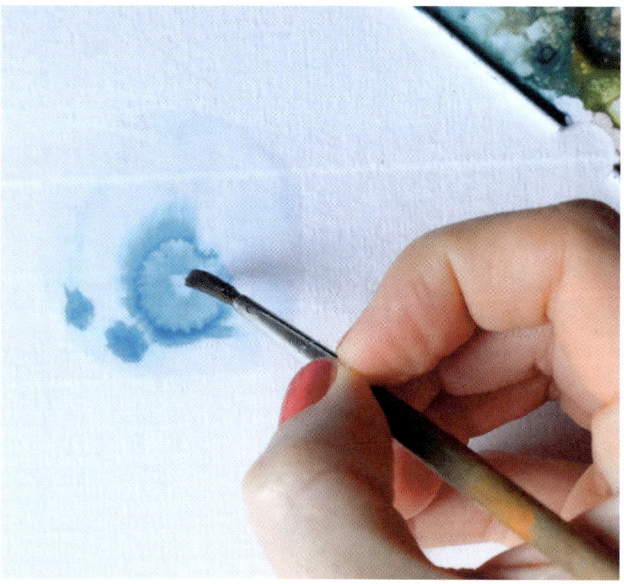

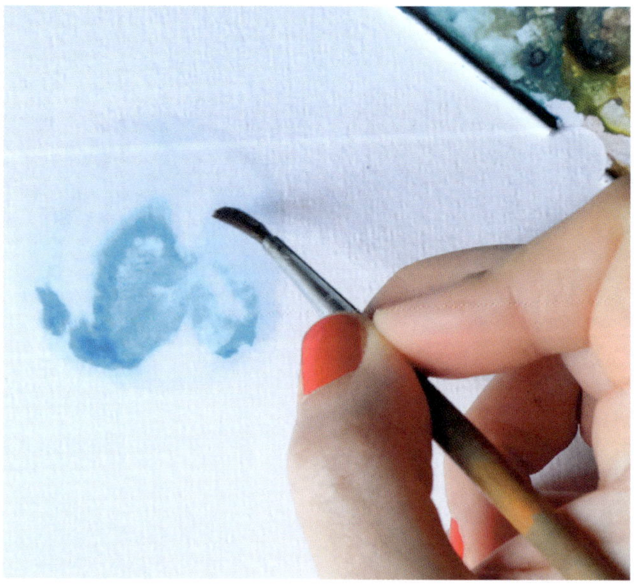

Kleckse wiederum nur mit einem Tropfen Wasser in die Farbe – und schau dir die wunderbare Magie der Aquarellfarbe an.

Wenige, dafür gezielte Pinselstriche sind beim Watercolor das A und O. Bei Acryl oder Öl kannst du oft immer wieder mit mehreren Schichten arbeiten. Watercolor verzeiht dir das aber nicht! Dann ist die verlaufene Optik dahin, und das Motiv sieht nicht mehr so luftig aus.

Meine erste Schicht Farbe ist daher meist sehr wässrig, um besser ausgleichen zu können, falls etwas nicht so ist, wie ich es wollte. Wenn man sofort mit kräftiger Farbe arbeitet, sollten die Striche exakt sein, da es schwer ist, den dichten Farbteppich wieder zu bearbeiten.

Es gibt Stellen, da solltest du flink sein und direkt ins Nasse wieder reinmalen (oder du gehst einfach noch mal mit Wasser über die Stelle), und manchmal wird das Ergebnis schöner, wenn du geduldig bist und wartest, bis die erste Schicht getrocknet ist.

Ränder immer mal wieder anweichen mit bisschen Wasser und Pinsel, um weichere Übergänge zu erreichen.

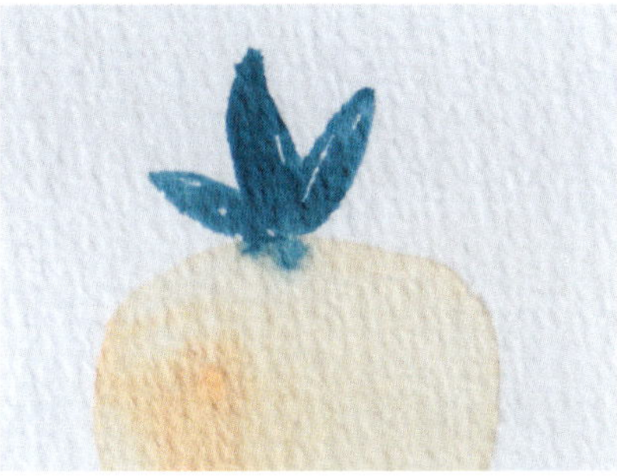

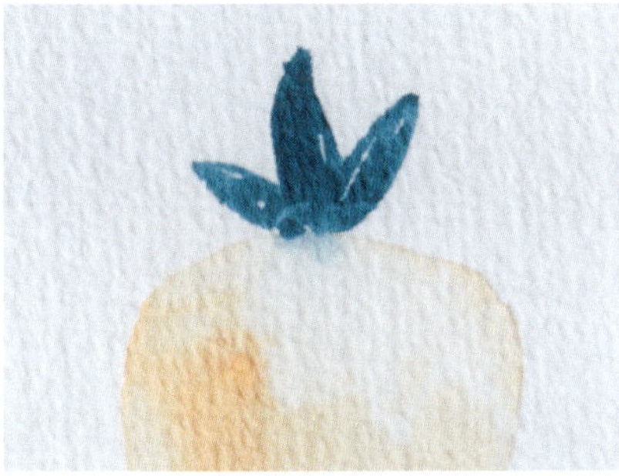

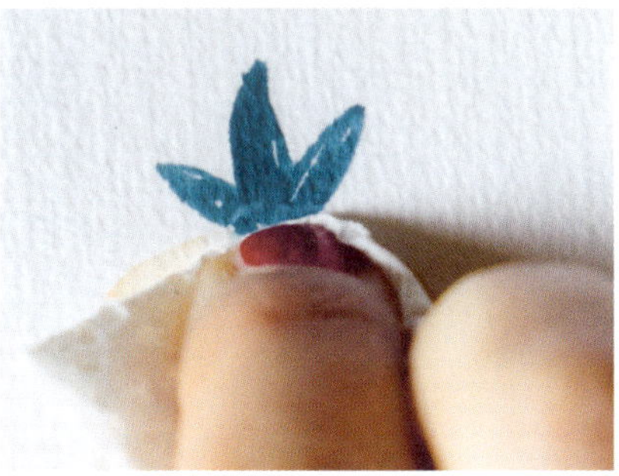

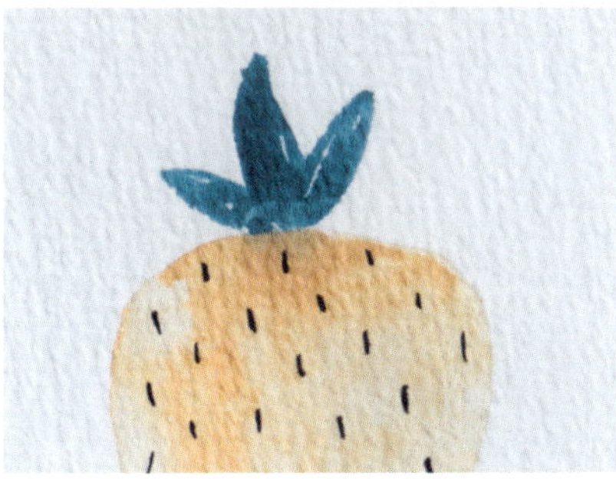

Vermalt? Du kannst die Farbe vorsichtig mit Küchenkrepp wegtupfen, wenn zwei Farben aus Versehen zusammengelaufen sind. Warte, bis die Farbe getrocknet ist, und male einfach nochmal drüber.

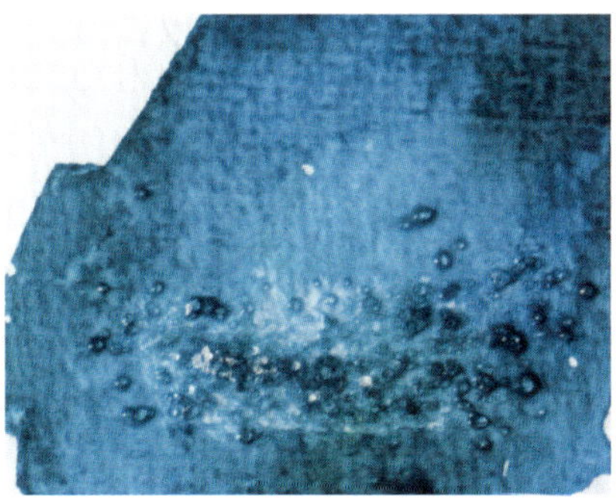

Streue etwas Salz über die noch nasse Fläche – das ergibt tolle Effekte!

Maltechniken

Übung: Farbe auf Farbe

Nass auf Trocken

Für diese Übung malst du ein paar Formen und lässt sie vollständig trocknen. Darüber setzt du wieder Formen. Diese Technik benutzt du, um klare, saubere Ränder zu erhalten, z.B. Fell, Augen ..., oder wenn durch die Schichten Räumlichkeit entstehen soll.

Ich nutze zu Beginn immer eine lasierende Farbschicht (durchscheinend), um die grobe Form des Tieres (hier im Beispiel erstmal nur Kreise) mit einem sehr hellen, wässrigen Ton vorzumalen, in der zweiten Schicht definiere ich dann die Formen und Tiefe genauer (Kopf, Arme, Beine).

Nass in Nass

Für diesen Effekt malst du eine Form und direkt daran mit einer anderen Farbe die nächste Form. So erreichst du weichere Übergänge, die Farbe blutet schön aus. Diese Technik eignet sich auch gut, um von hell nach dunkel zu arbeiten.

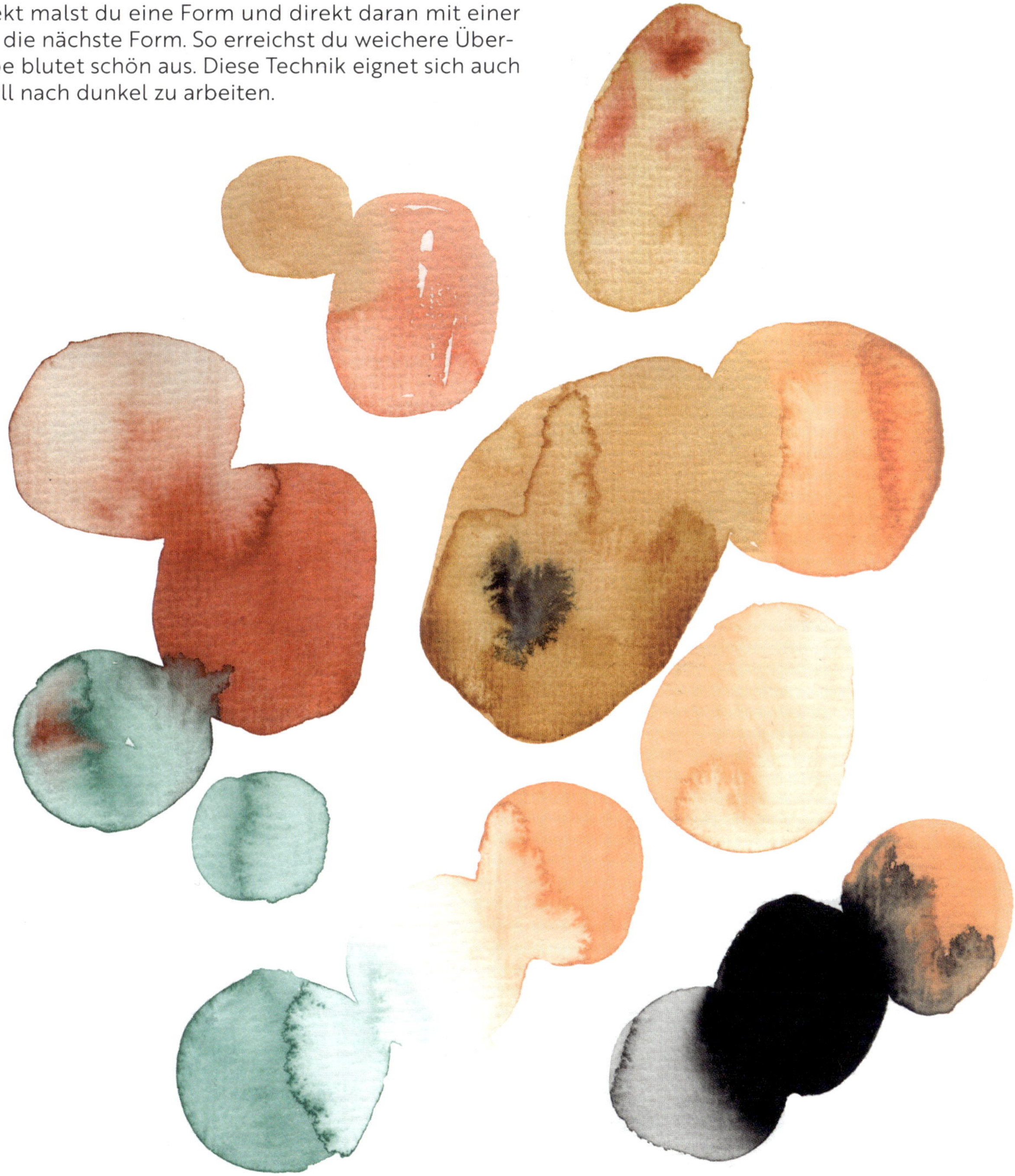

Stell es dir vor, dann kannst du es auch malen.

Illustration ist individuell

Die folgenden Tiere sind, nach einer kleinen visuellen Auffrischung aus Tierbüchern, in meinem Kopf entstanden. Ich abstrahiere, lasse auch mal was weg oder nehme eine andere Farbe. Dabei habe ich eine Vorliebe für klopsige, etwas blöd aussehende Figuren. Außerdem albere ich sehr gern rum, habe ein ziemlich kindliches Gemüt und sehe Besonderheiten in kleinen Dingen, die ich lustig finde. Ich glaube, deshalb sehen meine Figuren so aus, wie sie aussehen.

Damit du besser einschätzen kannst, welche Tiere einfacher zu malen sind, habe ich zu jedem Tier den Schwierigkeitsgrad in Tropfenform angegeben.

Hab Spaß und bleib am Ball! Immer üben und neugierig bleiben, weiter ausprobieren!

Ich zeichne fast nie vor, damit die Form lebhafter wird. Aber für den Anfang kannst du selbstverständlich mit einem HB-Bleistift die Form ganz dünn vormalen. Ich mag meine Tiere gern rundlich mit kurzen Beinchen und Punktaugen. Teste aber doch auch mal ganz laaange Beine oder große Kulleraugen. Mit der Zeit, wirst du deinen eigenen Stil entwickeln!

Übertreibung

Es geht mir nicht um die anatomisch korrekte Wiedergabe der Natur – ich erstelle Charaktere, eine Version der Wirklichkeit.

Nicht die Perfektion ist wichtig, sondern dass du mithilfe dieser fließenden Formen und manchmal auch durch die sich ergebenden Zufälle deine eigenen lustigen Tierchen entwickelst.
Das Wichtige: Hab Spaß und bleib am Ball! Immer üben und neugierig bleiben, weiter ausprobieren!

Und ein ganz wichtiger Ratschlag: Vergleiche dich nicht mit anderen! Egal ob du vielleicht mal professionell als Illustrator arbeiten möchtest oder du lediglich als Hobby ein paar lustige Tiere malen möchtest – es ist deine Interpretation und deine Kunst!

Mach einfach dein Ding, es gibt in der Kreativität eigentlich kein richtig oder falsch. In deinem Kopf ist der Wal grün und das Eichhörnchen blau? Wunderbar!

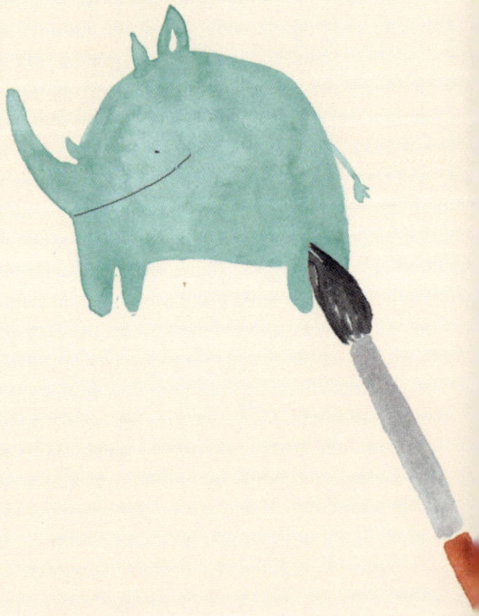

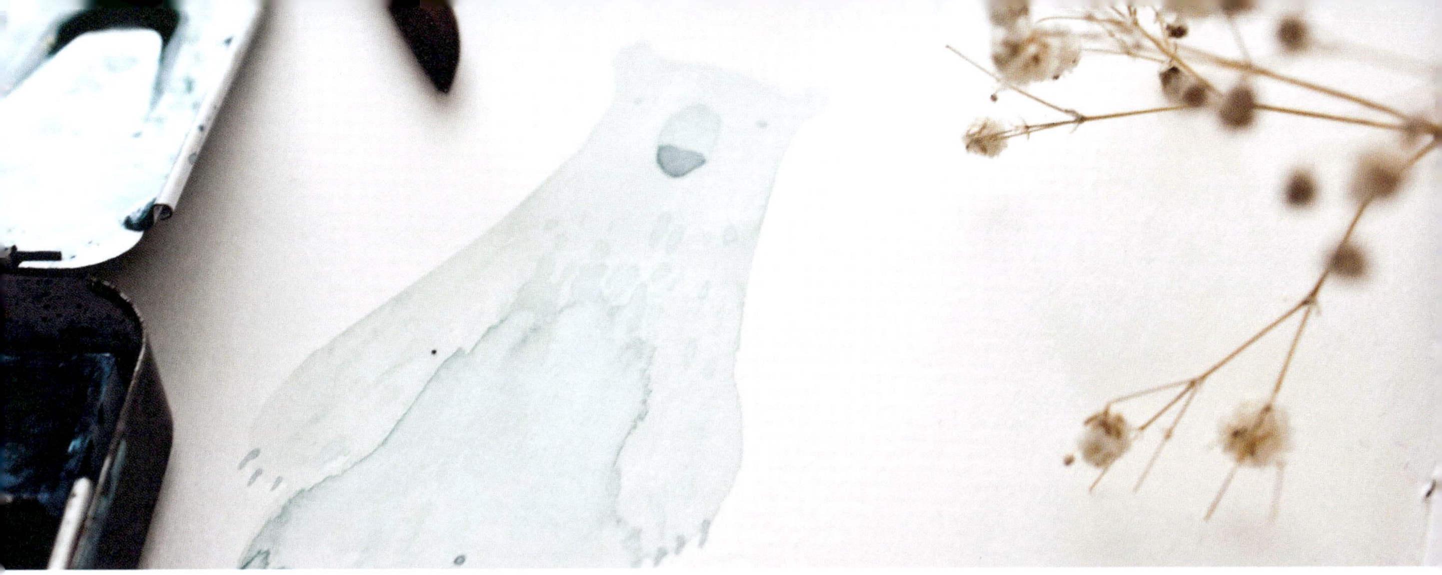

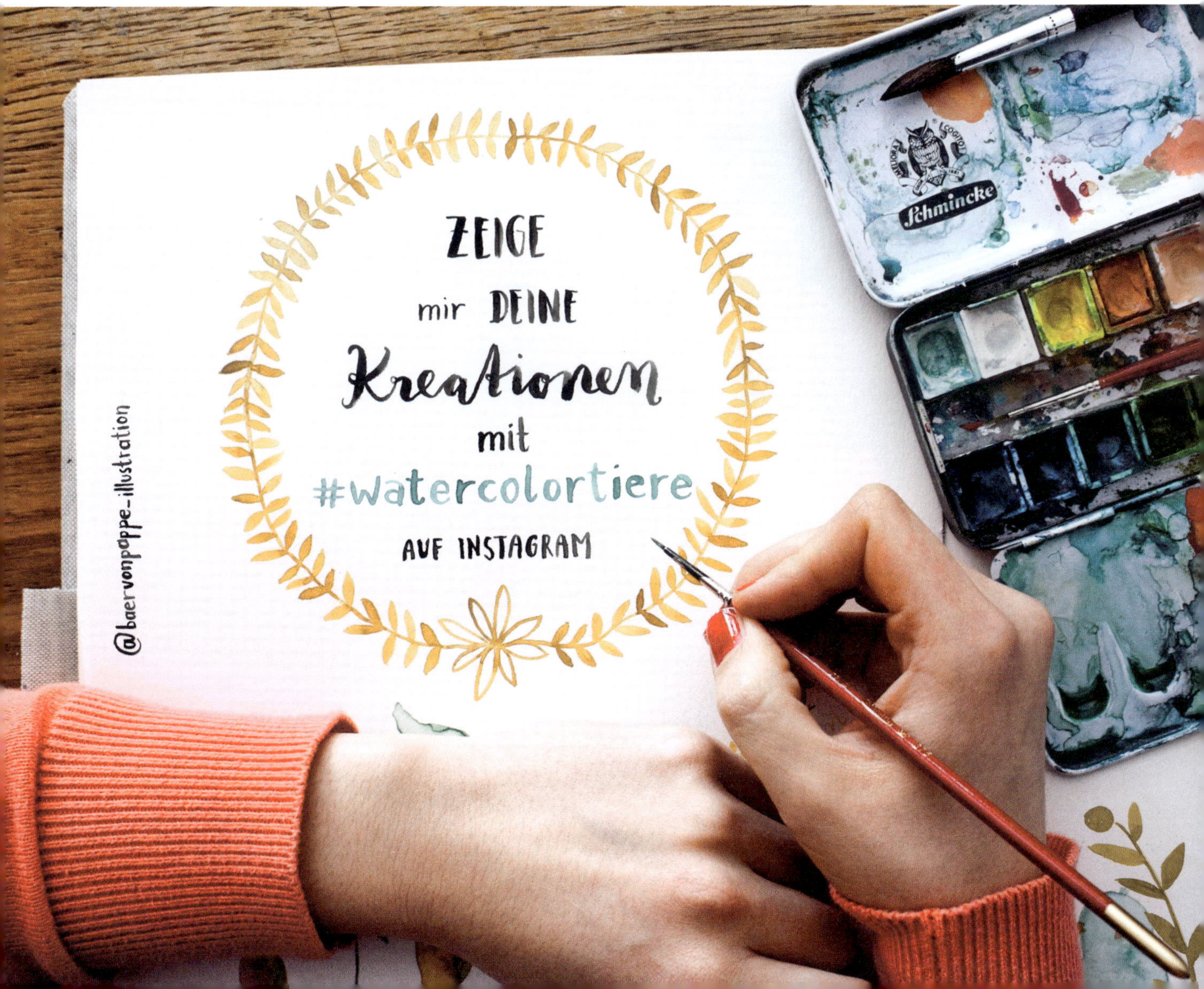
ZEIGE
mir DEINE
Kreationen
mit
#watercolortiere
AUF INSTAGRAM
Schmincke
@baervonpappe_illustration

Top 5 Tipps

1. Schau dir das Tier an, stell es dir vor, zerlege das Tier dann in seine GROBEN Bestandteile.

2. Zeichne aus deiner Erinnerung das Tier zart mit einem HB-Bleistift vor (nur die Teile, an die du dich erinnerst, sind wichtig, nicht jeder Buckel, jedes Gelenk, jede Falte ...).

3. Arbeite nicht zu winzig. Die Tiere sollten handgroß sein, dann entstehen originellere Wasserfarben-Effekte. Wenn es ganz ganz klein ist, kann die Farbe ja gar nicht richtig schön verlaufen.

4. Fange immer mit ganz wenig Farbe und viel Wasser im Pinsel an (wässrige Farbe).

5. Mit der Zeit musst du vielleicht gar nicht mehr vorzeichnen und kreierst deine eigenen verrückten Tierformen.

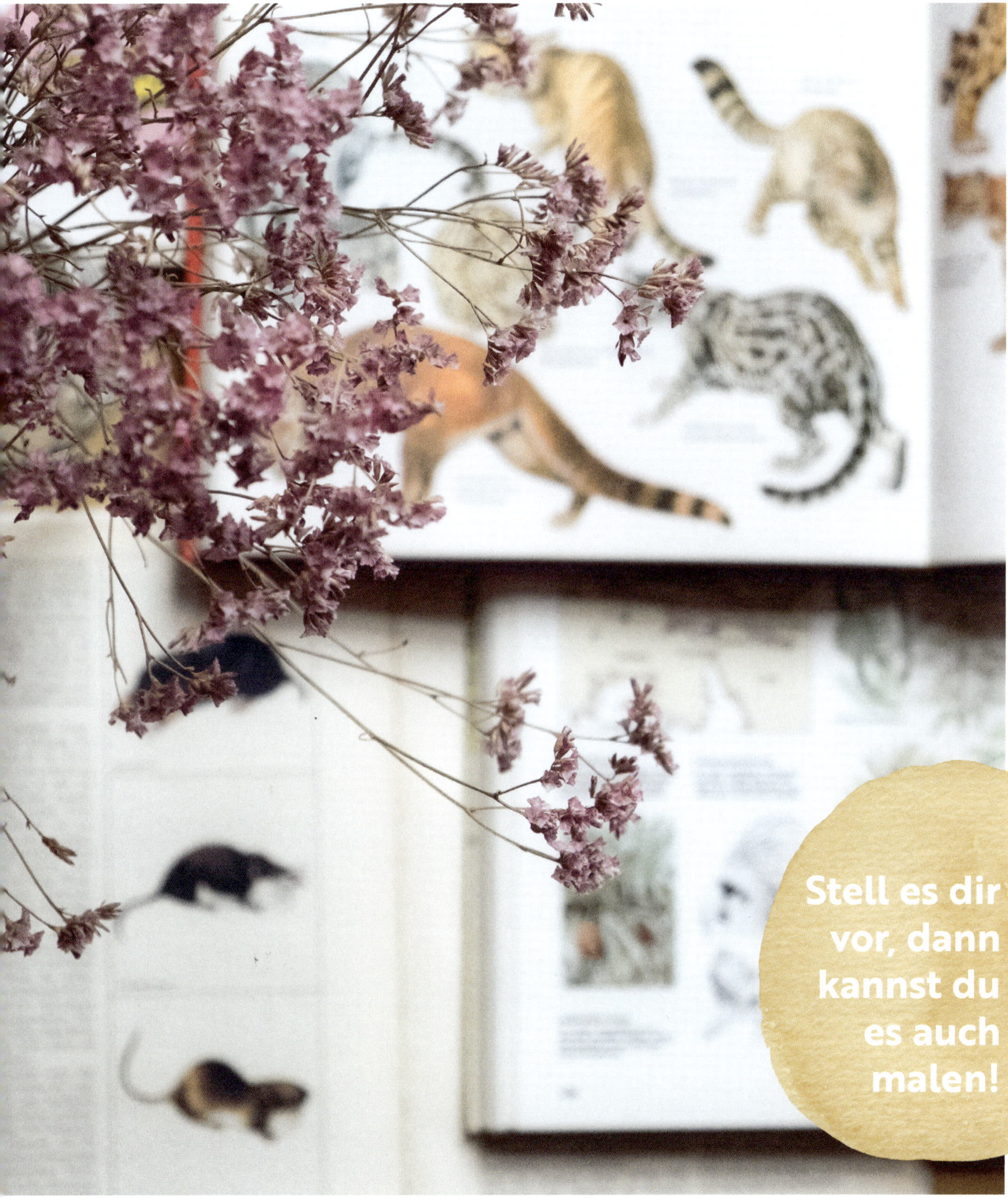

Stell es dir vor, dann kannst du es auch malen!

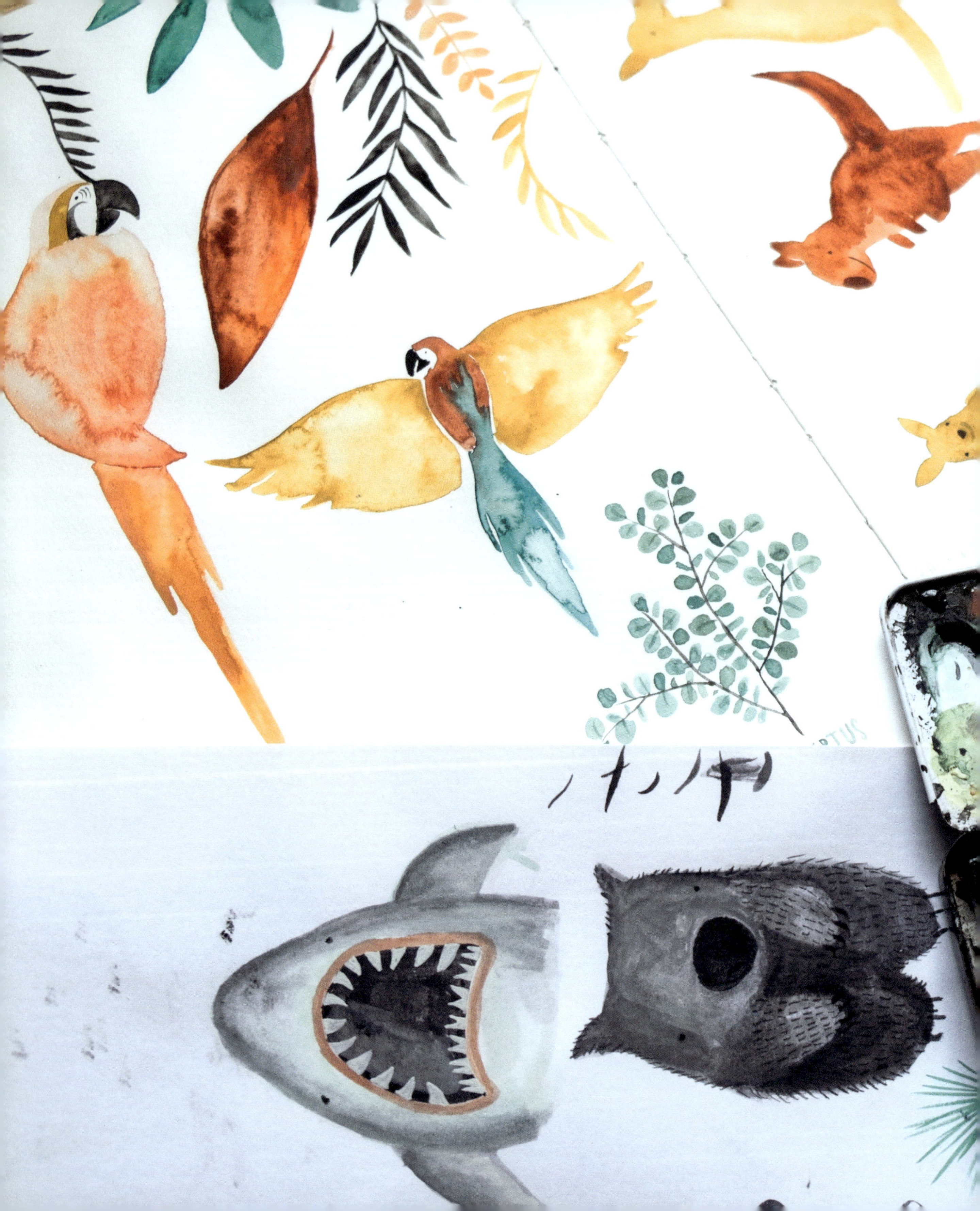

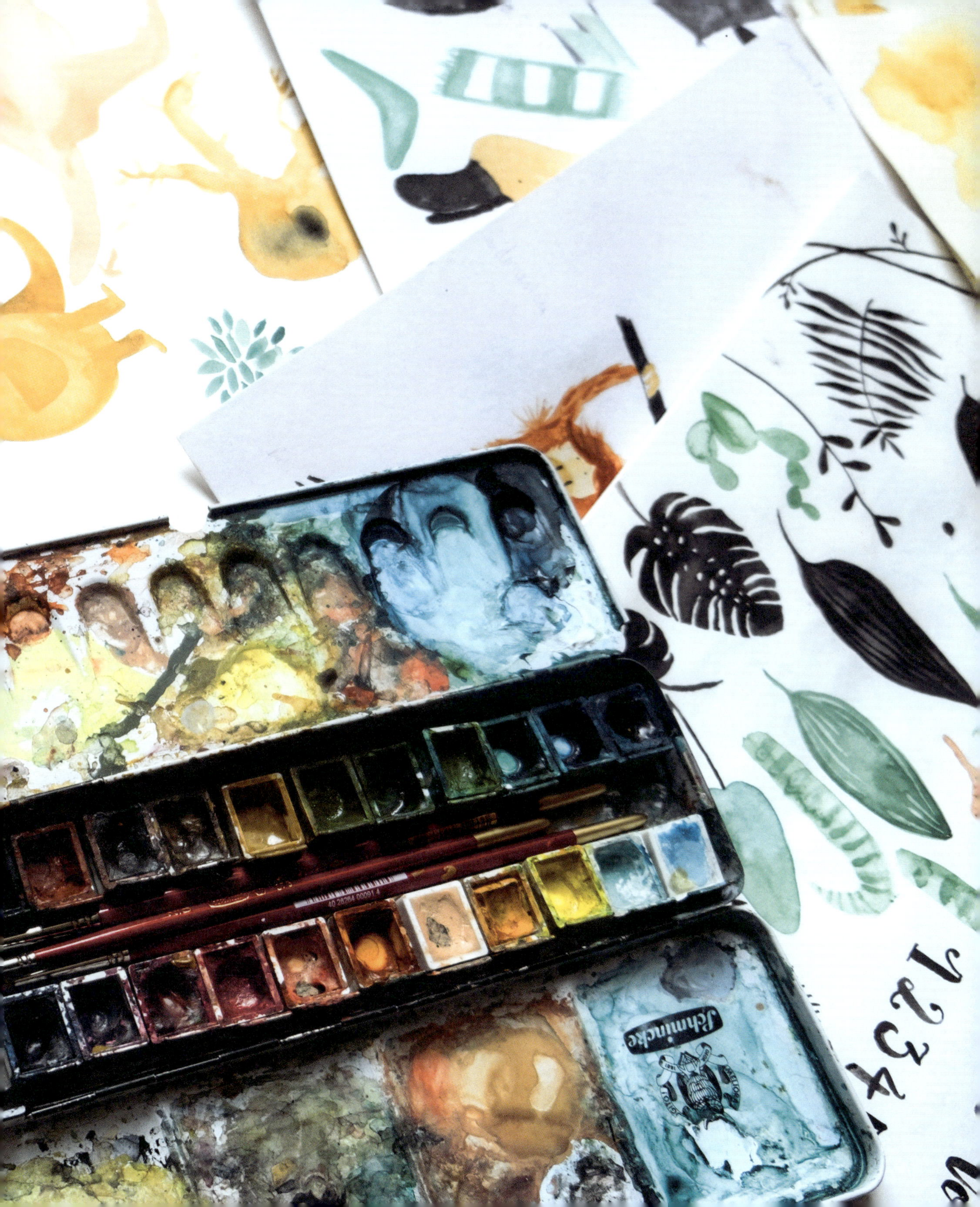
Schmincke

Übung

Male ganz frei ein paar Kreise, Ovale, Vierecke und Dreiecke auf dein Blatt. Füge dann mal spitze oder abgerundete Ohren hinzu, mal einen Kopf oder Beine. Lass dich von den Formen inspirieren. Lass deiner Vorstellungskraft freien Lauf und schau, an welches Tier dich die groben Formen erinnern. Punkt, Punkt, Komma, Strich, fertig ist das Bär-Gesicht!

Du musst nicht anatomisch korrekt arbeiten, es soll einfach Spaß machen!

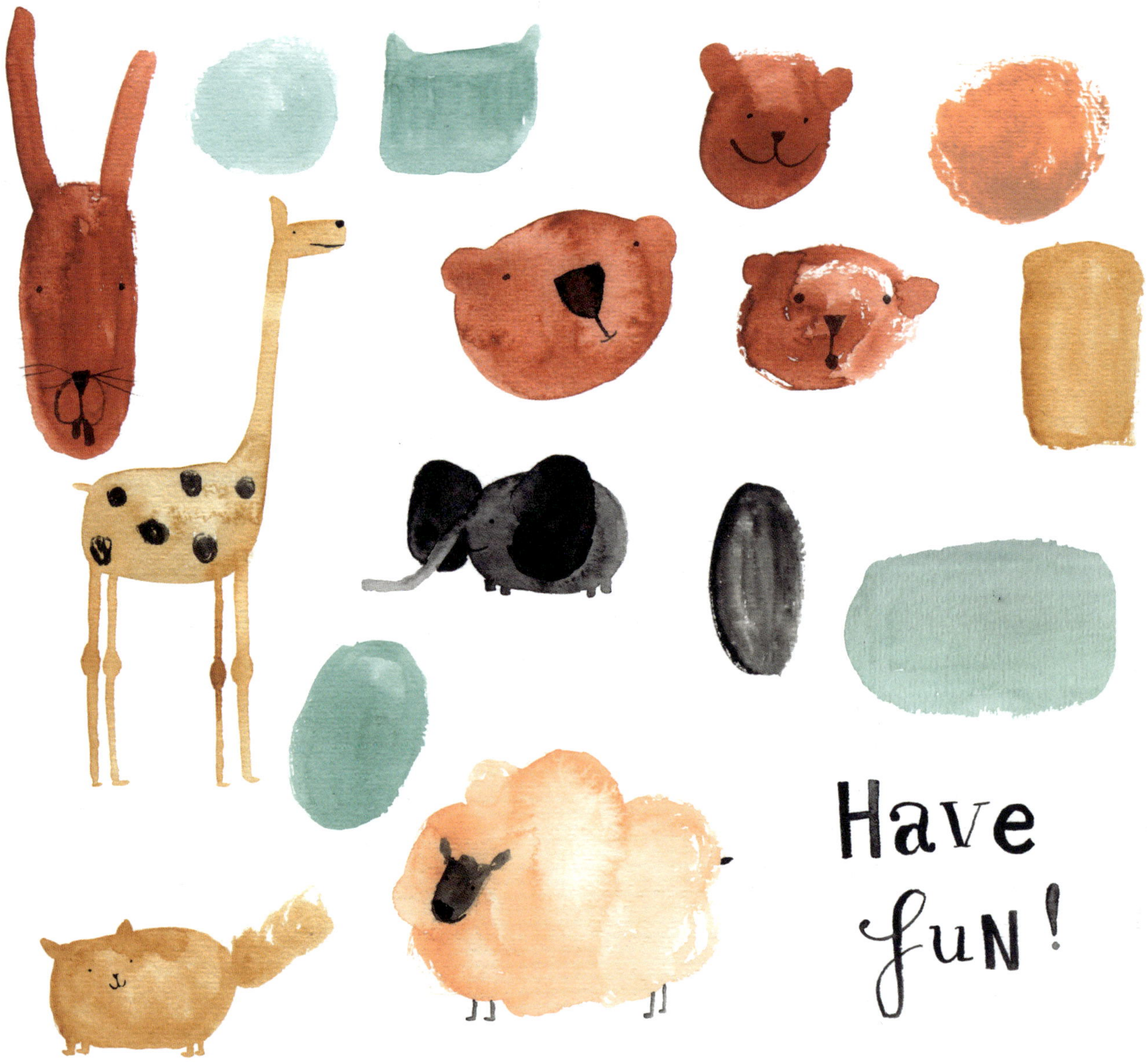

A bis Z

Ameisenbär

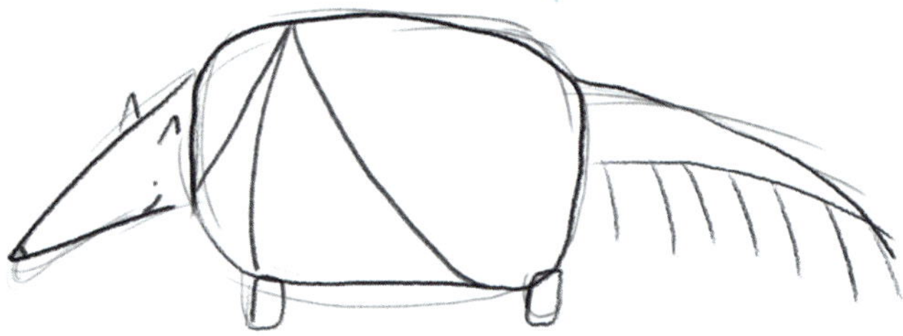

1 Schau dir das Tier ganz genau an und zerlege es in einfache Formen. Der Ameisenbär hat einen kastigen Körper, einen langen dreieckigen Kopf und einen zottigen Schwanz.

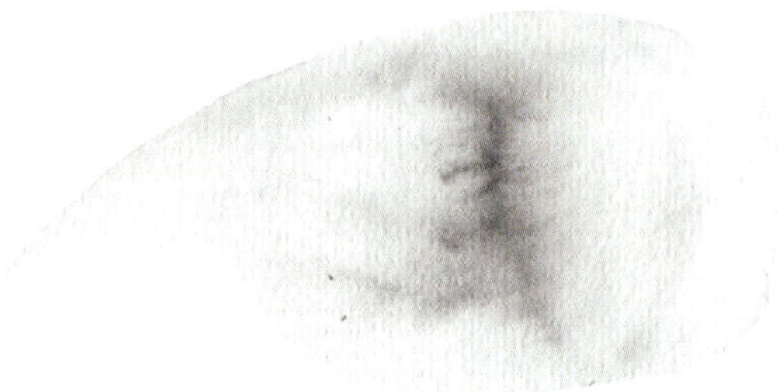

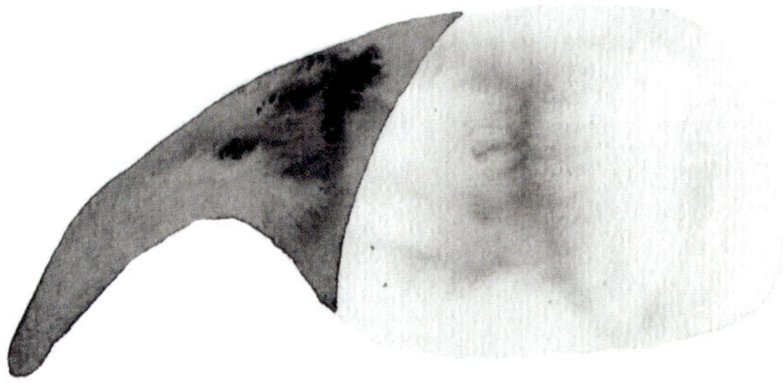

2 Mit einem mittelgroßen Pinsel malst du die Formen mit Wasser und nur wenig Farbe auf das Papier. Erst das abgerundete Viereck und direkt daran den dreieckigen Kopf.

3 Im nächsten Schritt malst du mit etwas mehr Farbe im Pinsel den Kopf und etwas vom Körper nach – sieht aus wie eine Zipfelmütze.

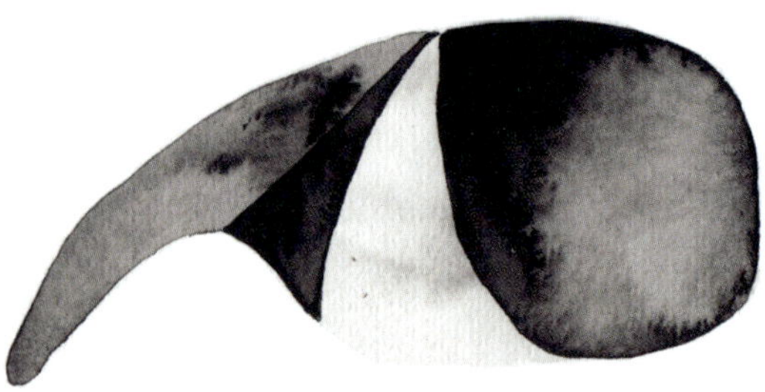

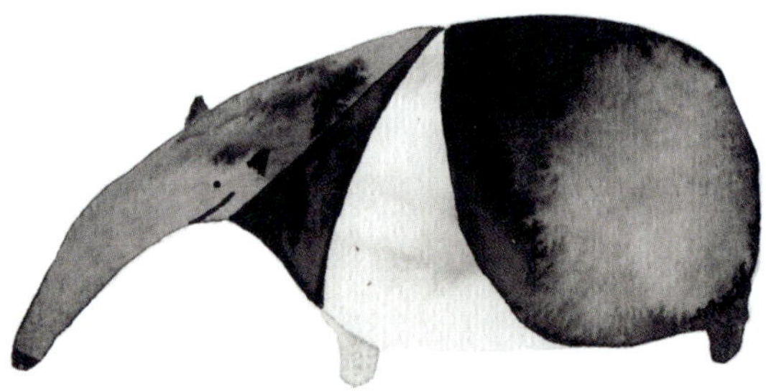

4 Anschließend malst du den hinteren Körperteil und ein Dreieck am Hals – nun mit noch mehr Farbe im Pinsel.

5 Füge Füßchen, Ohren, Gesicht hinzu.

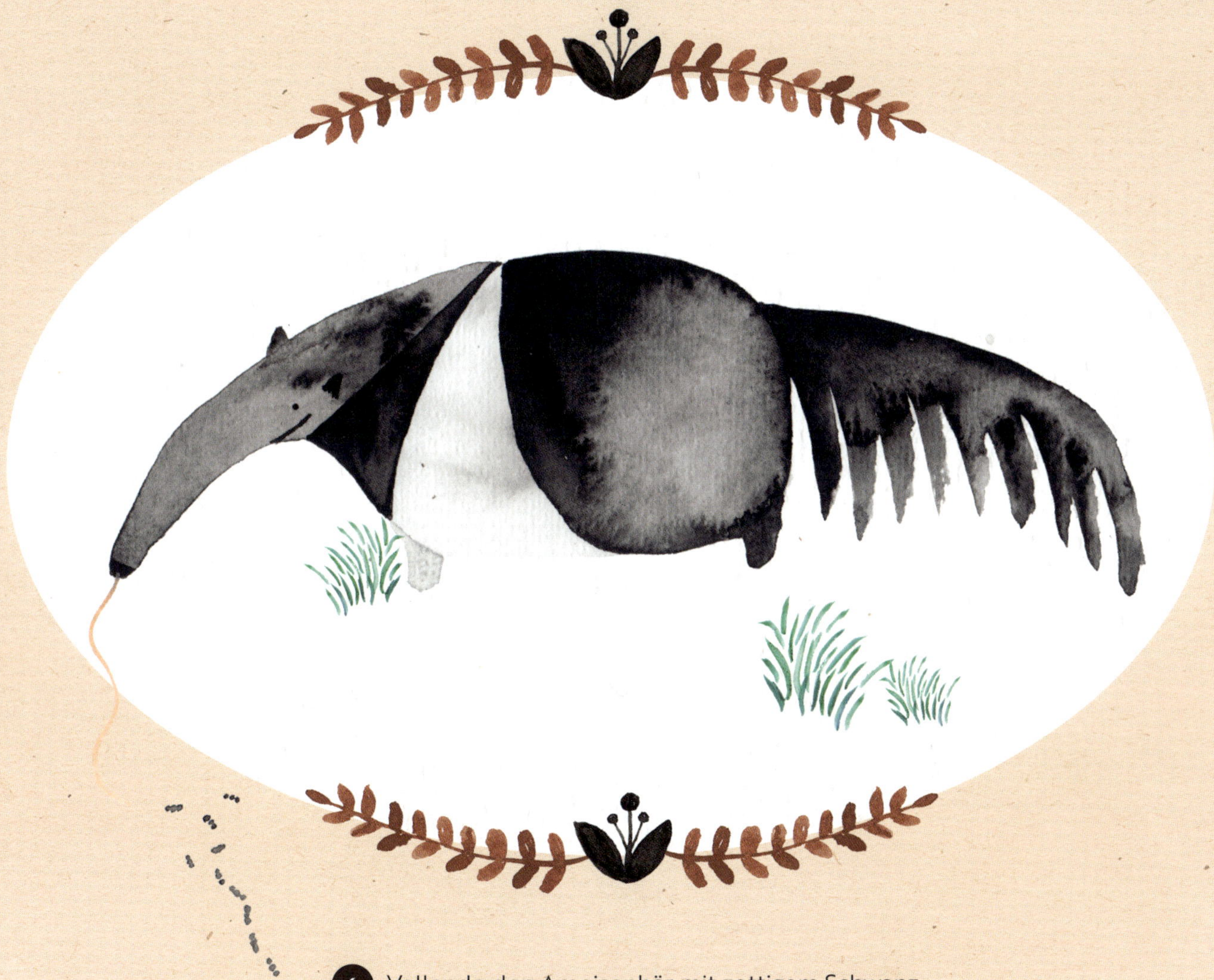

6 Vollende den Ameisenbär mit zottigem Schwanz, laaanger Zunge und ein paar kleinen Ameisen (für den kleinen Hunger).

Bär

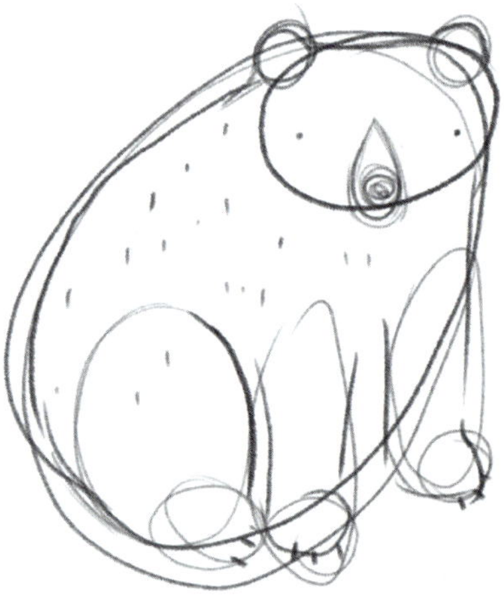

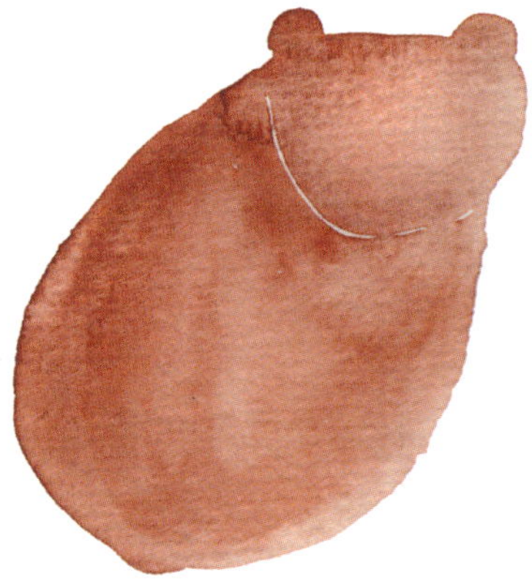

1 Der sitzende Bär hat einen ovalen Rumpf und einen ovalen Kopf.

2 Zuerst malst du mit dem großen Pinsel und wässriger Farbe den Kopf mit Ohren und direkt daran den ovalen Rumpf. Es ist nicht schlimm, wenn die Teile zusammenlaufen, du modellierst später noch aus.

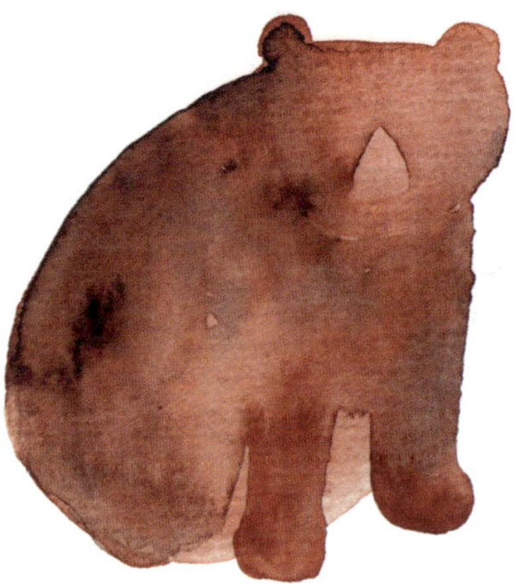

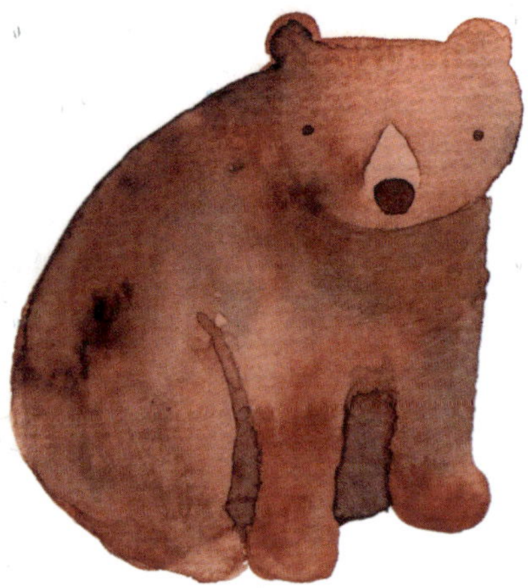

3 Mit dem mittleren Pinsel und mehr vom Grundton (hier ein Kupfer) malst du nochmals über Körper und Gesicht, lässt im Gesicht aber die Schnauze frei. Füge auch direkt die Beine hinzu. Kleckse mit Wasser und etwas Schwarz nochmal in das Fell.

4 Füge Augen und Nase hinzu und modelliere den Kopf und die Beine etwas heraus. Male dazu unterhalb des Kopfes mit wässriger Farbe entlang und fülle den Raum zwischen den Beinen mit einem dunkleren Farbton, aber immer noch wässrig, damit du es leichter verteilen kannst. Füge noch die hintere Tatze hinzu.

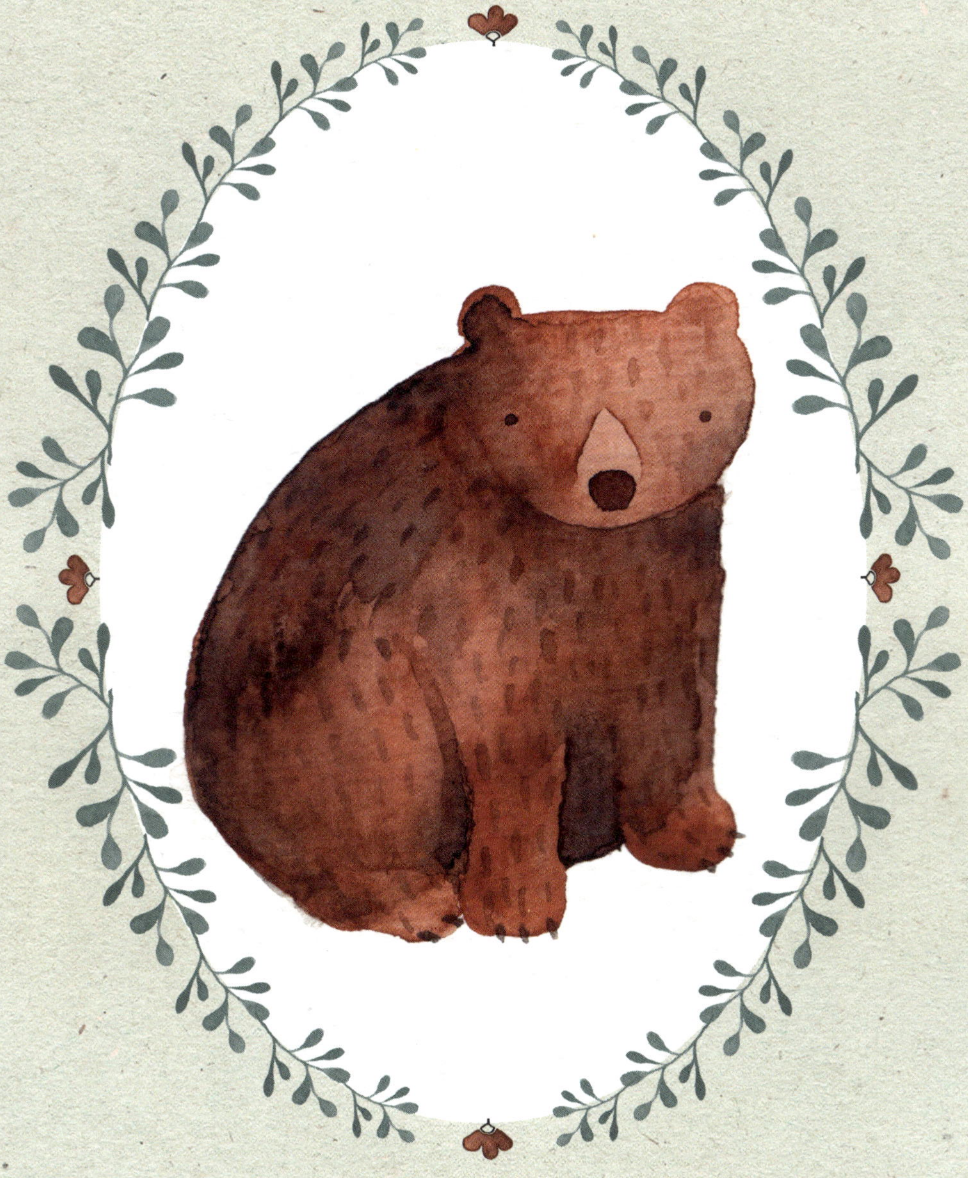

5 Am Ende bekommt der Bär noch Fell und Krallen. Zuletzt habe ich nochmal leicht mit Wasser drübergemalt, da mir die Fellstriche zu dunkel waren. So verlaufen sie wieder etwas, und das Fell wirkt etwas zarter.

Clownfisch

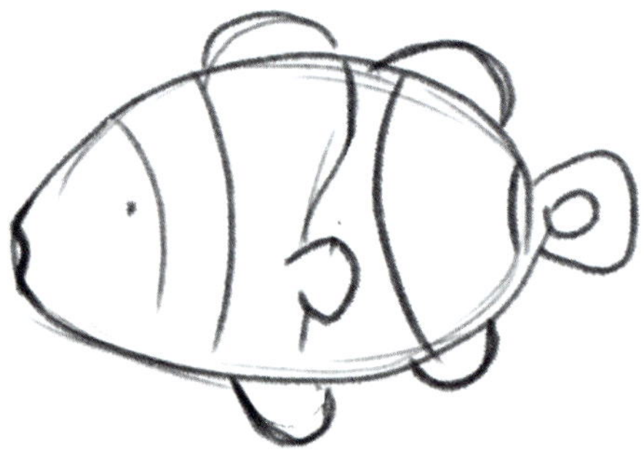

1 Der Clownfisch ist ein Oval mit vielen kleinen Halbkreisen, den Flossen.

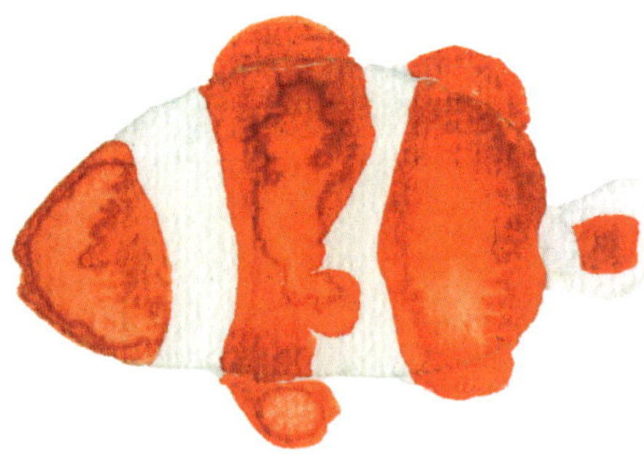

2 Du startest mit dem großen Pinsel und Weiß, um den ovalen Körper und die Flossen zu malen (die Flossen kannst du auch mit dem kleinen Pinsel malen). Das Weiß solltest du ganz leicht mit Schwarz oder Gelb einfärben, damit du es besser siehst.

3 Über die getrocknete weiße Grundlage malst du die typische Musterung der Clownfische in einem Orangeton.

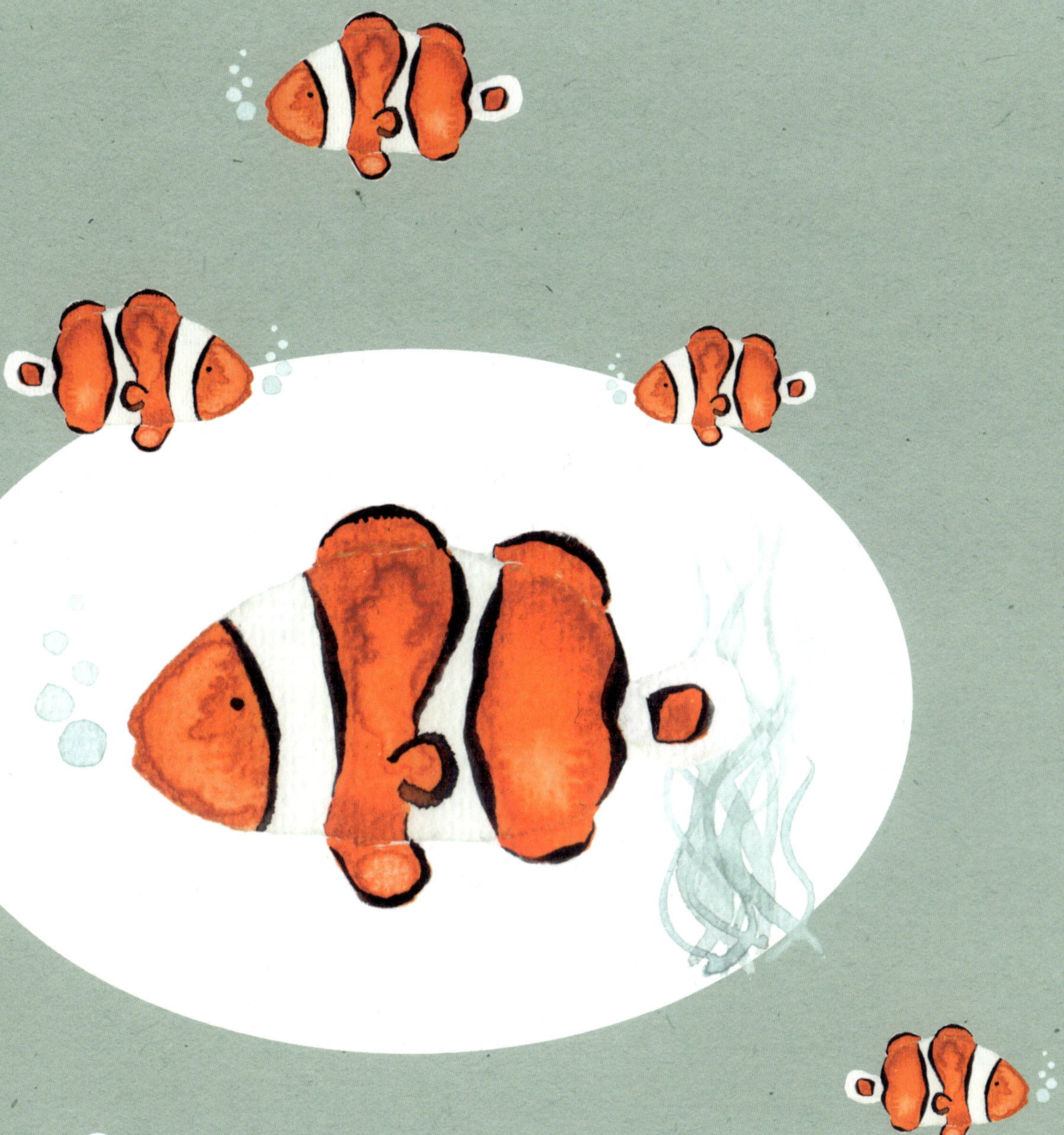

4 Mit dem kleinen Pinsel malst du zuletzt die schwarzen Streifen und ein Auge.

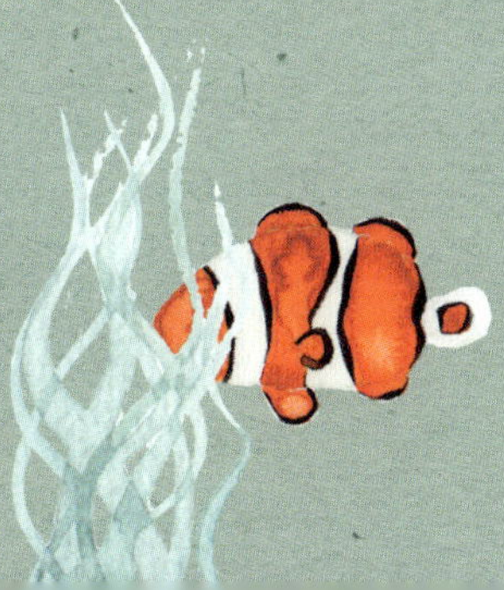

DACHS

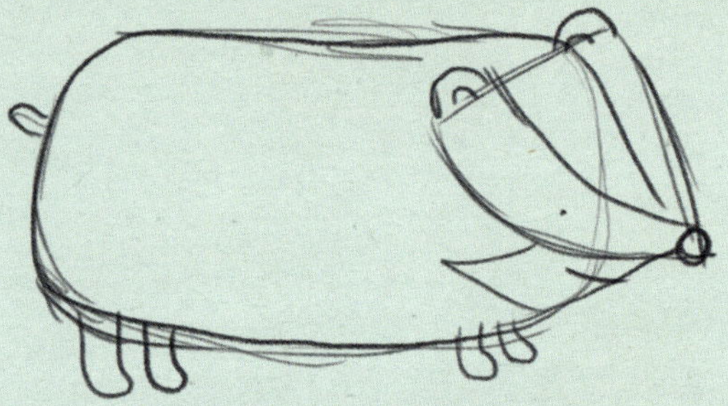

1 Der Dachs hat einen kastigen Körper und einen Kopf in Dreiecksform.

2 Mit einem mittelgroßen Pinsel malst du den Kopf mit einem leicht schmutzigen Weiß.

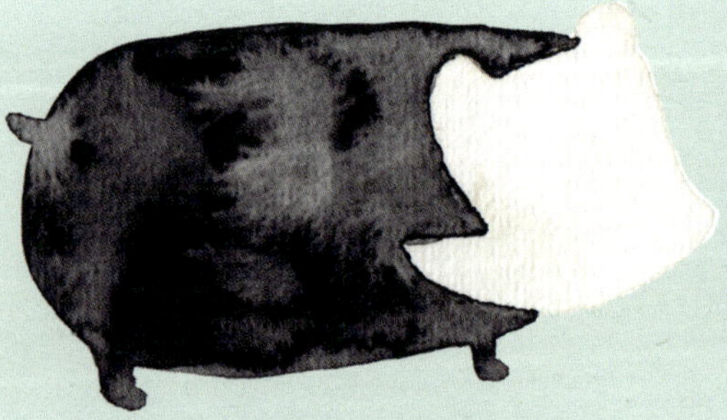

3 Den Kopf erst trocknen lassen, dann den Körper, Stummelschwanz und Stummelbeinchen mit dem kleinen Pinsel hinzufügen.

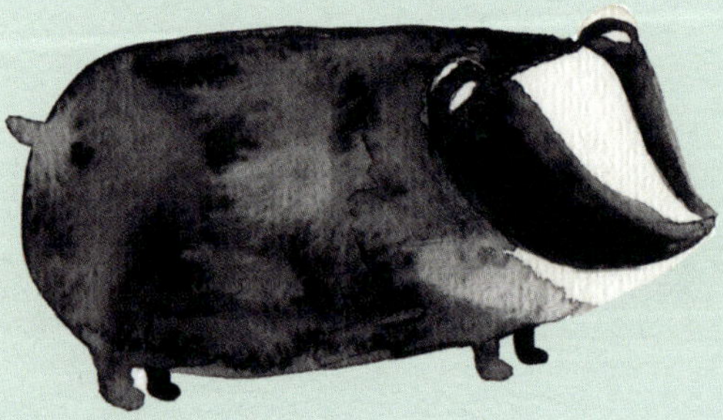

4 Im nächsten Schritt habe ich nur mit Wasser den Übergang am Hals von Weiß zu Schwarz wieder etwas aufgeweicht. Füge noch die jeweils hinteren Beinchen mit kleinem Pinsel hinzu, aber etwas dunkler, damit Tiefe entsteht. Und die typischen Streifen im Gesicht nicht vergessen.

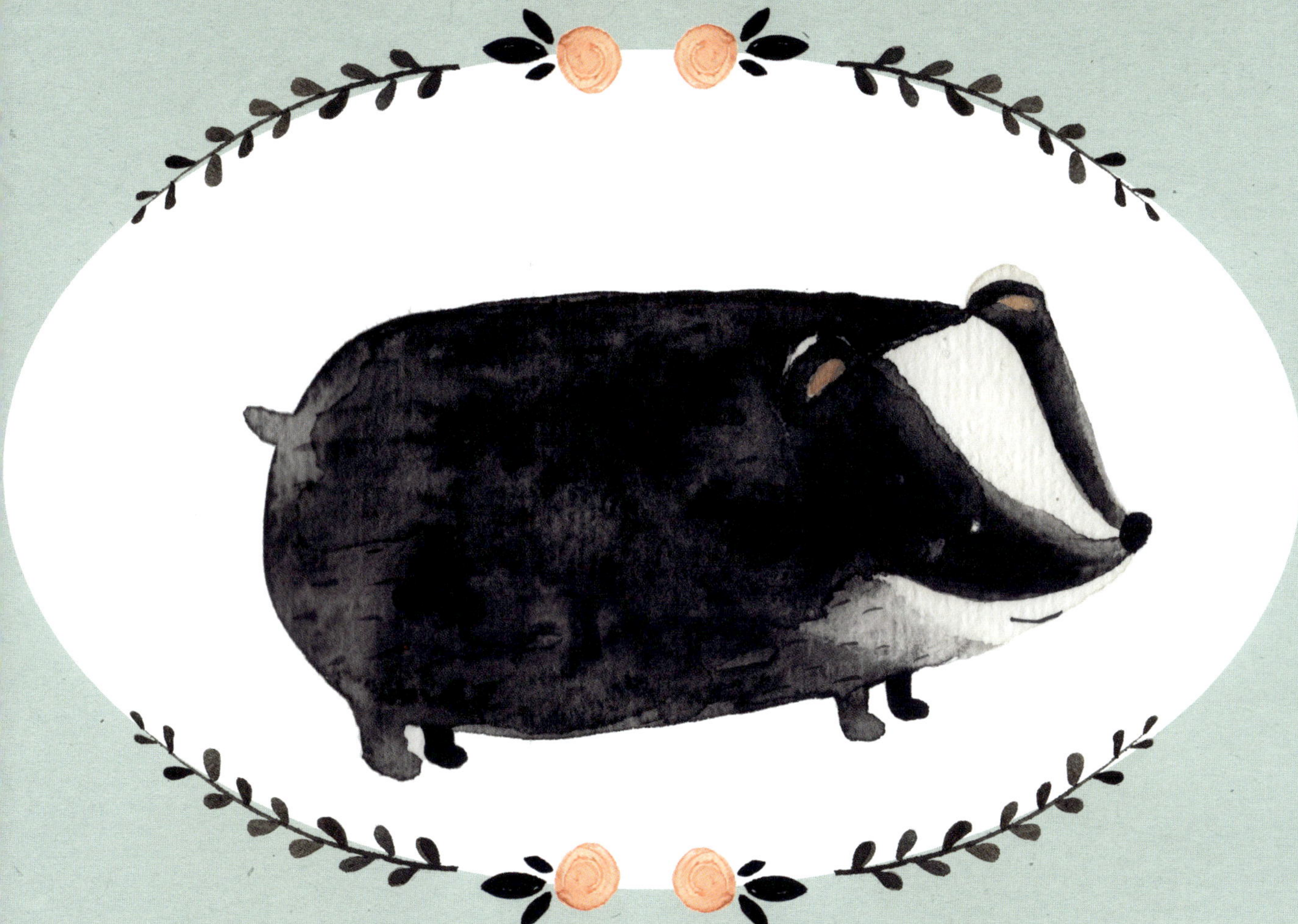

5 Der Dachs bekommt noch ein Gesicht (das Auge mit Deckweiß), rosafarbene Ohren und ein paar Fellstriche, alles mit dem kleinen Pinsel.

Eichhörnchen

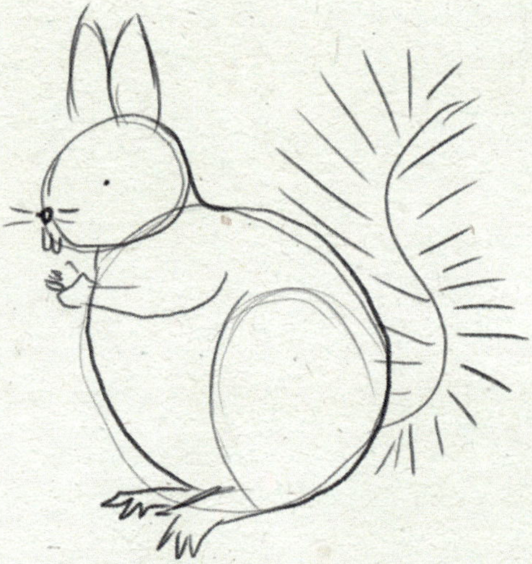

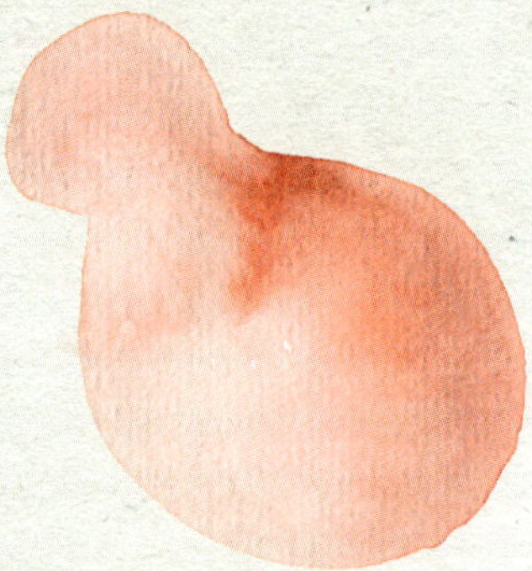

1 Unser Eichhörnchen hat schon ziemlich viel gefuttert, denn es ist ziemlich rund. Es besteht aus einer großen Körper-Kugel und einer kleinen Kopf-Kugel. Der Schwanz ist S-förmig.

2 Mit dem großen Pinsel malst du die zwei Kugeln mit Wasser und nur wenig Farbe auf das Papier. Sie müssen sich etwas überschneiden.

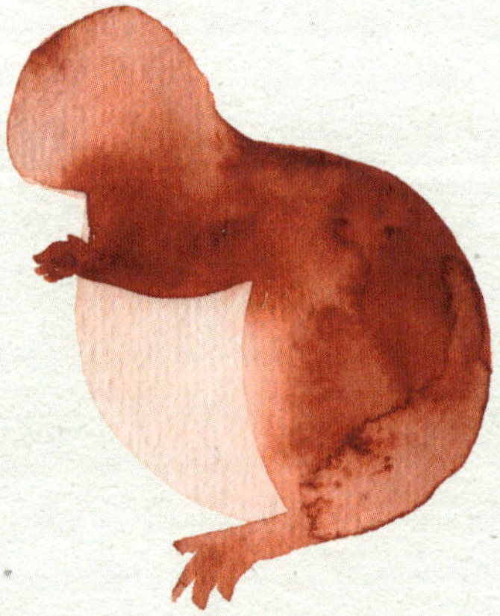

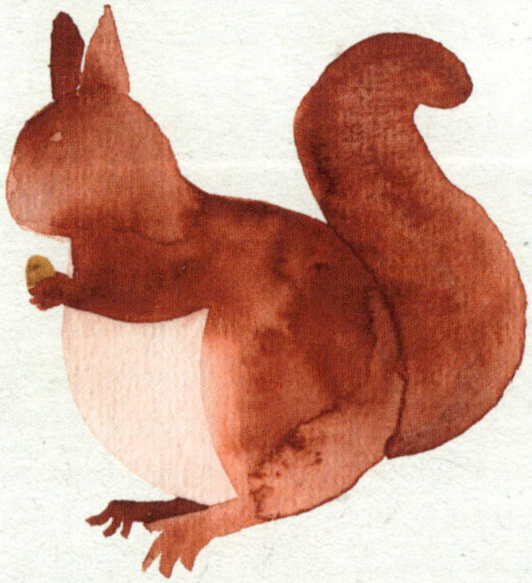

3 Mit einem mittelgroßen Pinsel und mehr Farbe im Pinsel malst du den Körper aus, lässt aber den dicken Bauch aus. Hand und Fuß mit kleinem Pinsel hinzufügen.

4 Die Ohren sind kleine Dreiecke, das hintere Ohr wird wieder etwas dunkler, genauso die hintere Kralle. Hinter die Pfote setzt du eine kleine Nuss. Füge den Schwanz in S-Form mit dem großen Pinsel hinzu.

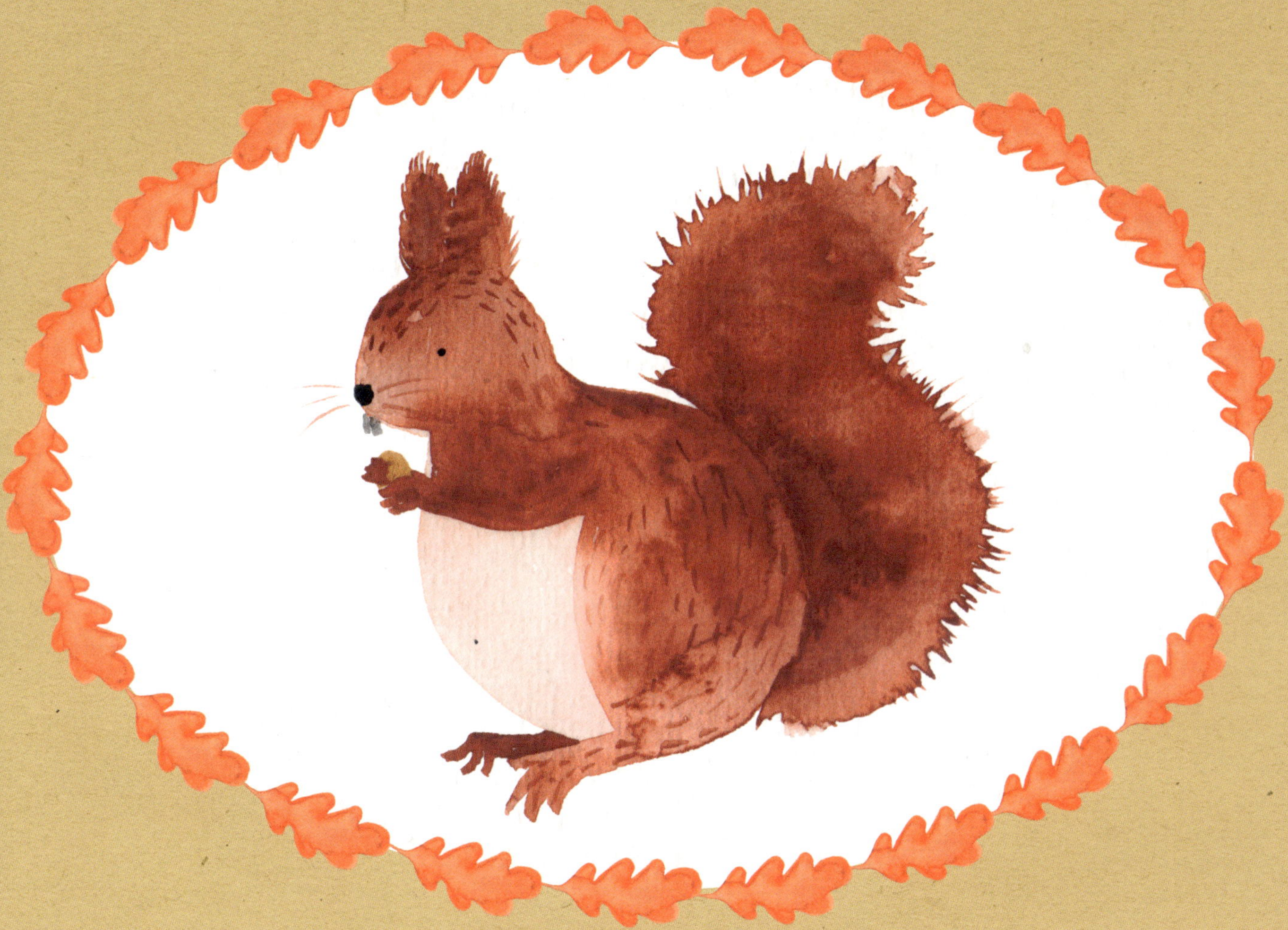

4 Der Schwanz wird schön buschig, indem du mit dem kleinen Pinsel die noch feuchte Farbe in langen Pinselstrichen von innen nach außen ziehst. Nimm immer wieder frische Farbe mit dem Pinsel auf. Auch die Ohren von innen nach außen mit Fell versehen. Der Körper bekommt auch Fellstriche. Drei kleine Krallen umfassen die Nuss, die es mit zwei langen Zähnen knabbert. Auge, Nase und Schnurrhaare hinzufügen.

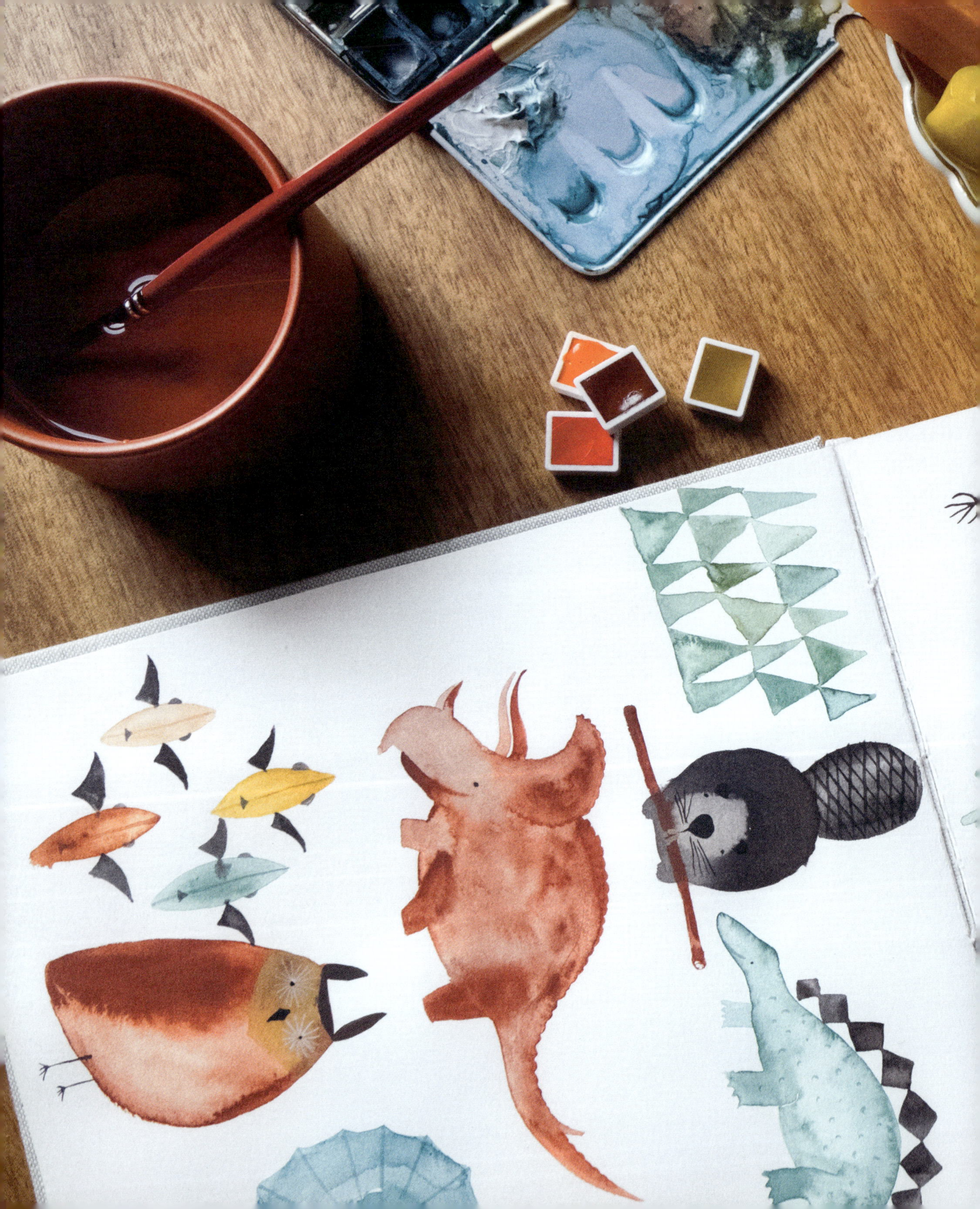

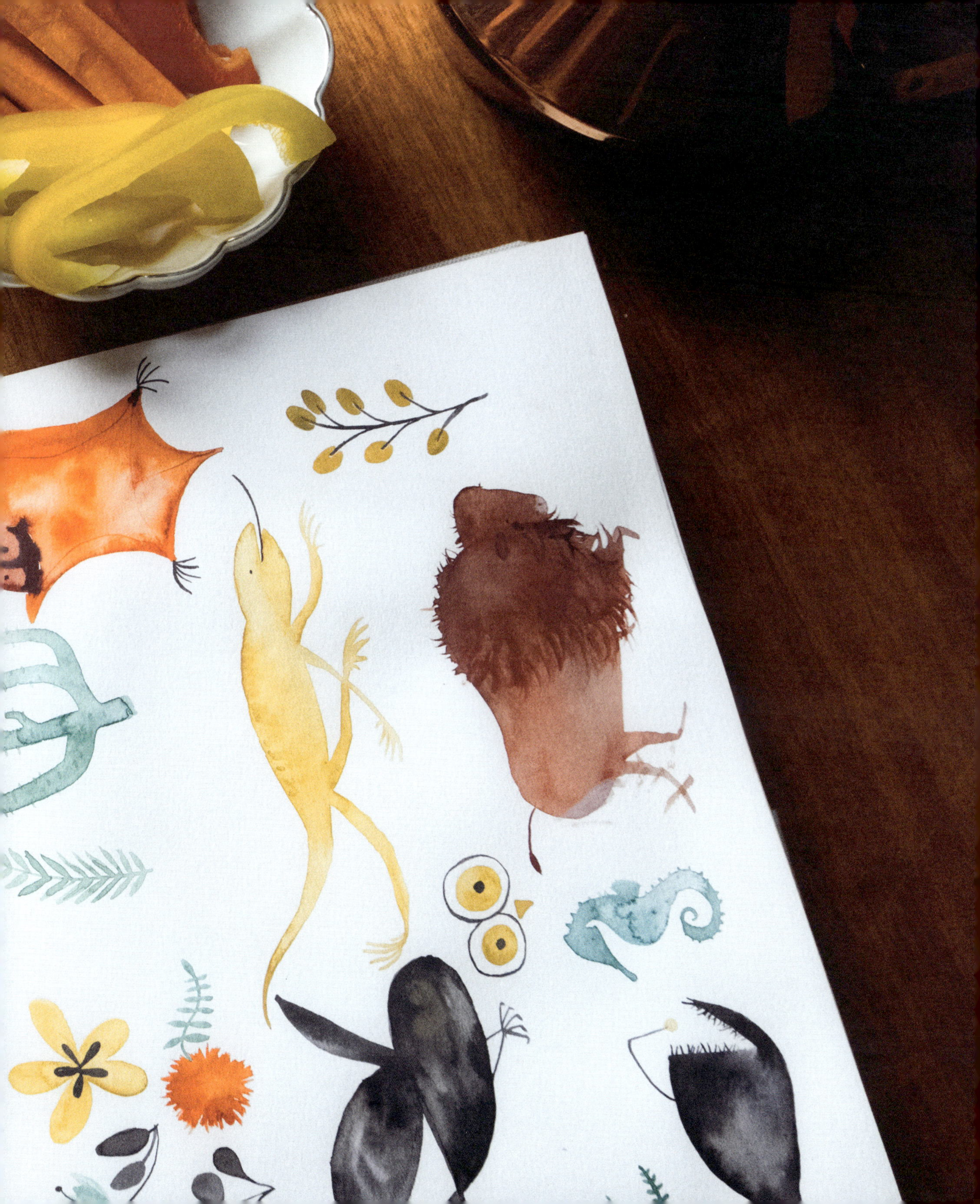

Faultier

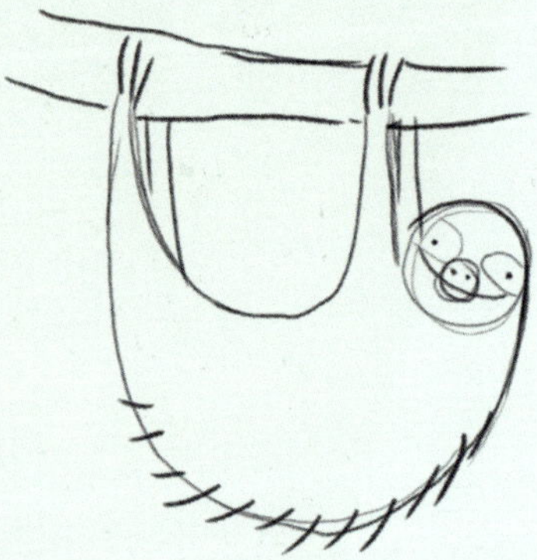

1 Unser hängendes Faultier ist U-förmig.

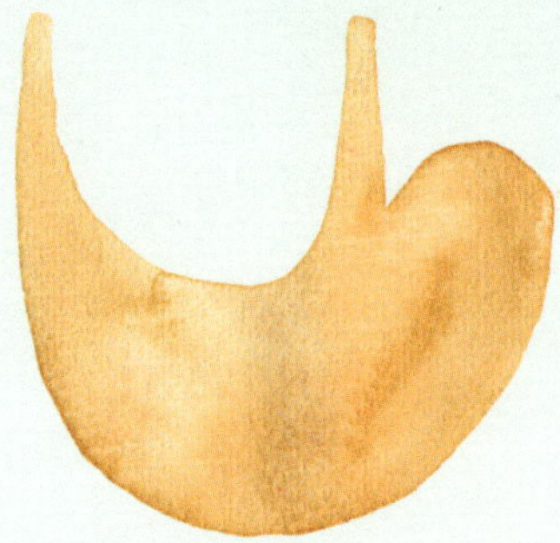

2 Mit einem mittelgroßen Pinsel malst du die Form auf das Papier.

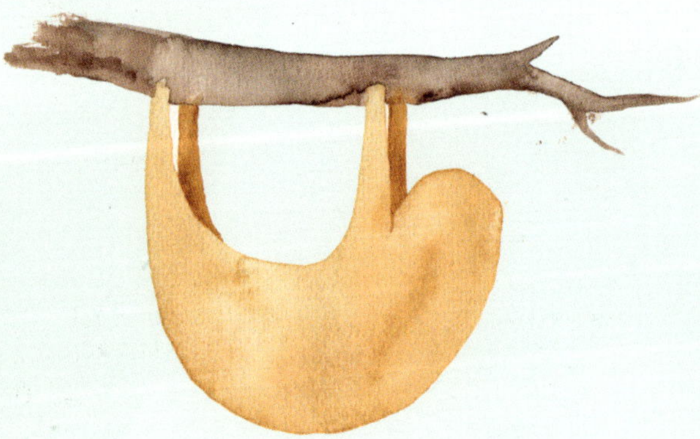

3 Im nächsten Schritt bekommt das Faultier einen Ast, an dem es hängen kann. Die hinteren Arme und Beine werden mit einem etwas dunkleren Braunton hinzugefügt.

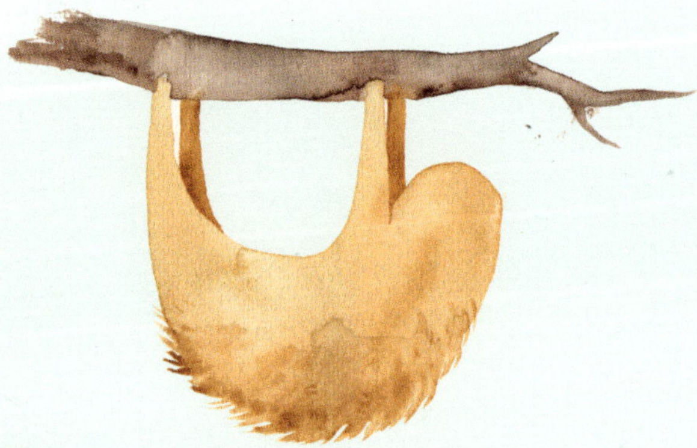

4 Mit dem kleinen Pinsel kommt Fell hinzu – die Strichrichtung geht vom Tier weg.

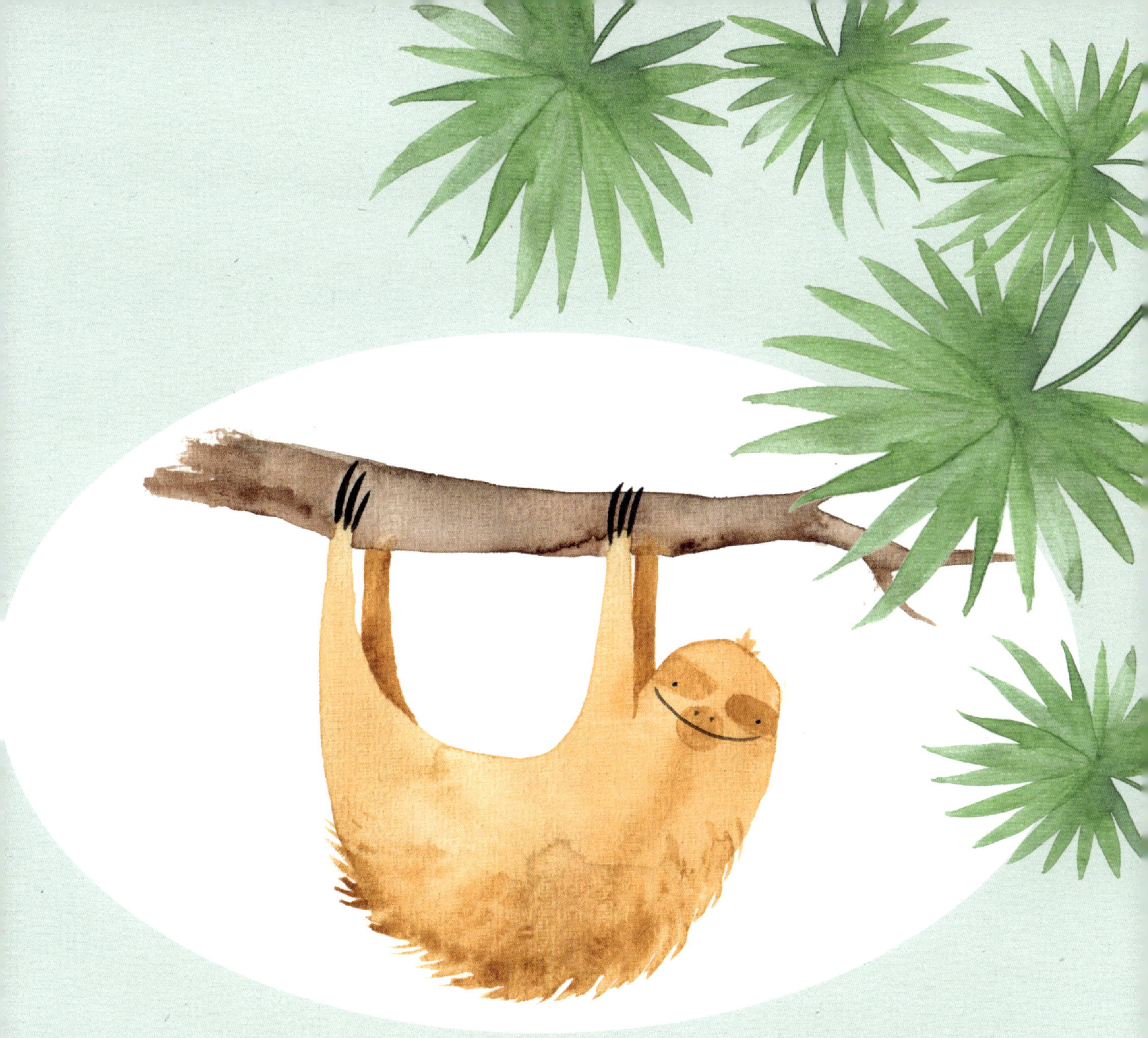

5 Im letzten Schritt malst du den Hintergrund für die Augen, ein Haarbüschel und einen Kreis für die Nase. Lass alles trocknen und füge mit Schwarz Augen, Nasenlöcher, Mund und Krallen hinzu. Und jetzt schön entspannen!

GÜRTELTIER

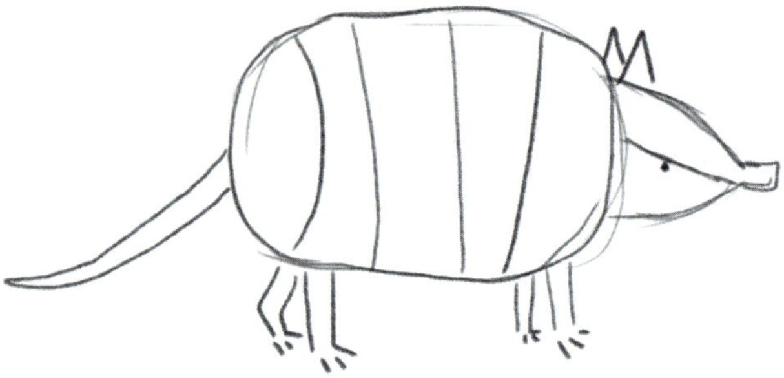

1 Das Gürteltier hat einen oval-kastigen Rumpf. Einen langen Schwanz, kurze Beine und einen eher dreieckigen Kopf.

2 Den Rumpf malst du mit dem großen Pinsel, den Kopf mit dem mittleren Pinsel (wenn du dich damit sicherer fühlst).

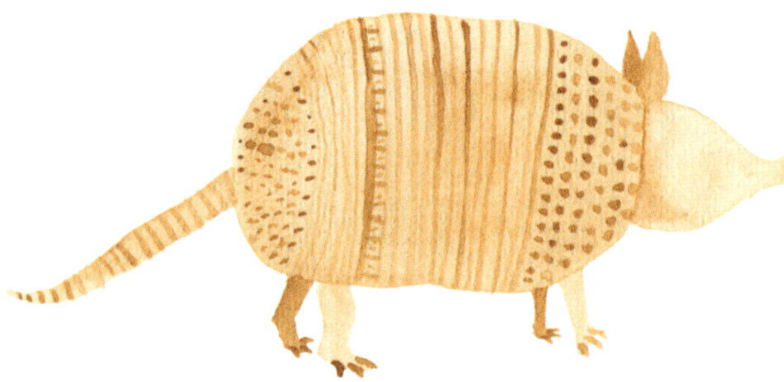

3 Mit einem kleinen Pinsel fügst du die Beine, Ohren und den Schwanz hinzu.

4 Nun malst du mit dem kleinen Pinsel ein (Fantasie-)Panzermuster hinzu – Streifen und Punkte. Und ein paar Krallen.

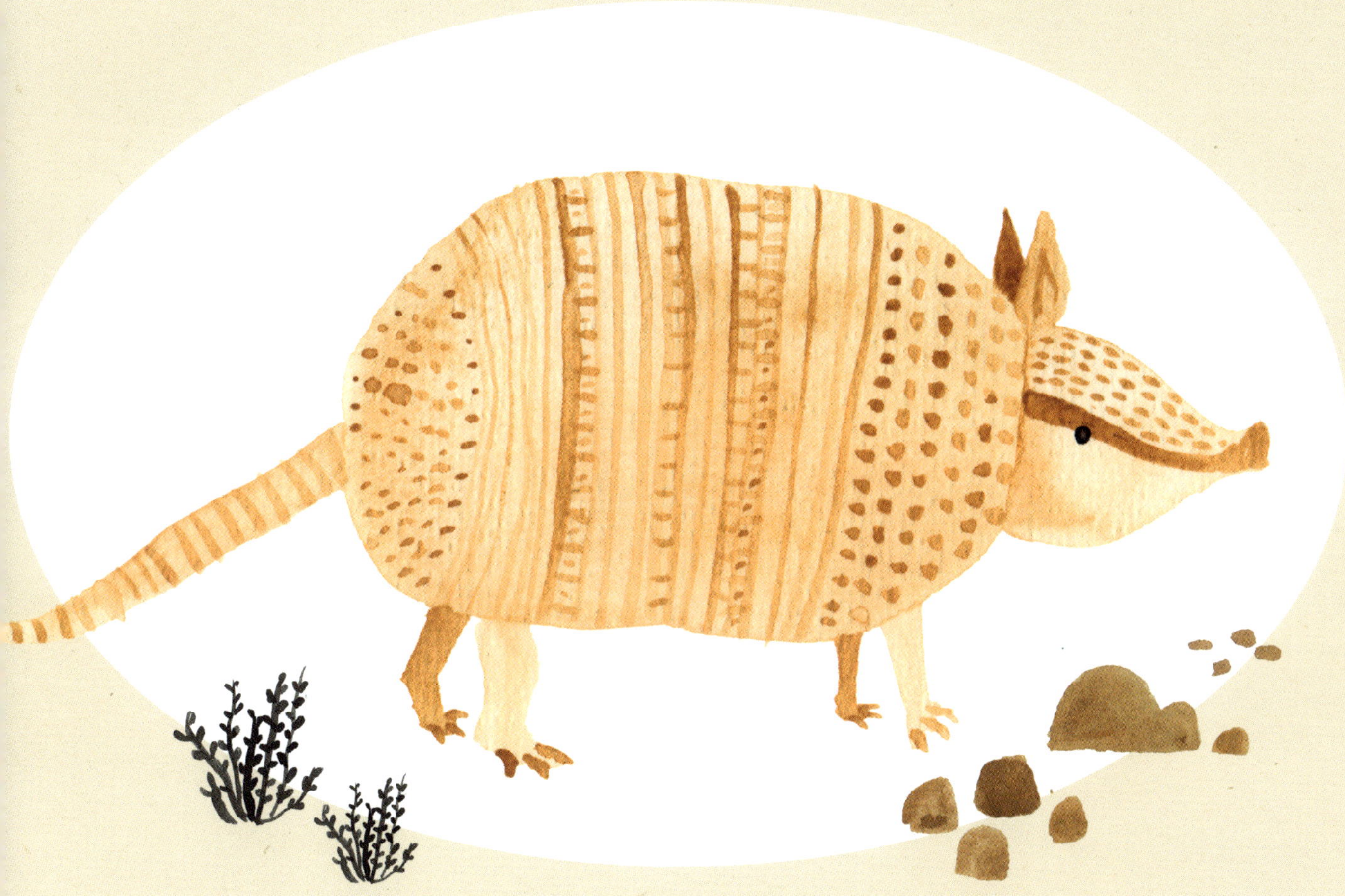

5 Das Gesicht wird nun noch mit einem Streifen geteilt und etwas Struktur im oberen Bereich des Kopfes gemalt. Wenn alles trocken ist, das Punktauge nicht vergessen.

HAHN

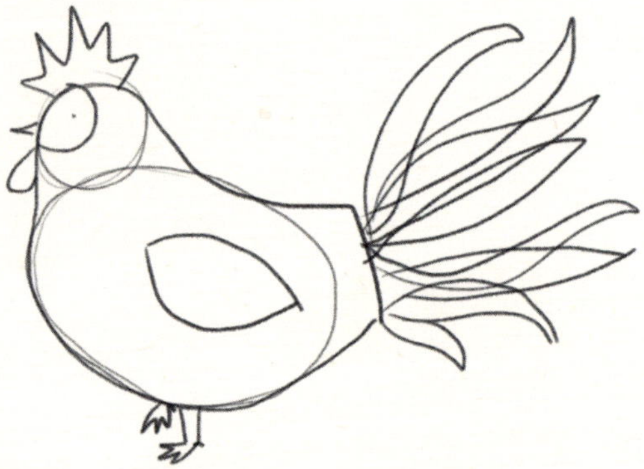

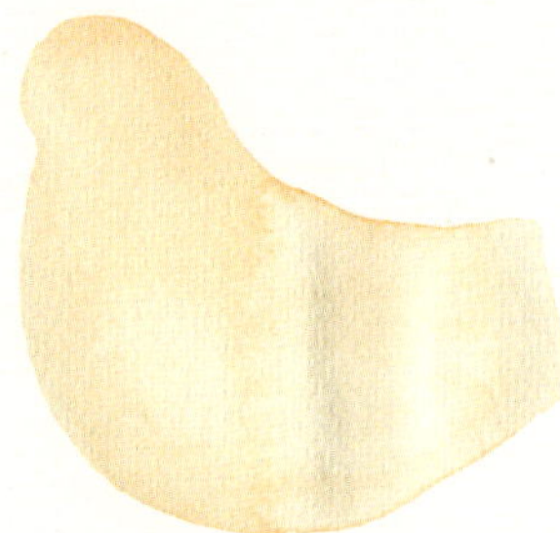

1. Ein Hahn hat einen ovalen Körper, darauf einen runden Kopf.

2. Du kannst das Körper-Oval und den Kopf-Kreis einzeln malen und dann direkt im feuchten Zustand verbinden (mit dem großen Pinsel).

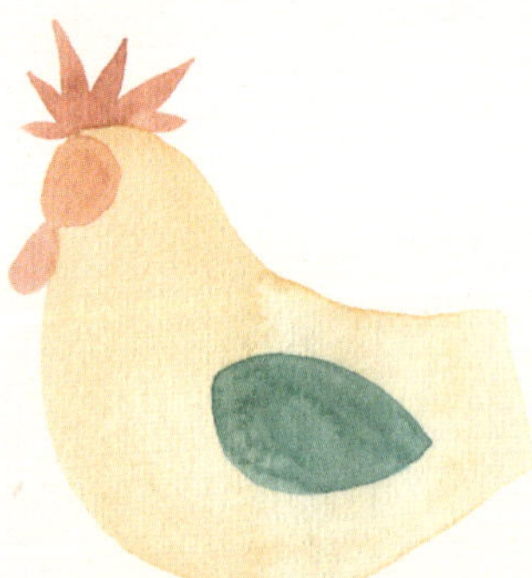

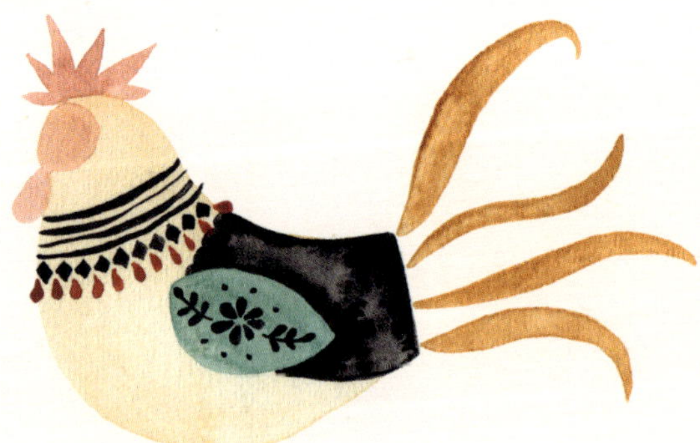

3. Mit einem mittelgroßen oder kleinen Pinsel malst du Kamm, Augenpartie und Kehllappen, den Flügel in Form eines Blattes.

4. Jetzt wird es etwas fummeliger, ich habe mich für einen folkloristischen Hahn entschieden, mit vielen Ornamenten.

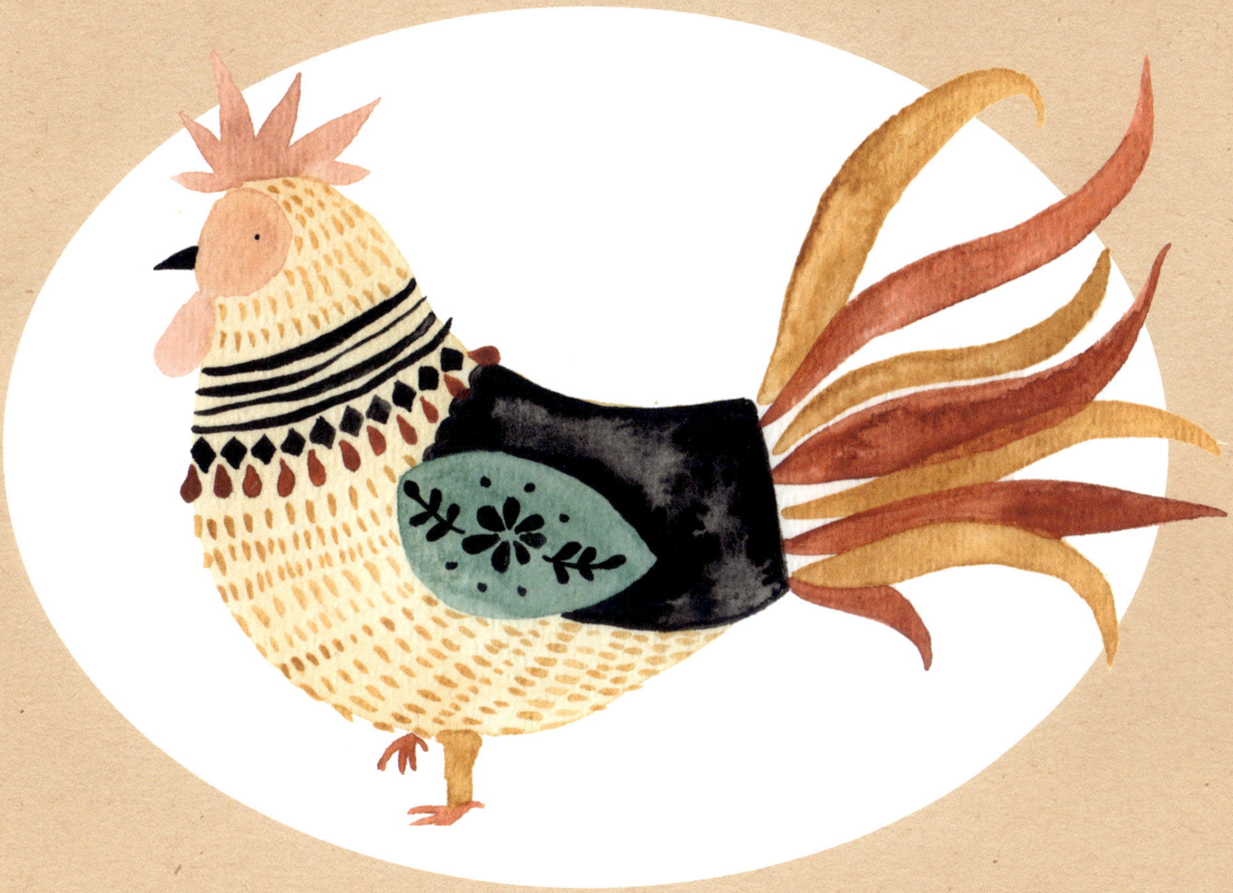

5 Füge die restlichen Schwanzfedern hinzu, ein paar Striche, um das Gefieder anzudeuten sowie Beine, Schnabel und Auge.

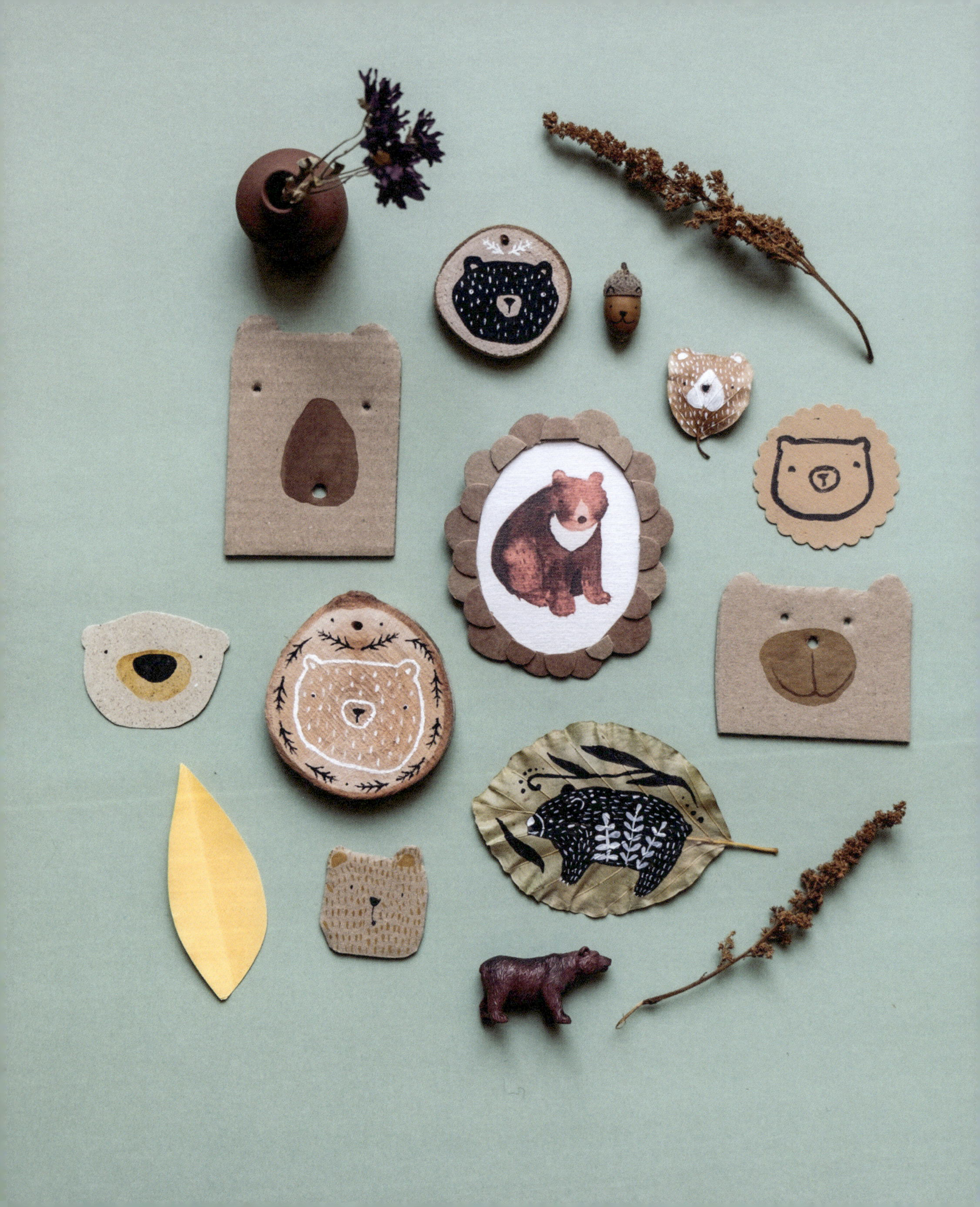

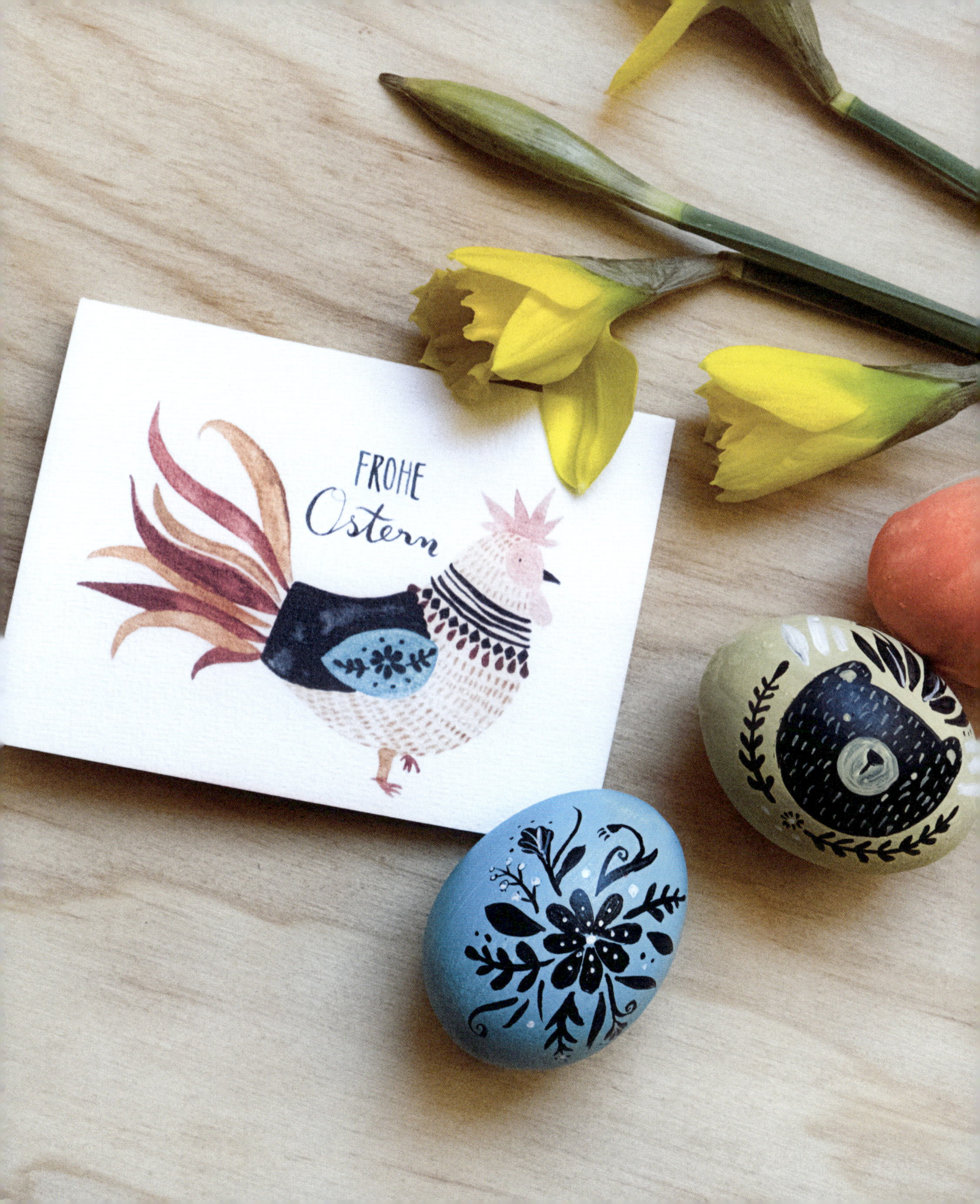
FROHE
Ostern

Igel

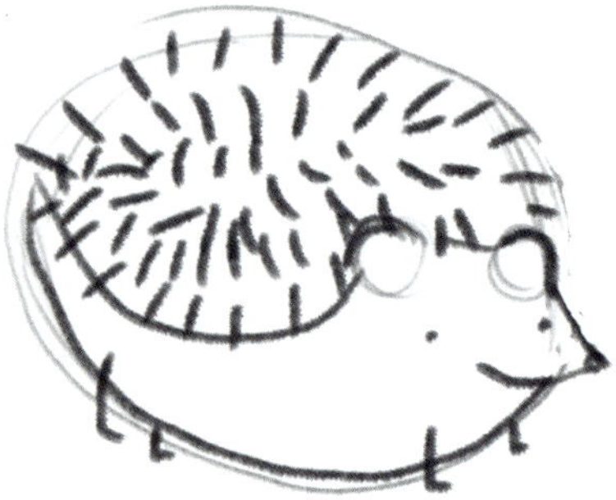

1 Der Igel besteht aus einem Oval mit spitzer Nase und Beinchen.

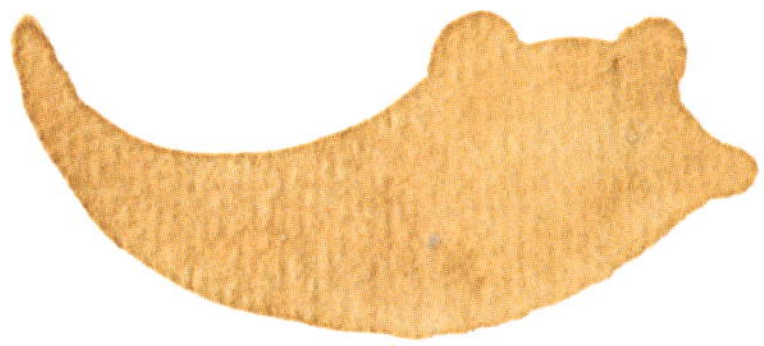

2 Mit einem mittelgroßen Pinsel malst du diese Form, mit spitzer Nase und Ohren.

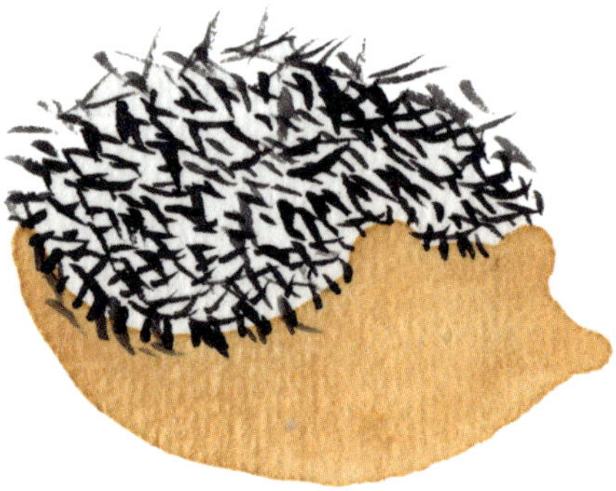

3 Die Stacheln kannst du wild, kreuz und quer malen oder ihnen eine Wuchsrichtung geben.

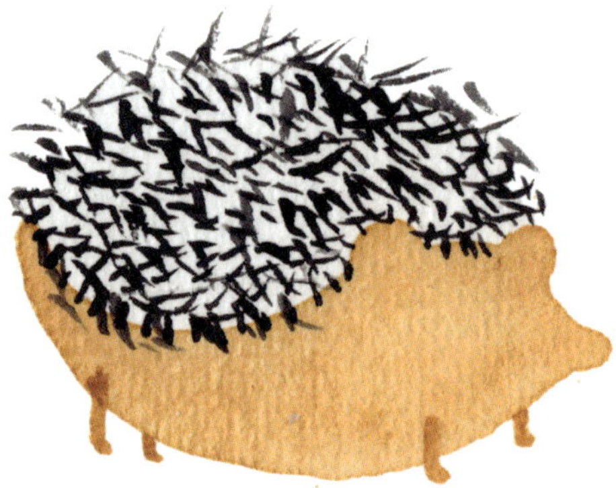

4 Mit dem dünnen Pinsel bekommt der Igel noch seine Beinchen.

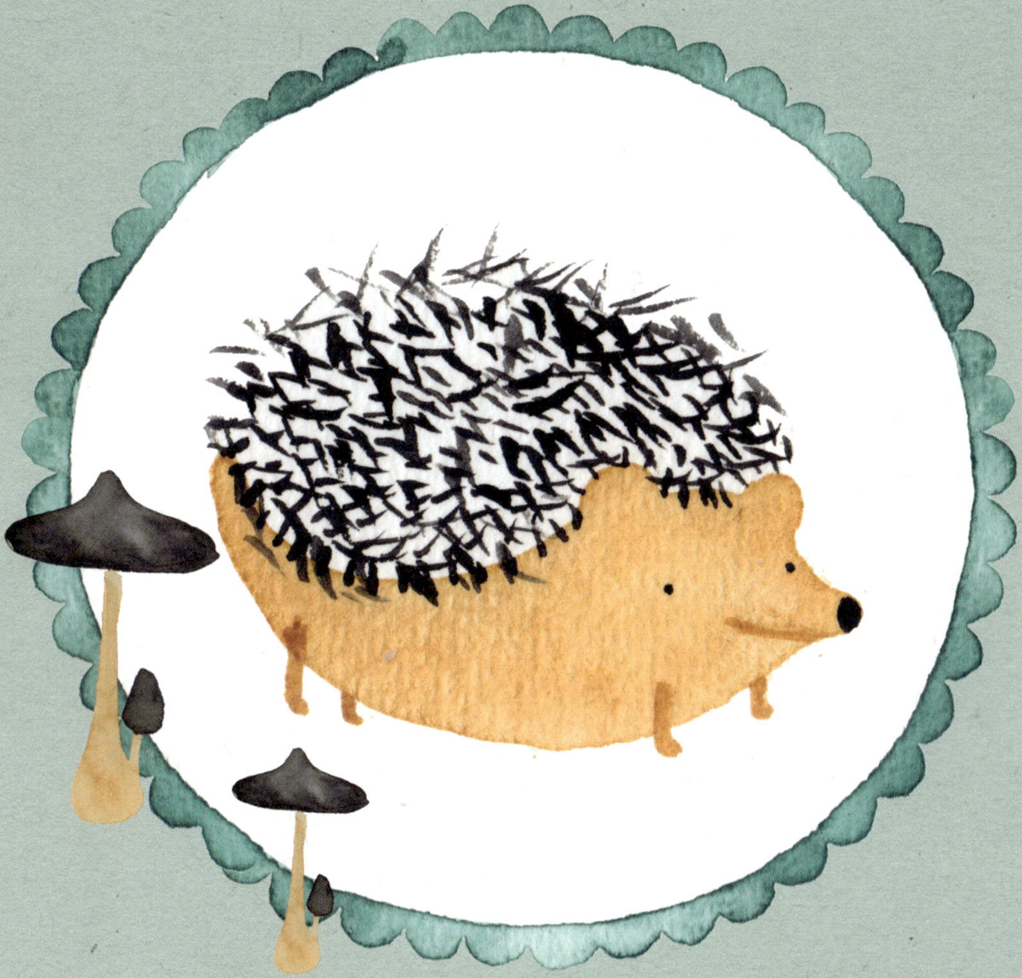

5 Und zuletzt Augen, Nase und Mund.

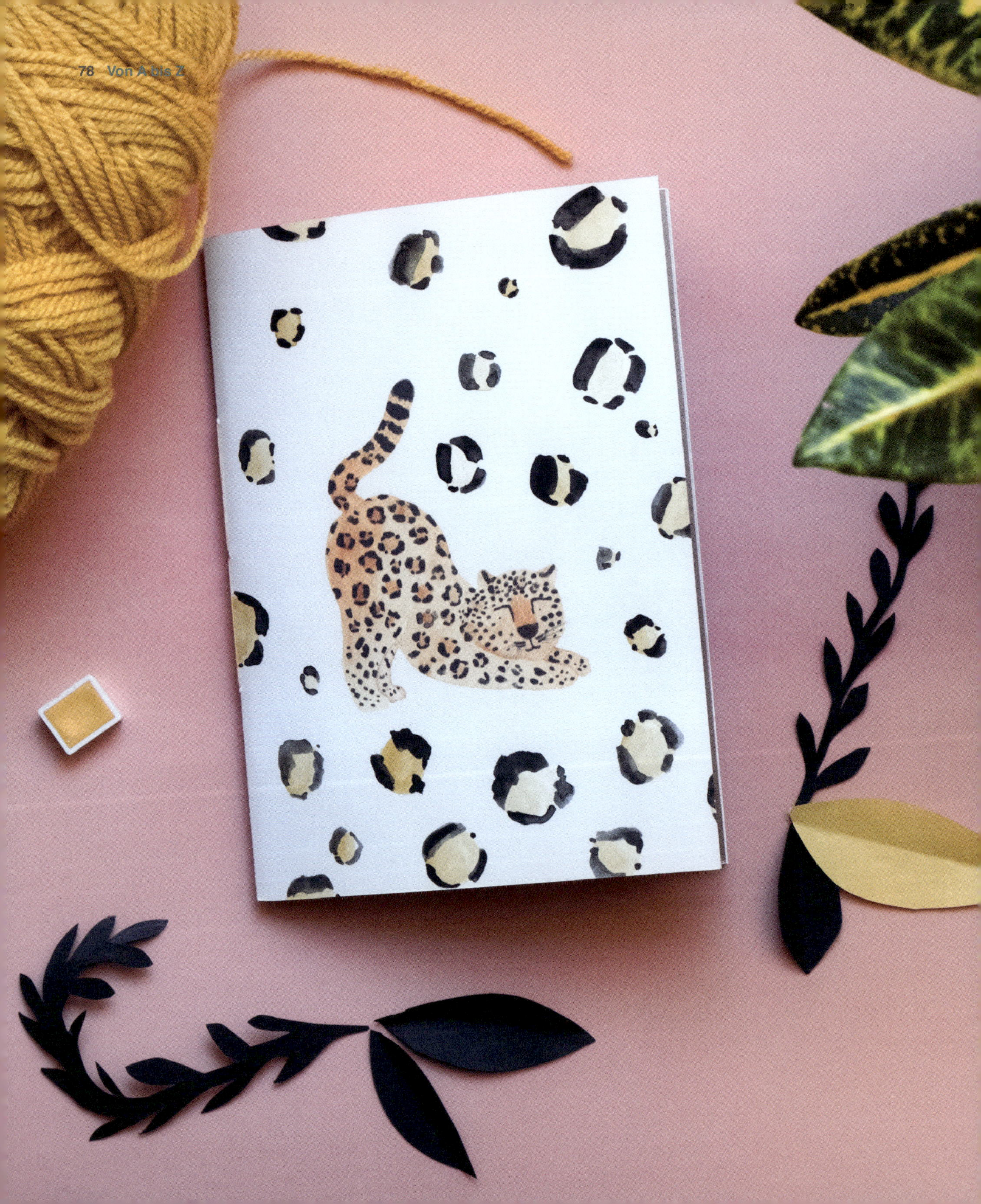

Jaguar

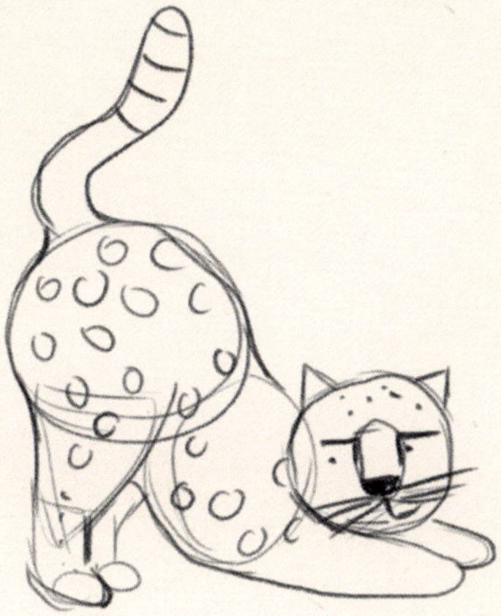

1 Diese Position des Jaguars ist etwas kniffeliger als bei den anderen Tieren. Aber eigentlich besteht auch er nur aus Kreisen und Dreiecken, die verbunden werden.

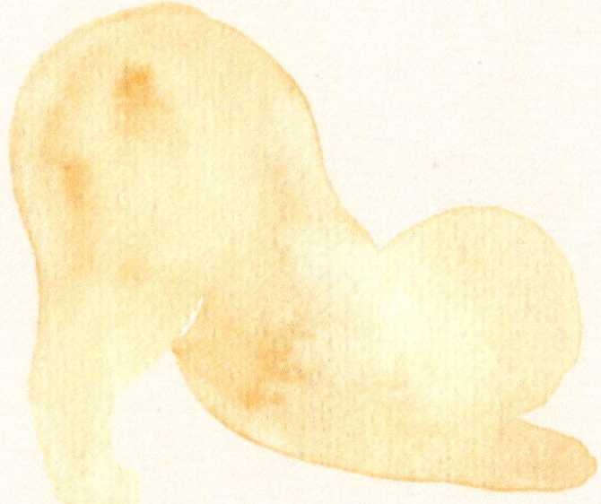

2 Mit einem mittelgroßen Pinsel malst du die Formen auf das Papier. Kreise für Rumpf und Kopf, längliche Dreiecke für die Beine.

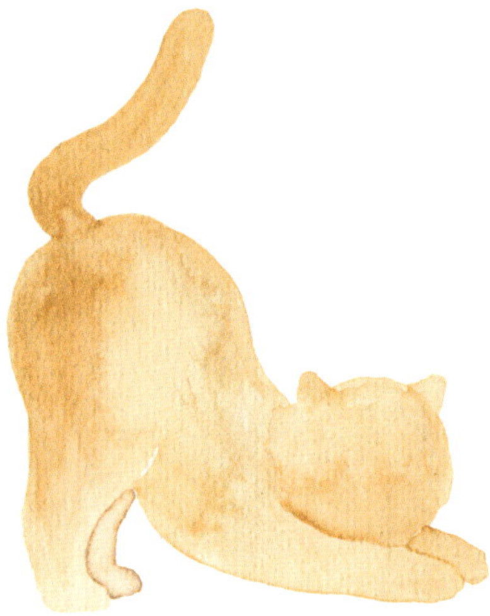

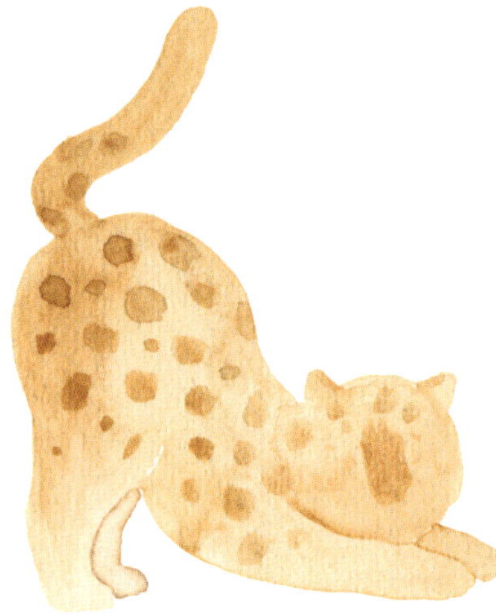

3 Im nächsten Schritt hebst du mit etwas mehr Farbe im Pinsel Körperteile hervor und fügst Schwanz, die hinteren Beine und Ohren hinzu.

4 Mit dem kleinen Pinsel malst du mit mehr Farbe die Nase und die Basis für die Flecken.

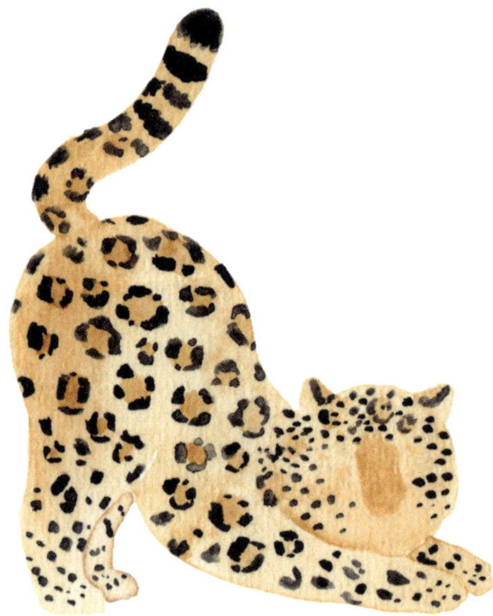

5 Und nun wird mit Schwarz ordentlich gepunktet. Im Gesicht und an den Tatzen sind es eher kleine Pünktchen, der Schwanz ist gestreift und um die Basis-Flecken herum malst du abwechselnd grob große (längliche) und kleine Flecken.

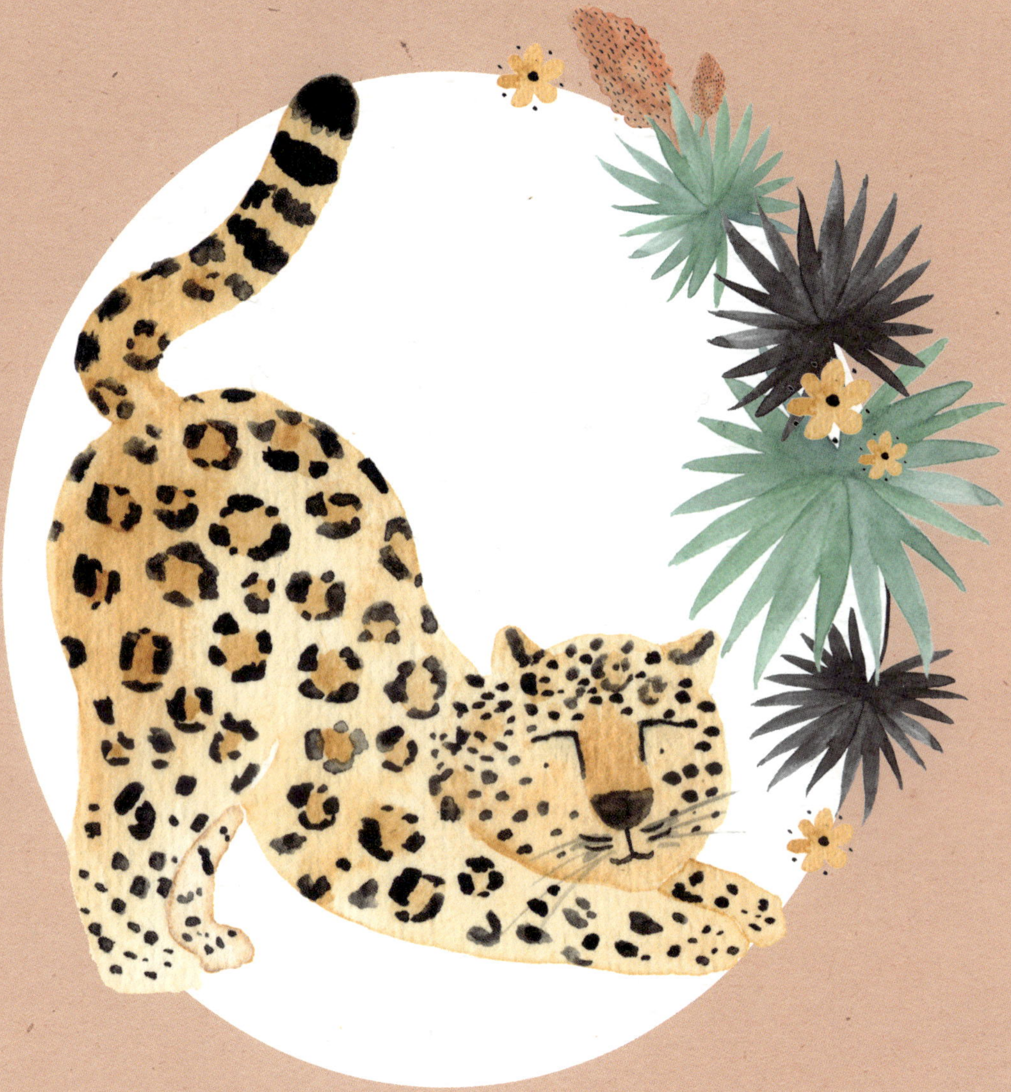

6 Augen, Nase, Mund und Schnurrhaare runden unseren Jaguar ab. Nun kann er durch den Dschungel Südamerikas schleichen.

Koala

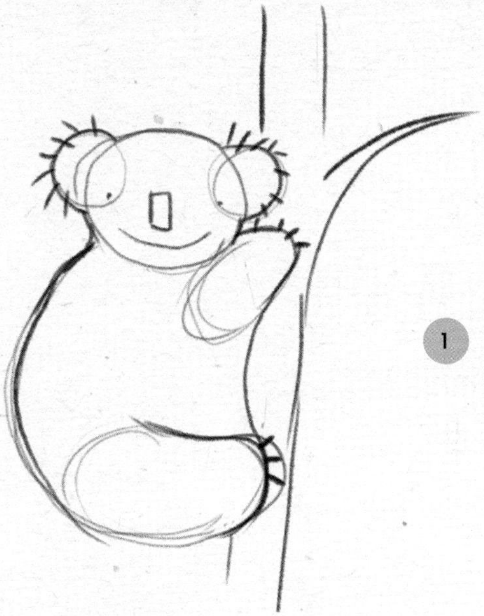

1 Unser Koala hat eine Bohne als Körper und einen runden Kopf mit zwei runden Ohren.

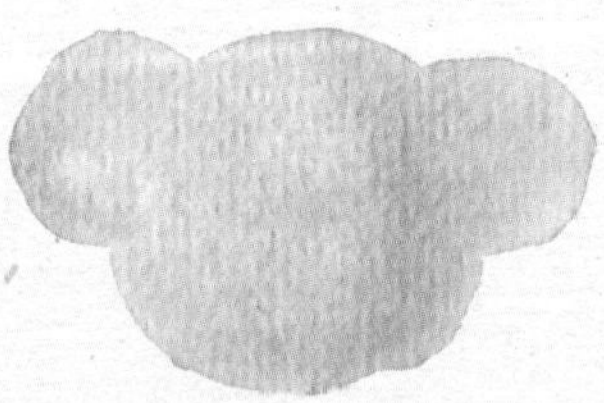

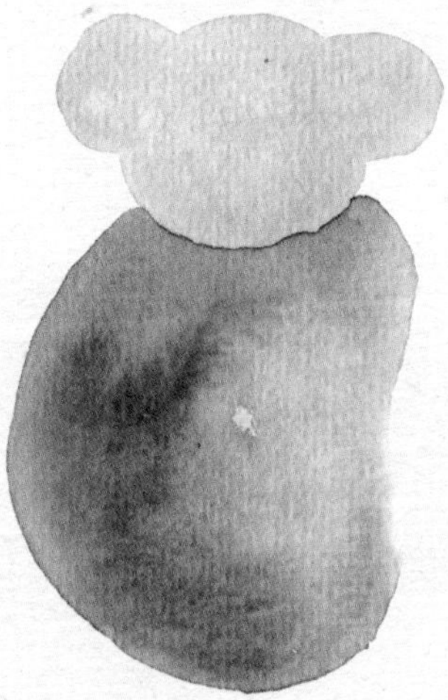

2 Zuerst malst du mit einem wässrigen Schwarz und mit mittlerem Pinsel den runden Kopf und direkt daran die runden Ohren.

3 Bevor du den Körper (die Bohne) hinzufügst, lass den Kopf etwas trocknen, damit Körper und Kopf nicht ineinanderverlaufen.

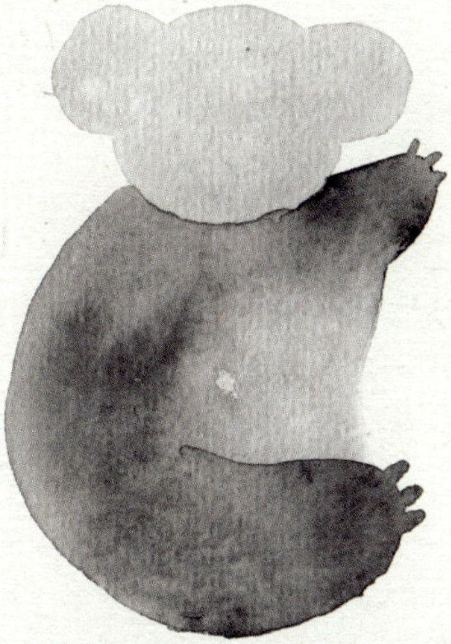

4 Mit etwas mehr Farbe im Pinsel formst du nun Arm und Bein mit Krallen. Den Übergang zum Körper kannst du mit Wasser im Pinsel wieder etwas aufweichen.

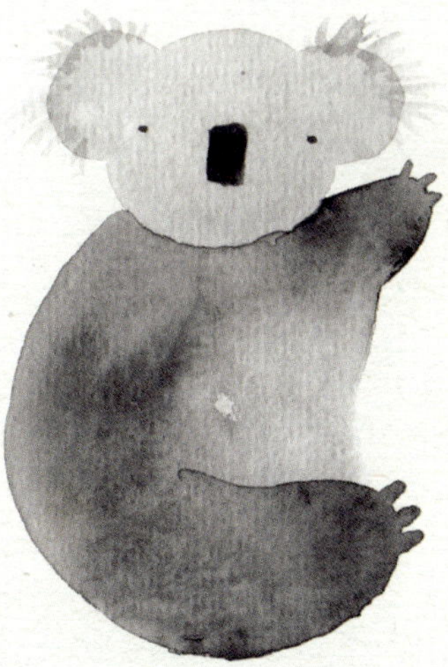

5 Mit dem kleinen Pinsel fügst du zarte Ohrpuschel hinzu. Mit Schwarz eine viereckige Nase und kleine Augen.

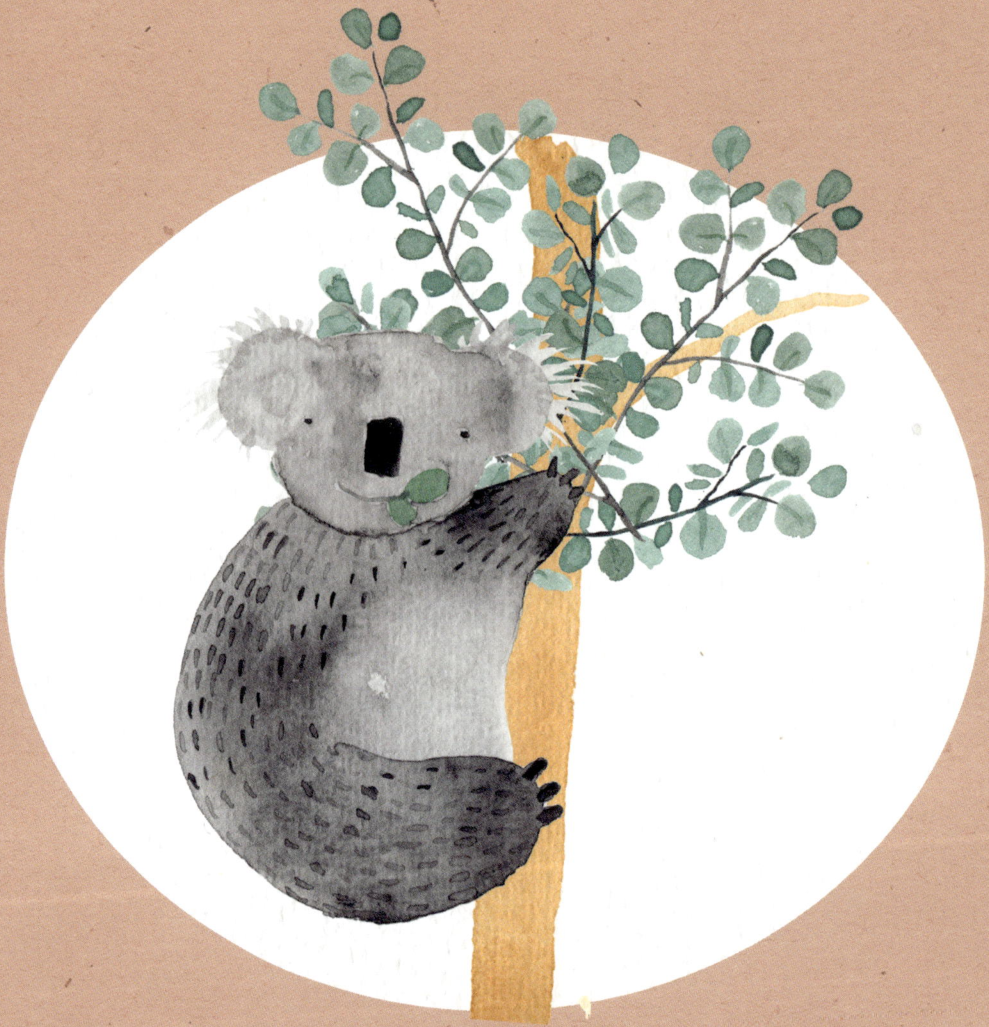

6 Er bekommt noch Fellstriche, einen Mund (voll mit Blättern) und natürlich einen einfachen Baumstamm mit Eukalyptusblättern daran.

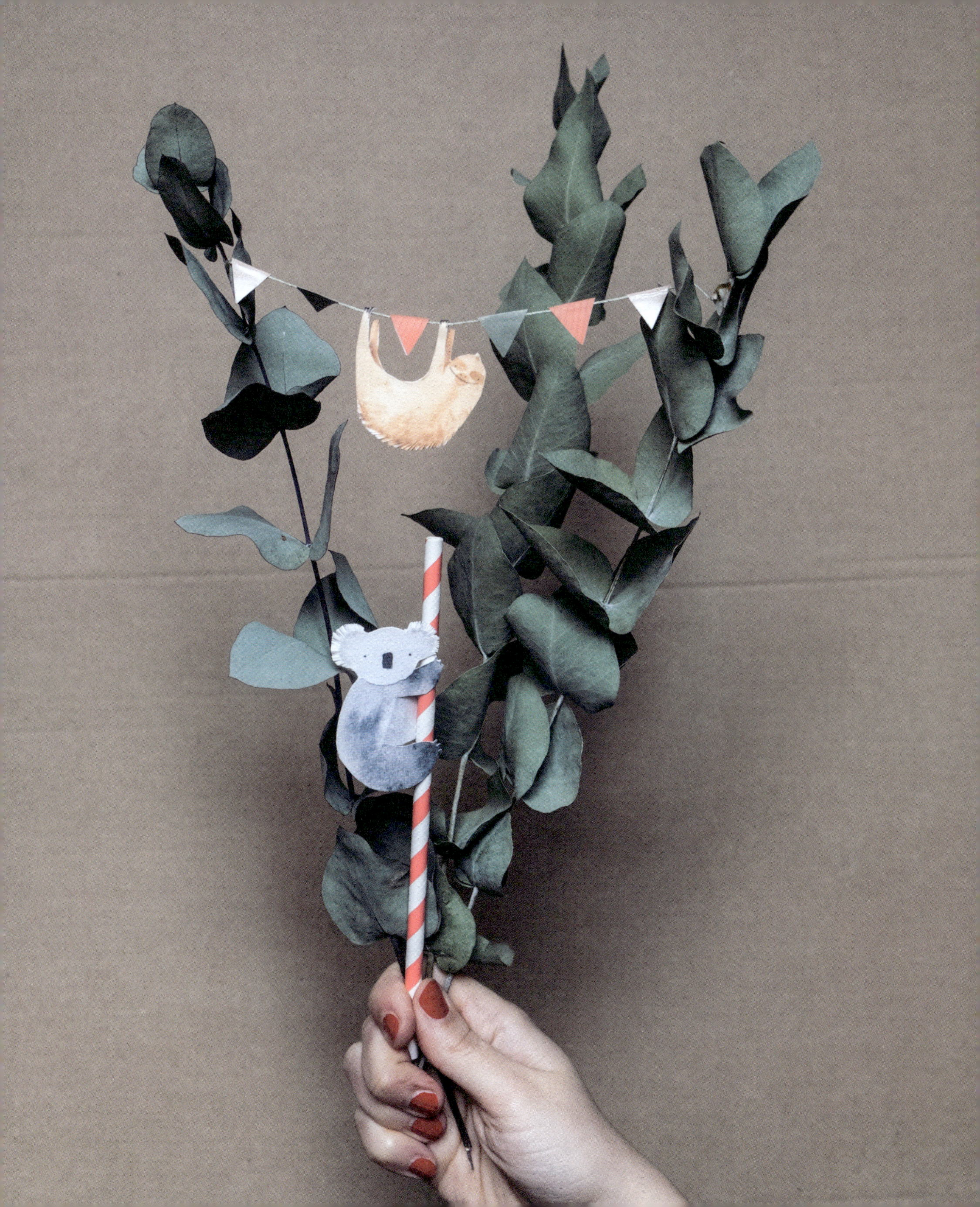

Lama

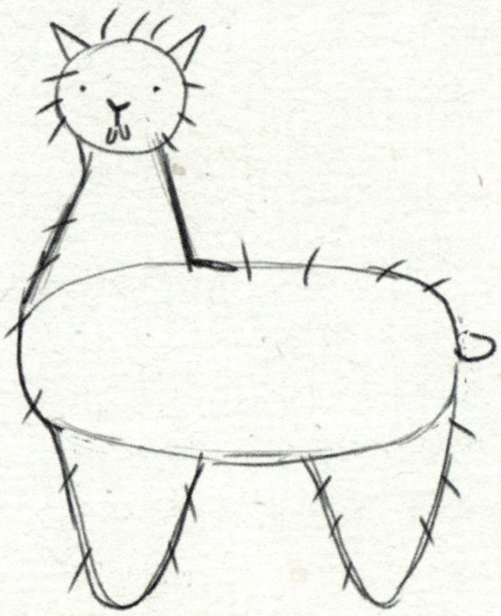

1 Das Lama besteht aus einem kastig-ovalen Körper, dreieckigen Beinen und einem dreieckigen Hals sowie einem runden Kopf.

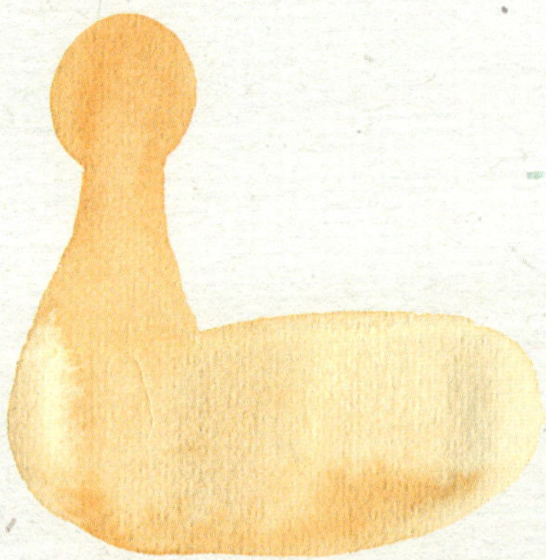

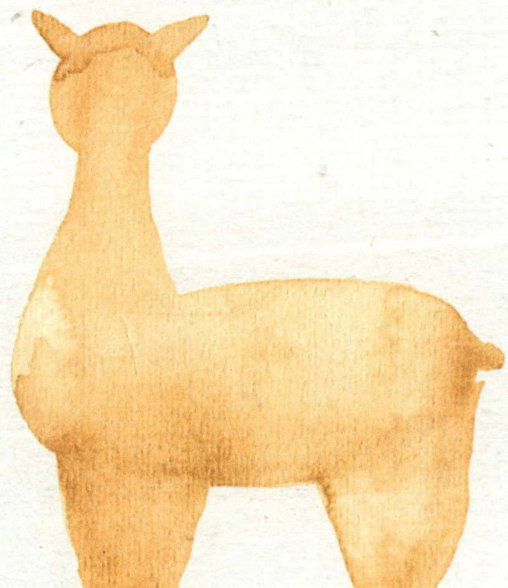

2 Beginne mit großem Pinsel mit dem Körper und dem Kopf und verbinde diese zügig.

3 Im nächsten Schritt kommen Beine, Ohren und Stummelschwanz hinzu. Löse die Übergänge zu den Beinen etwas mit Wasser auf, falls der Körper schon zu trocken ist.

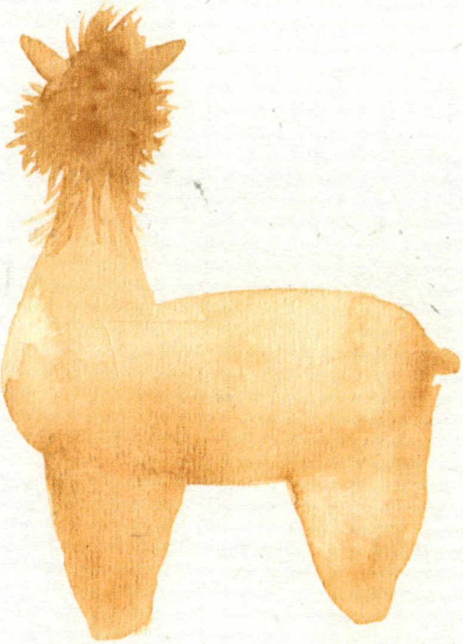

4 Mit dem kleinen Pinsel malst du nun das Fell kreuz und quer, damit es schön wuschelig wird.

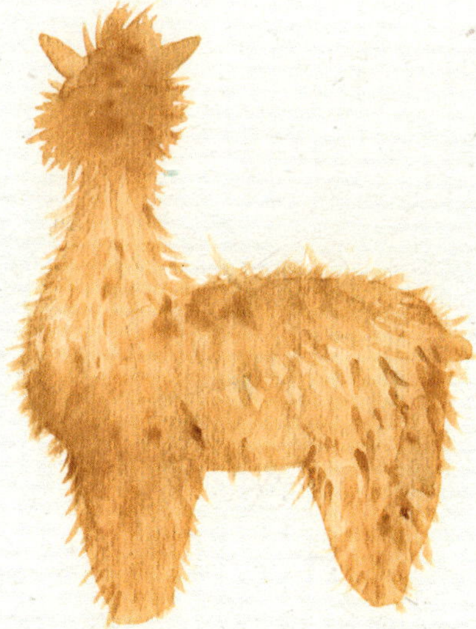

5 Bedecke den ganzen Körper mit Fell.

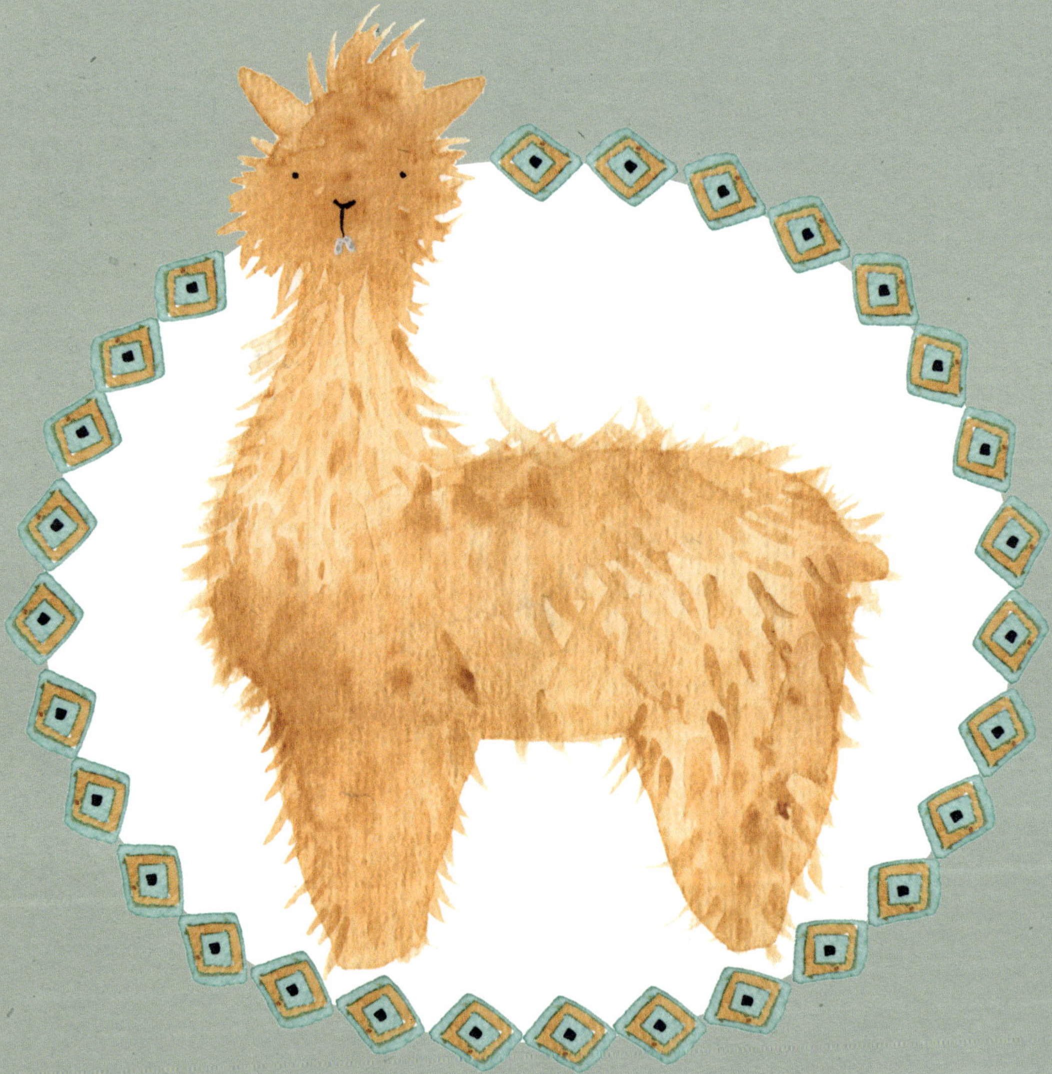

6 Mit Schwarz und dem kleinem Pinsel malst du zum Schluss Augen, Nase, Mund und mit Deckweiß ein paar schiefe Zähne.

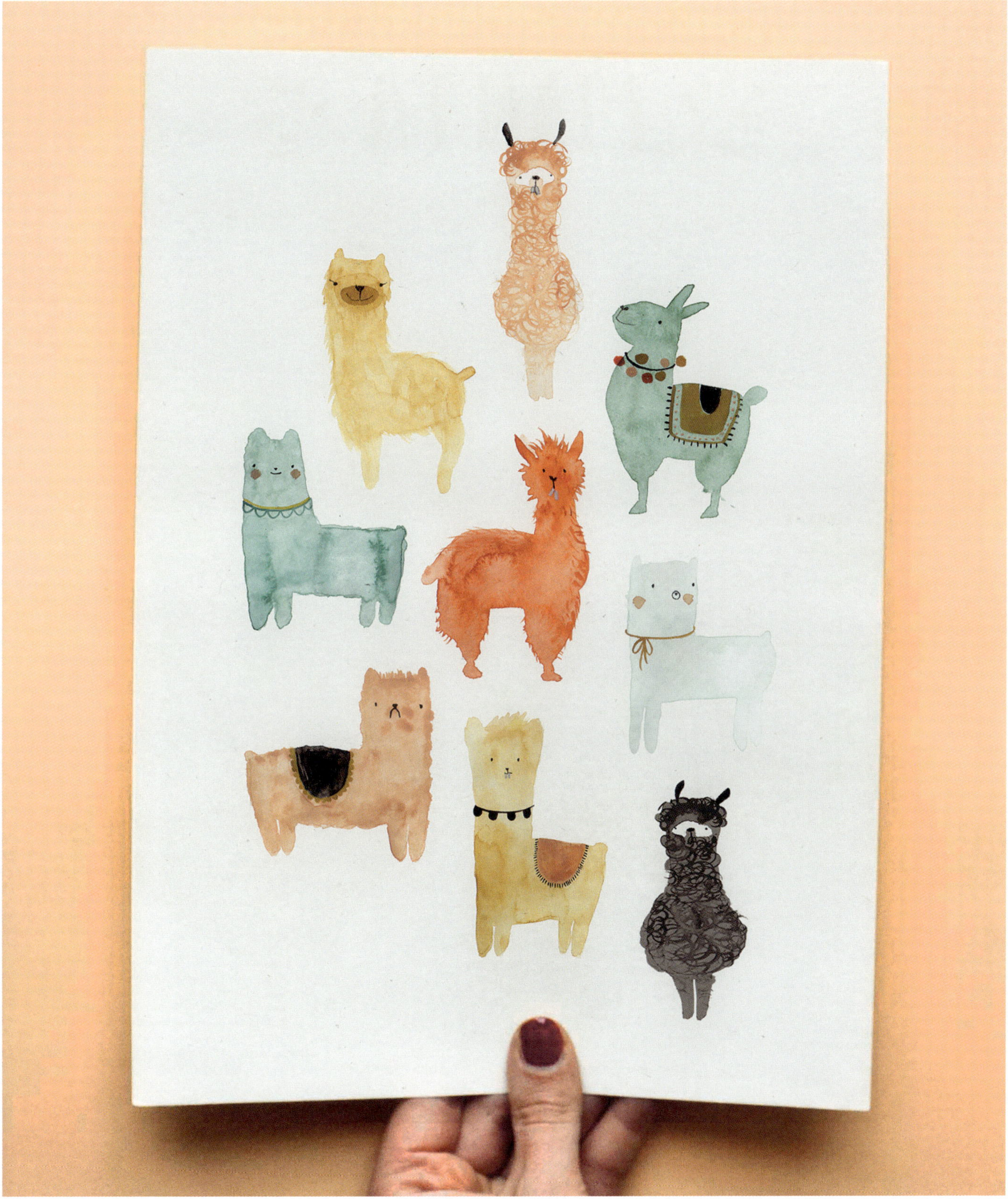

MANTA

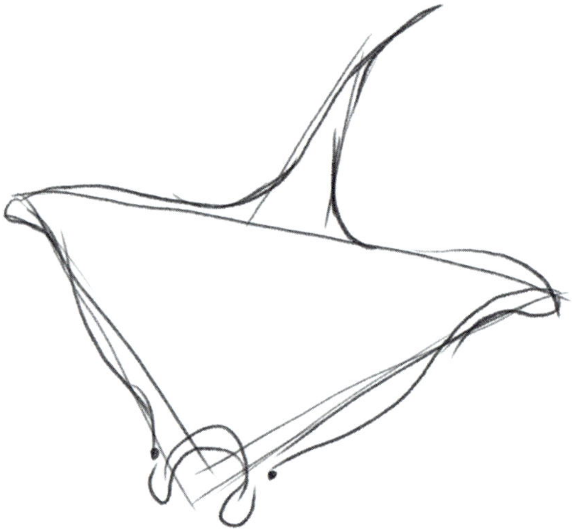

1 Der Mantarochen hat einen dreieckigen Körper mit spitzem Schwanz.

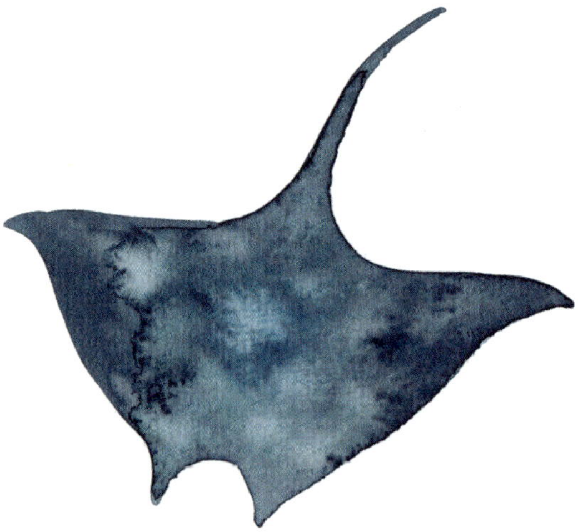

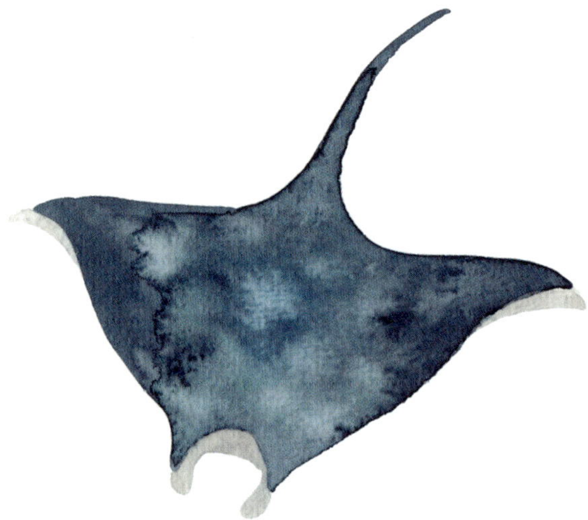

2 Mische dir ein dunkles Blau und male die Form mit dem mittleren Pinsel. Tupfe am Ende ein paar Wasserkleckse auf, dann verläuft die Oberfläche des Mantas besonders schön.

3 Male mit dem kleinen Pinsel und einem schmutzigen Weiß die Unterseite des Rochens, die durch die Körperbewegung etwas sichtbar ist.

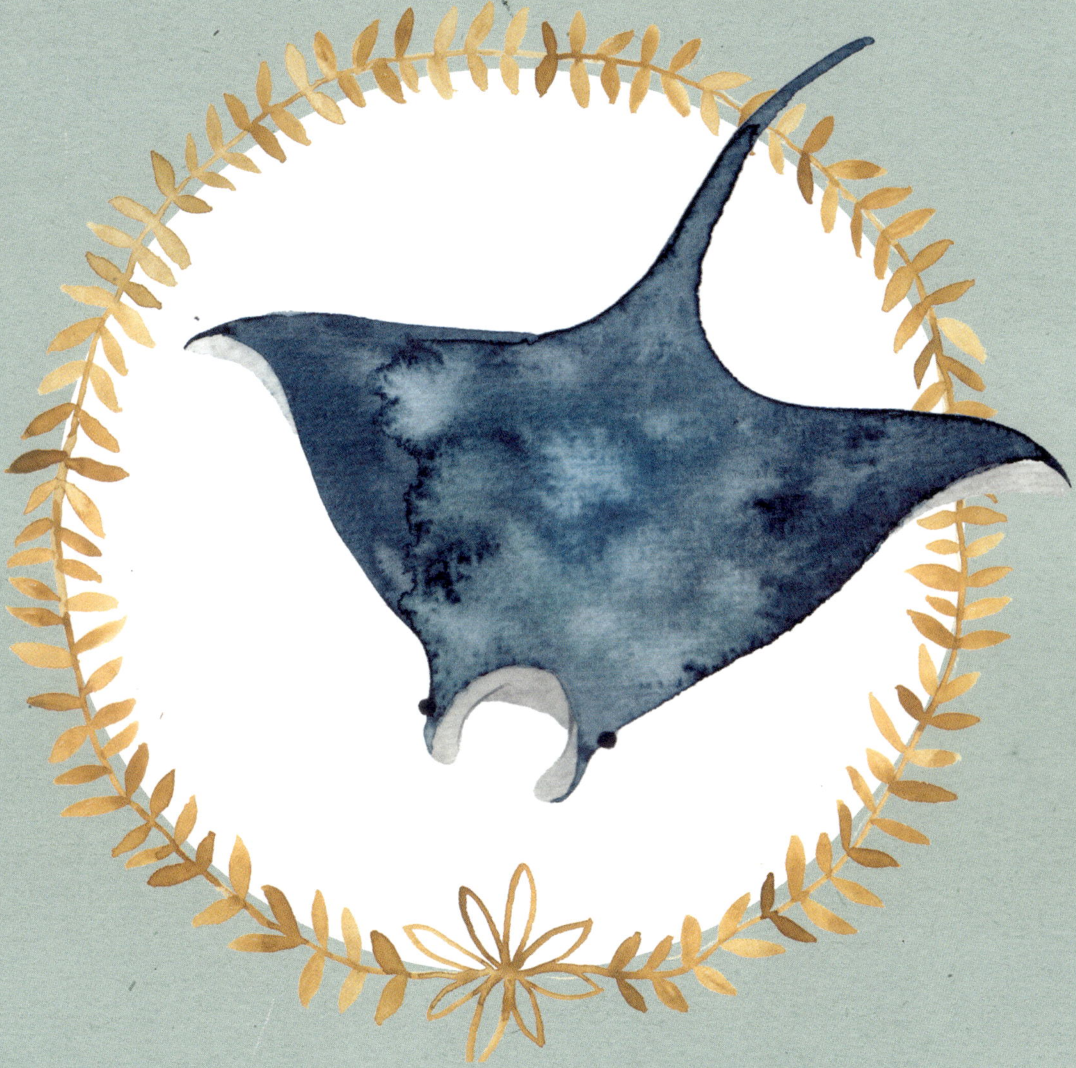

4 Vorn am Maul habe ich noch eine Falte mit Grau hinzugefügt und hinten an den Flossen nochmal etwas mit Blau nachgemalt, damit sie schön spitz zulaufen. Die Augen werden ganz seitlich platziert.

Nautilus

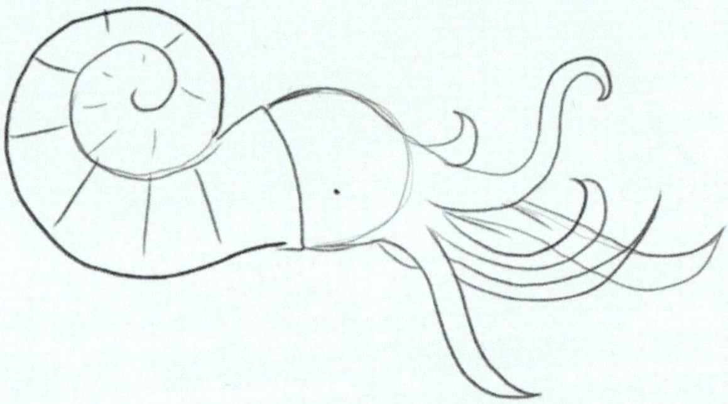

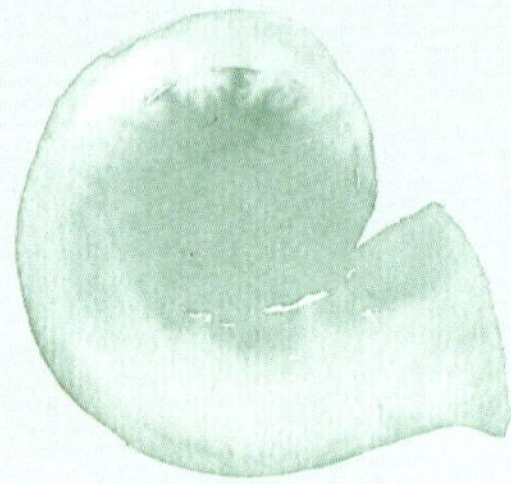

1 Das Tier besteht aus einem Kreis/einer Schnecke, einem runden Kopf und geschwungenen Armen.

2 Mit einem mittelgroßen Pinsel malst du die Formen mit Wasser und nur wenig Farbe auf das Papier. Es ähnelt einem Schneckenhaus.

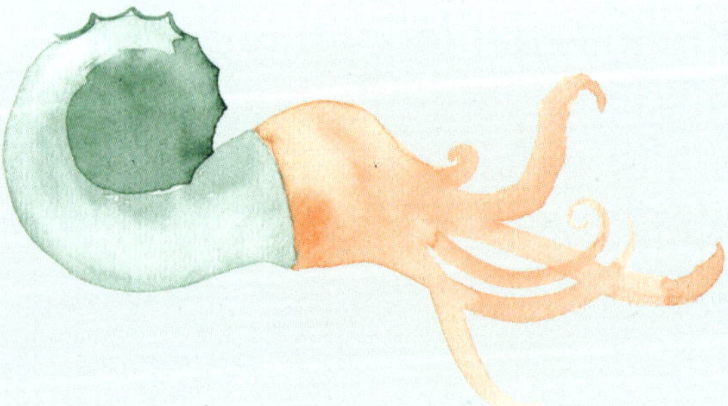

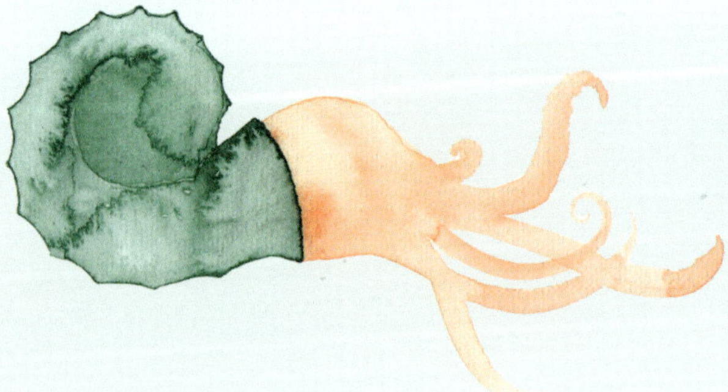

3 Im nächsten Schritt malst du mit Rosa erst einen runden Kopf und setzt direkt die geschwungenen Arme dran. Mit einem dunkleren bzw. pigmentierterem Ton malst du das Gehäuse weiter. Der Rand des Gehäuses wird mit Zacken ergänzt.

4 Immer weiter mit dem Gehäuse. Du kannst dort noch extra Wasser drübertropfen, damit es so schön verläuft.

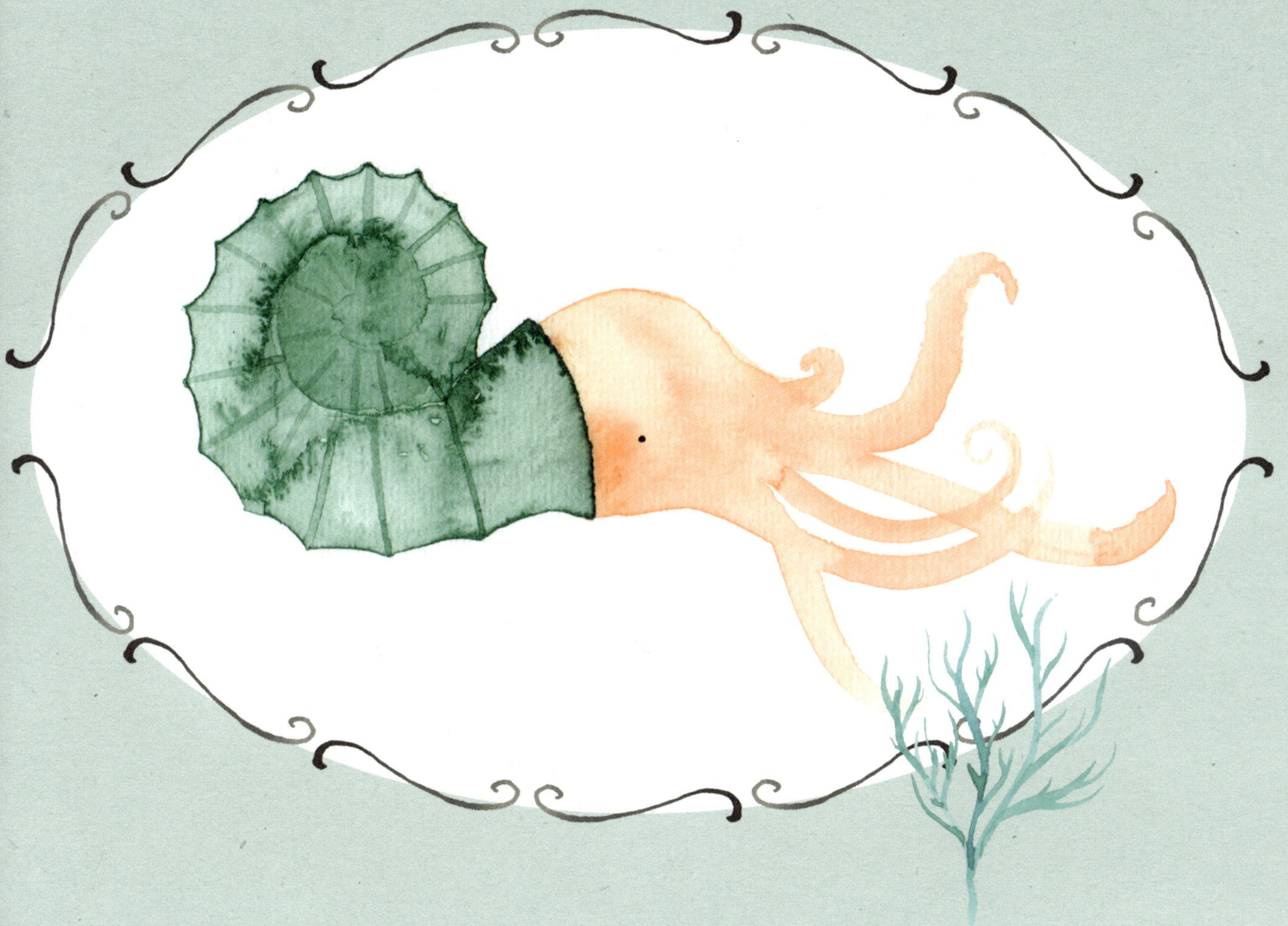

5 Im letzten Schritt setzt du an den äußeren Zacken an und ziehst eine Linie nach innen. Und einen kleinen Punkt für das Auge zuletzt.

Otter

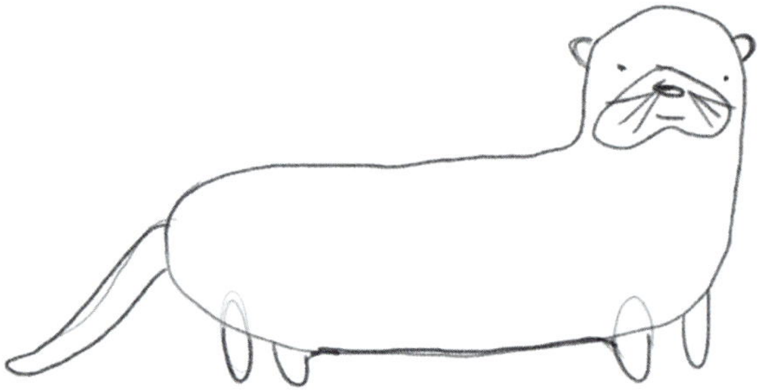

1 Der Otter ist eine lange Wurst mit kleinem Kopf, langem Schwanz und kurzen Beinen.

2 Mit einem großen Pinsel malst du ein dickes L, welches auf dem Rücken liegt.

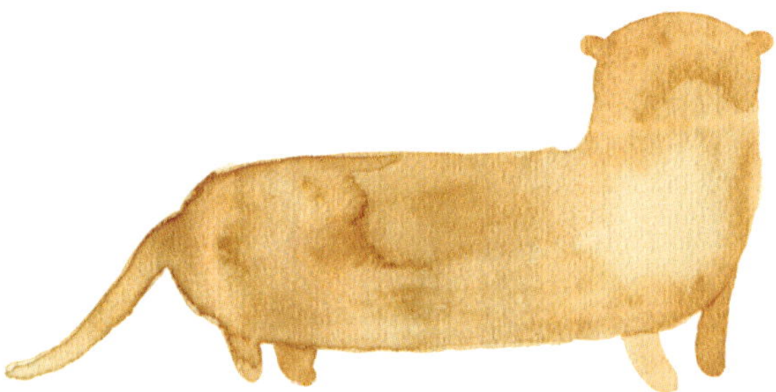

3 Im nächsten Schritt kommen Schwanz, Beine und Ohren hinzu. Ich habe noch eine Schicht Farbe über die erste gemalt, weil der Otter noch etwas blass aussah.

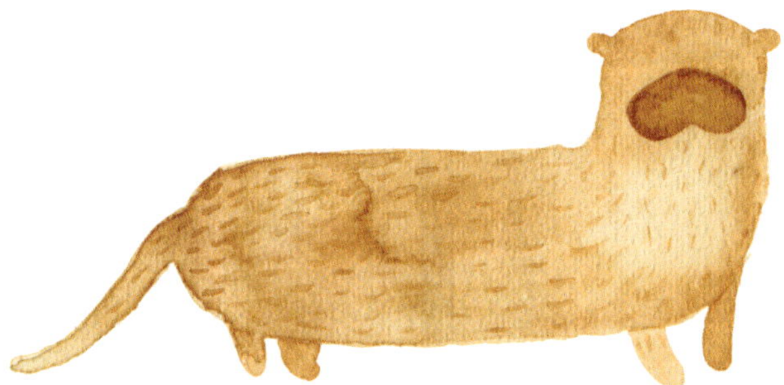

4 Mit dem kleinen Pinsel strichelst du das Fell des Otters und fügst die Schnauze hinzu – ein umgekehrtes Herz.

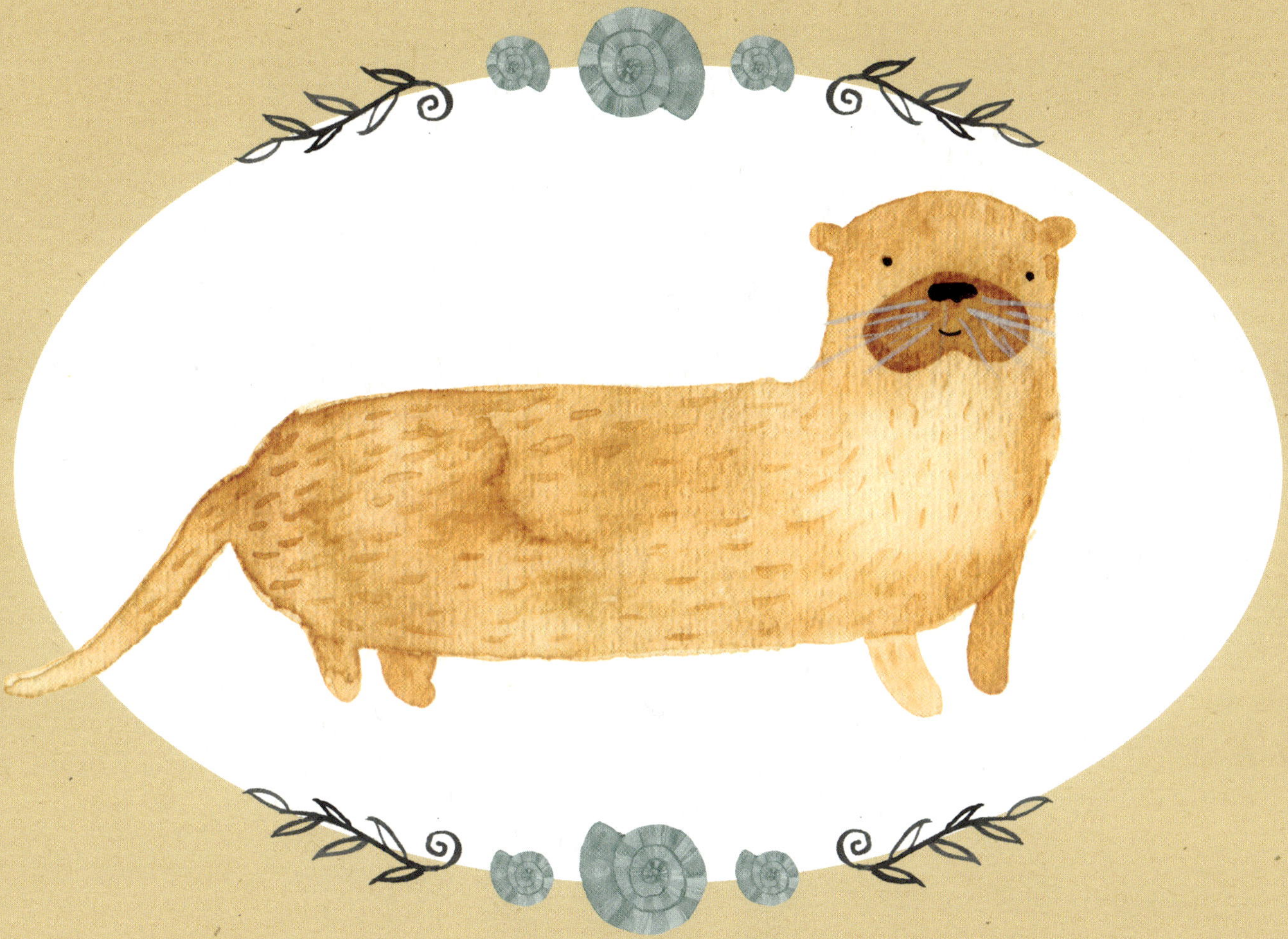

5 Mit Augen, Nase, Mund und Schnurrhaaren lassen sich nun auch die Schnecken gut fressen.

Papagei

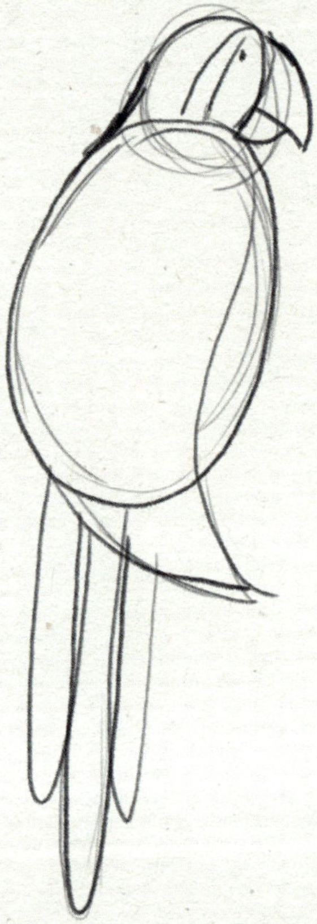

1 Schau dir den seitlich sitzenden Papagei an – er besteht aus einem Oval, einem Kreis, einem dreieckigen Schnabel und dicken Linien, den Schwanzfedern.

2 Mit einem großen Pinsel malst du das Oval mit Wasser und nur wenig Farbe auf das Papier.

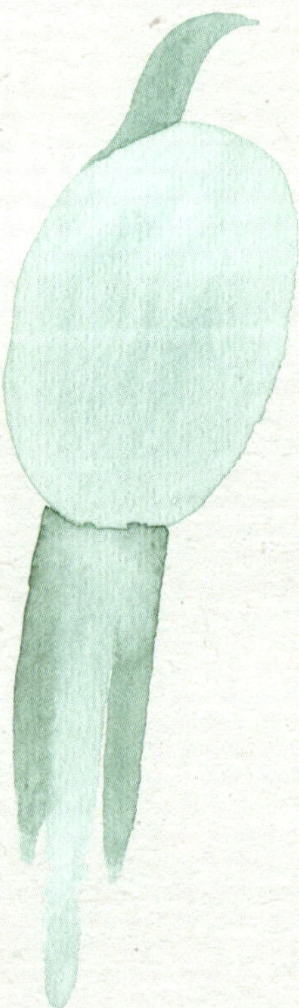

3 Mit einem mittelgroßen Pinsel malst du die Schwanzfedern und den Hinterkopf.

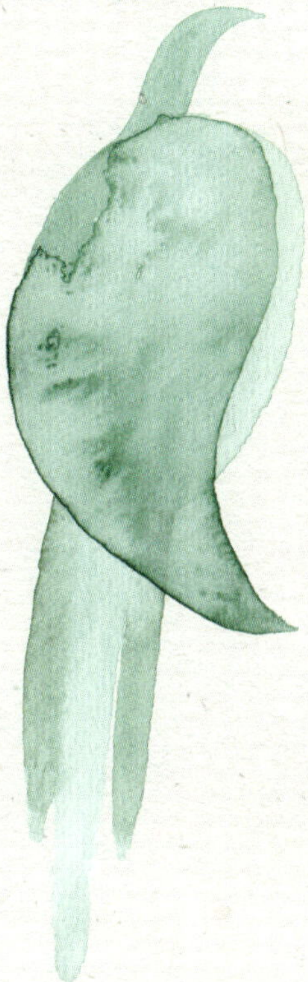

4 Nun malst du den Flügel, mit kräftigerer Farbe, über den Rumpf drüber.

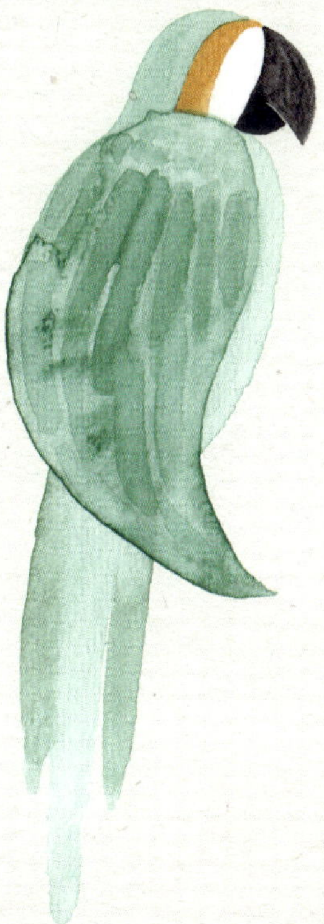

5 Wenn der Flügel etwas getrocknet ist, malst du grob ein paar einzelne Federn auf den Flügel. Füge einen andersfarbigen Streifen am Kopf hinzu und den Schnabel. Der Schnabel besteht aus zwei gebogenen Dreiecken.

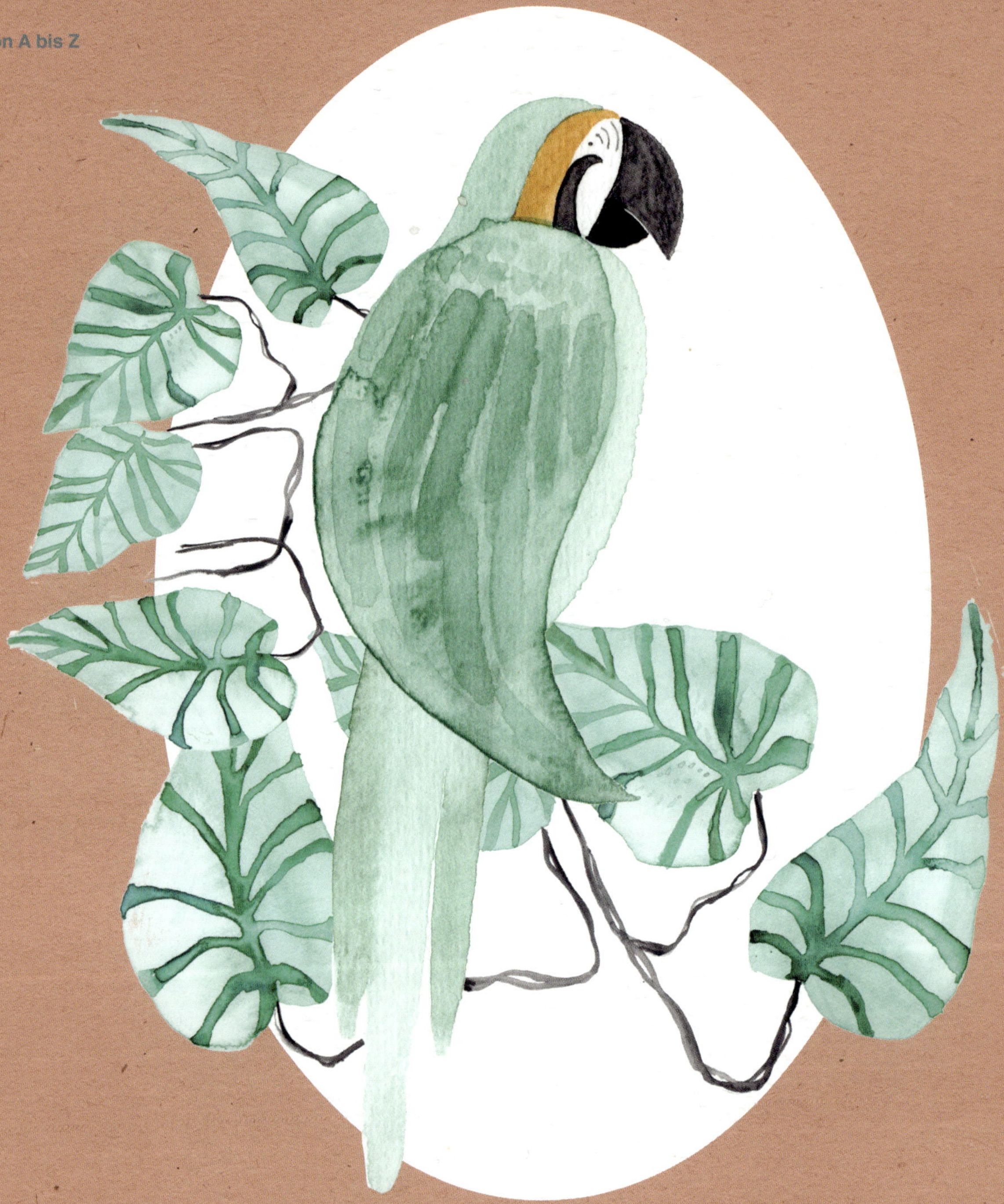

6 Zu guter Letzt schmückt noch ein weiterer Schwung das Gesicht sowie ein Auge und drei Bögen über dem Auge.

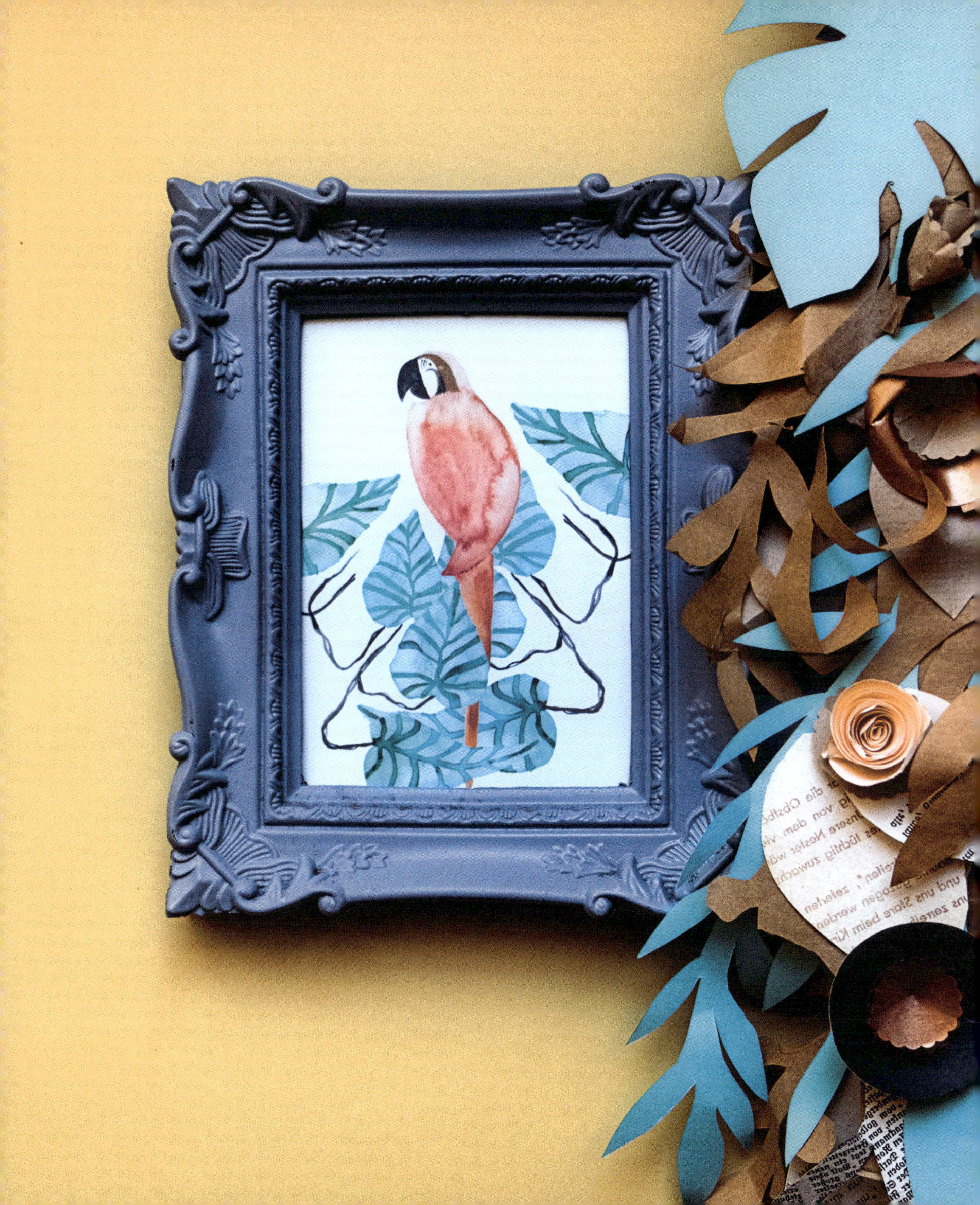

Qualle

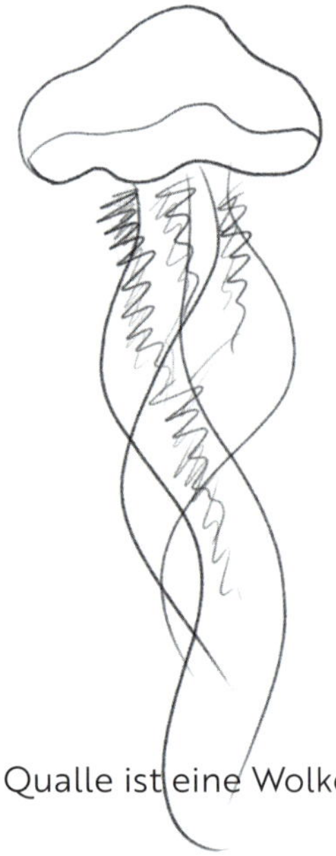

1 Die Qualle ist eine Wolke mit Fäden.

2 Mit einem großen Pinsel malst du eine Wolke mit Wasser und nur wenig Farbe auf das Papier.

3 Warte, bis die Farbe getrocknet ist. Mit etwas mehr Farbe im Pinsel malst du die Öffnung der Qualle dazu – eine schmalere Wolke. Direkt daran lässt du den Pinsel in zittrigen Bewegungen nach unten wandern.

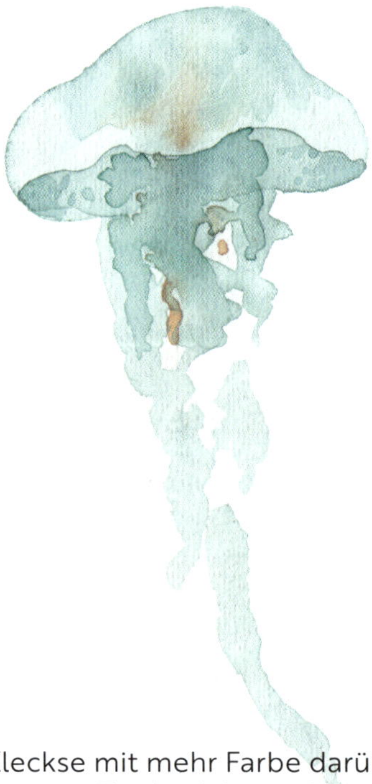

4 Kleckse mit mehr Farbe darüber, gern auch mit ein paar Tupfen Wasser. Füge ein paar gelbliche Flecken hinzu.

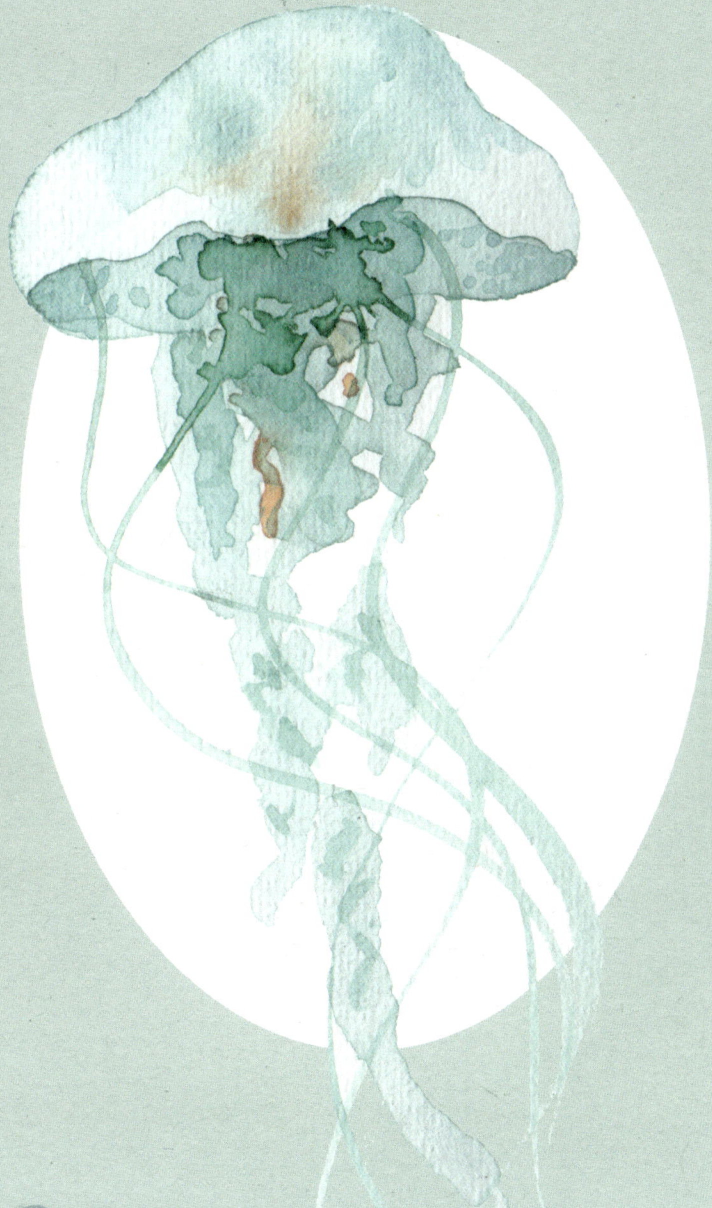

5 Nun wartest du kurz, bis die blaue Farbe getrocknet ist. Mit dem kleinen Pinsel fügst du die zarten Arme in Schlängel-Bewegungen hinzu.

Robbe

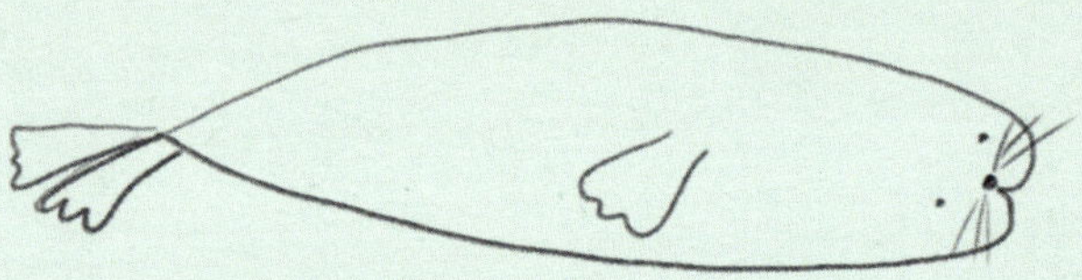

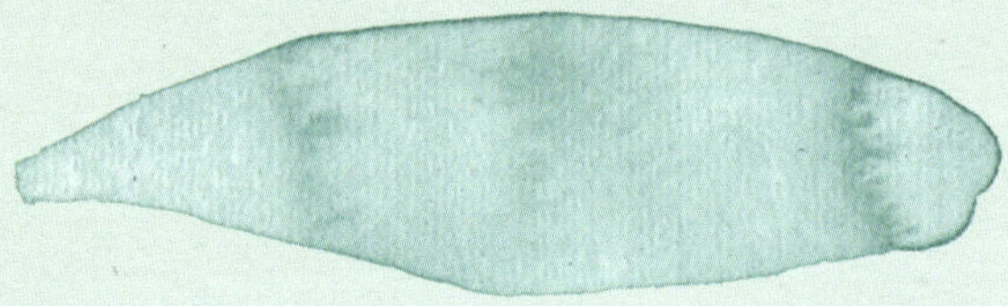

1 Die Robbe hat einen langen, ovalen Körper. Die Flossen entsprechen der Form von Dreiecken.

2 Mit einem großen Pinsel malst du den langen, ovalen Körper. Die linke Seite läuft spitz zu, die rechte Seite ähnelt einem Herz.

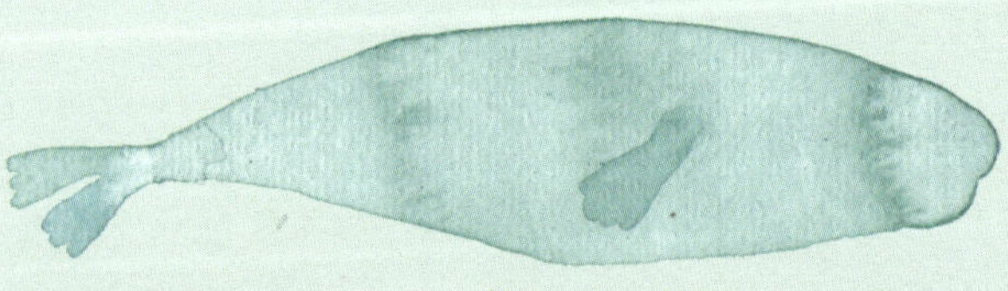

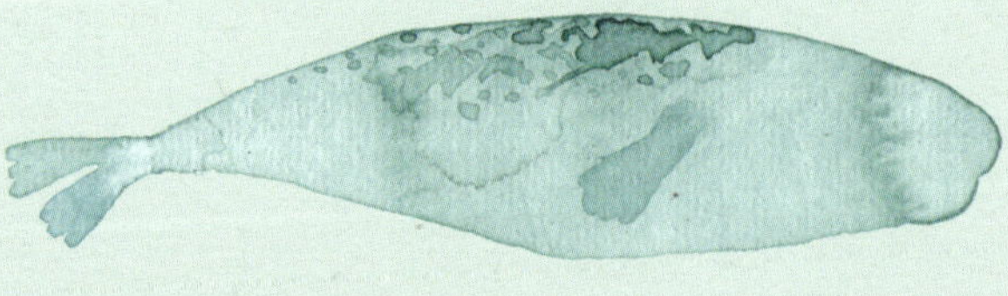

3 Im nächsten Schritt malst du mit etwas mehr Farbe im kleinen Pinsel die Flossen hinzu.

4 Der Rücken bekommt kleine Flecken ...

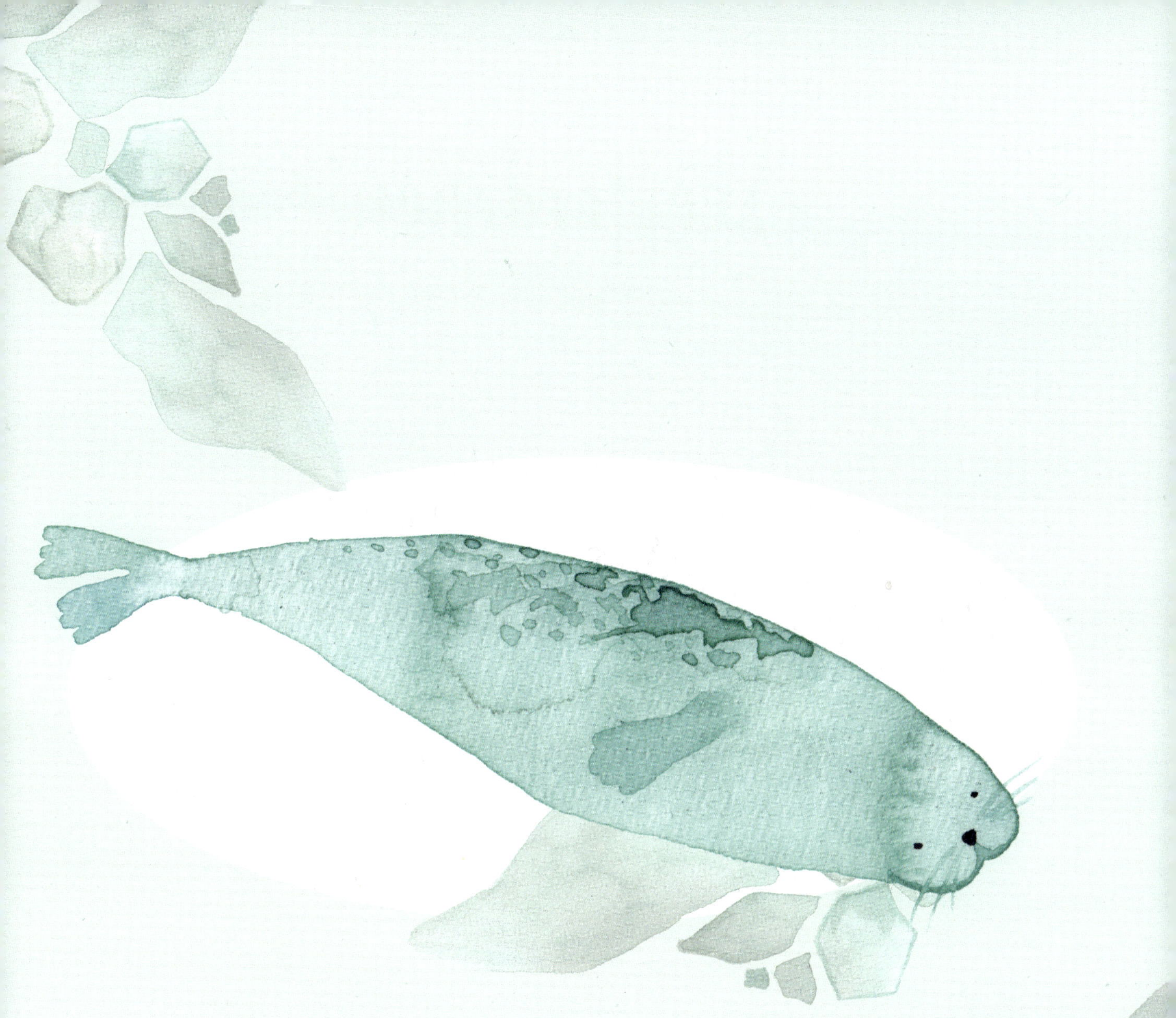

5 … und das Herz-Gesicht wird nochmal etwas nachgefahren mit dem Pinsel. Nase, Augen und Schnurrhaare vollenden unsere Robbe.

Seepferdchen

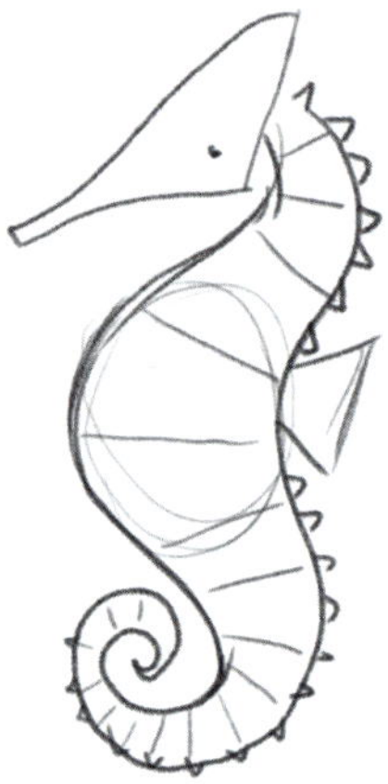

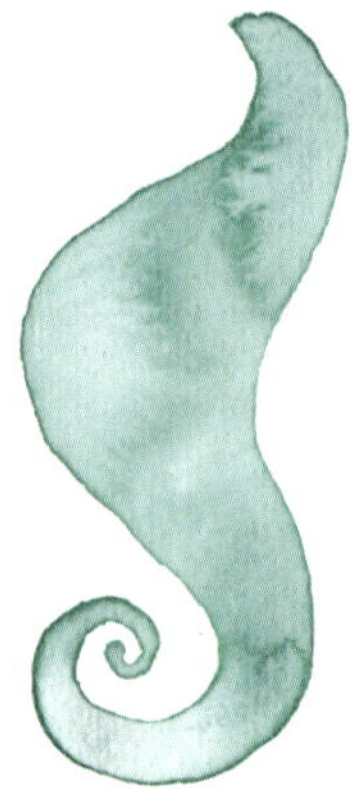

1 Das Seepferdchen hat einen S-förmigen Körper mit dreieckigem Kopf und dreieckigen Flossen.

2 Mit einem mittelgroßen Pinsel malst du die Formen auf das Papier. Starte mit dem Oval in der Körpermitte und male von da aus die Schnörkel nach oben und unten.

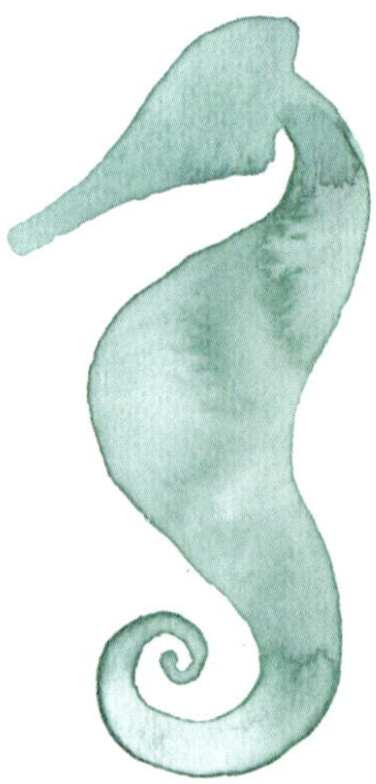

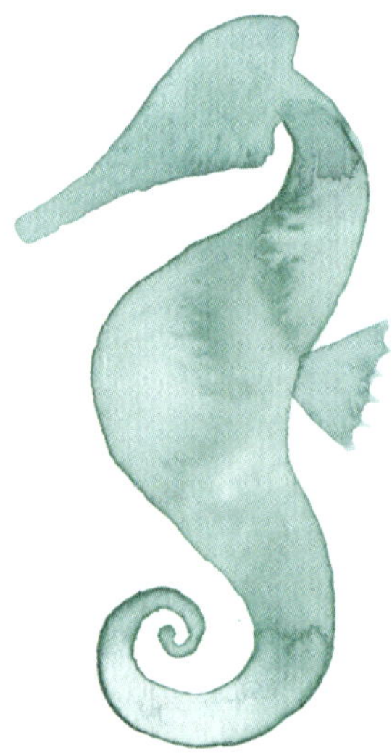

3 Im nächsten Schritt malst du den dreieckigen, leicht geschwungenen Kopf dazu.

4 Danach die Rückenflossen …

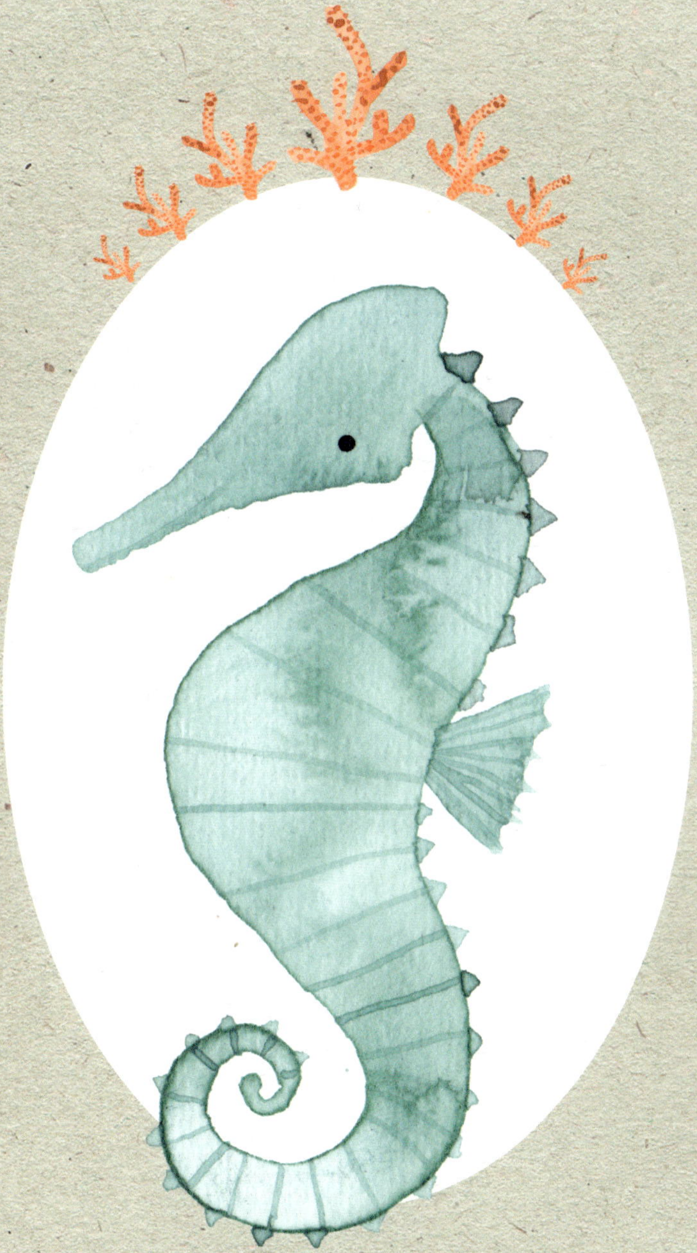

5 ... und am Ende bekommt das Seepferdchen noch ein Punkt-Auge, kleine Dreiecke auf dem Rücken und Linien entlang des Körpers.

TAPIR

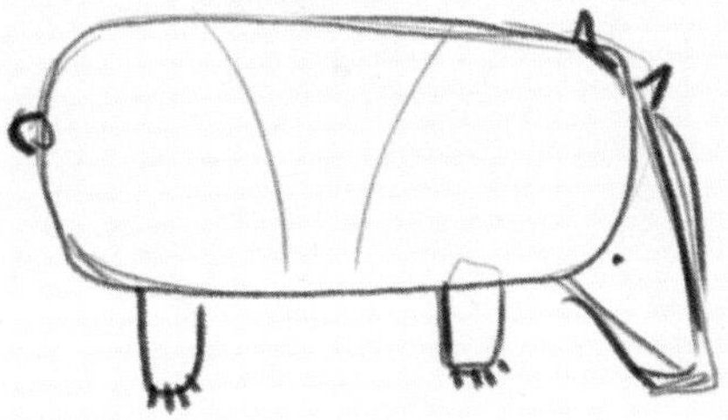

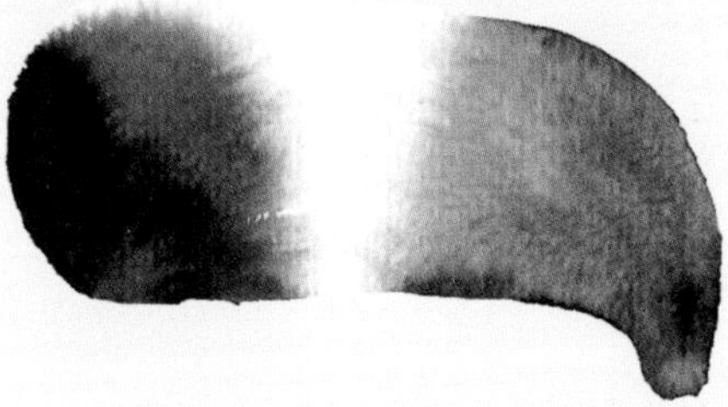

1 Der Tapir wird zerlegt in einen kastigen Körper, einen eher dreieckigen Kopf und kurze quadratische Beine.

2 Mit einem großen Pinsel malst du den Körper mit Weiß. Von links und rechts malst du vorsichtig die Form mit Schwarz nach und lässt die beiden schwarzen Seiten nach innen laufen.

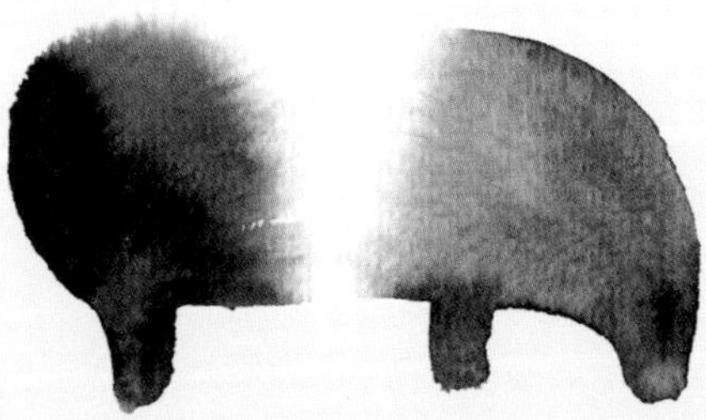

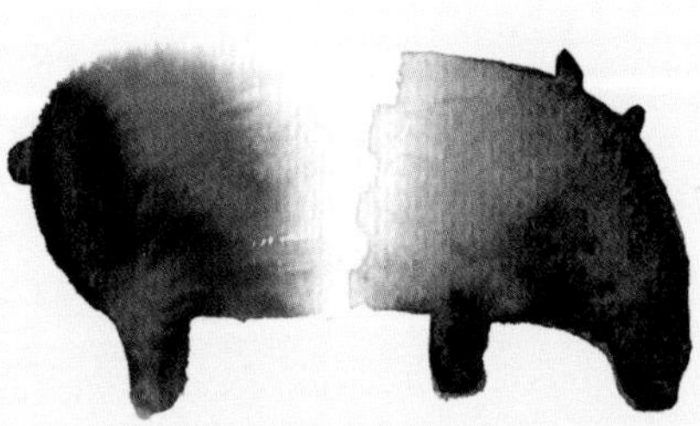

3 Füge die kurzen quadratischen Beine hinzu ...

4 ... und Ohren und Schwanz. Ich habe den Kopf nochmal dunkler nachgemalt: Zuerst male ich nur mit Wasser über die Stelle, danach verteile ich das Schwarz von der Nasenspitze aus.

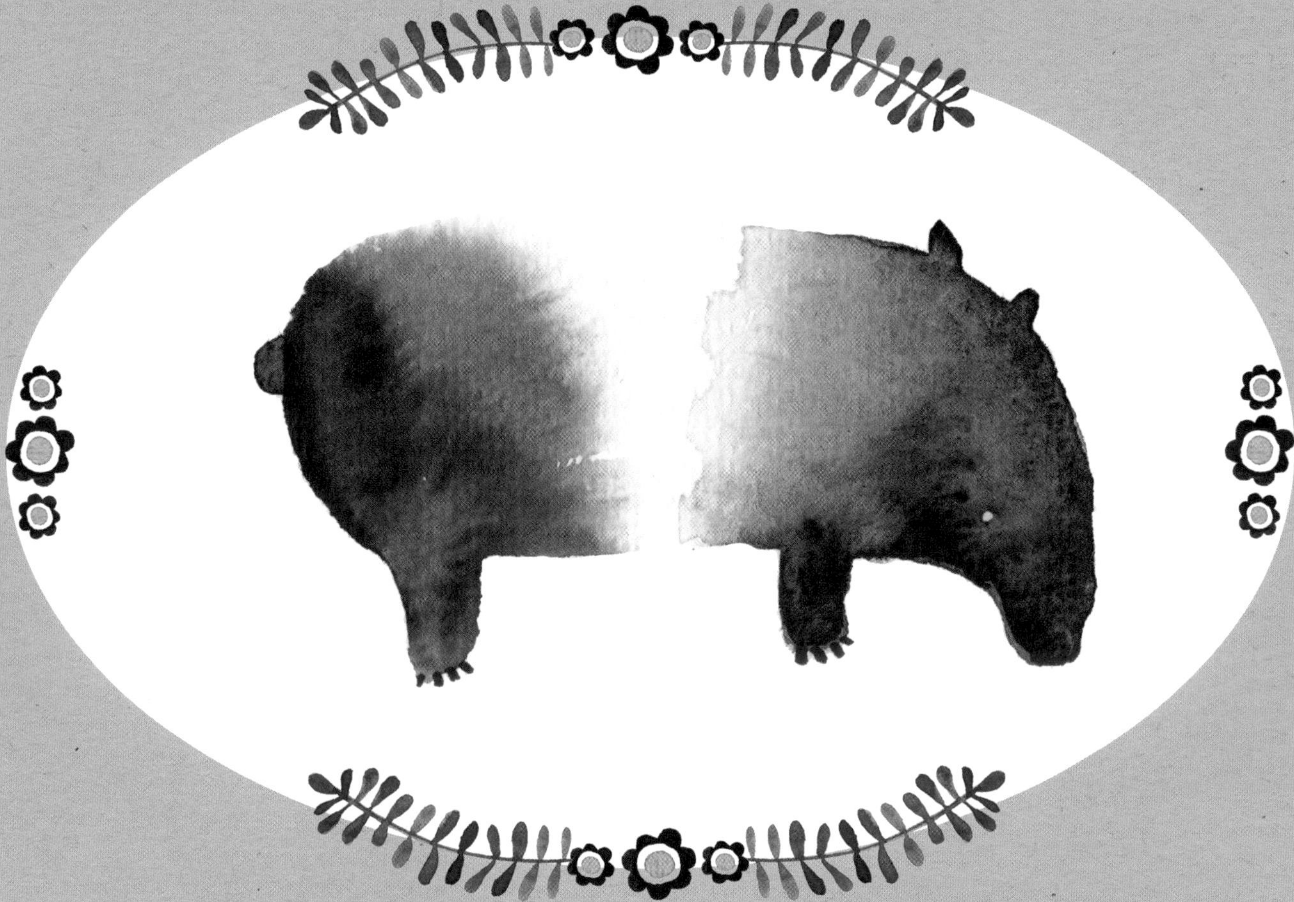

5 Wenn alles getrocknet ist, fügst du die Krallen hinzu und mit Deckweiß das Auge.

Uhu

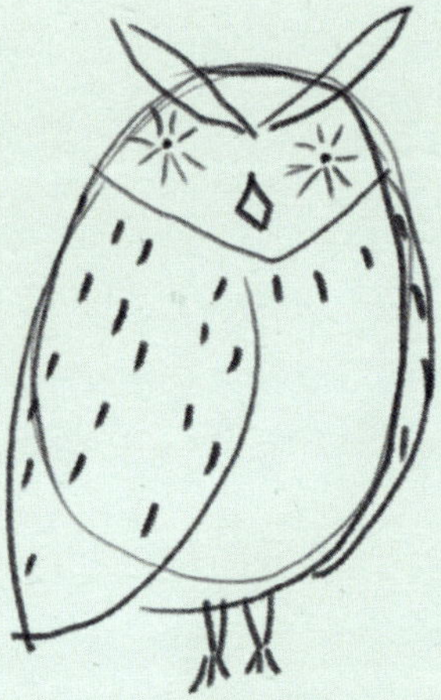

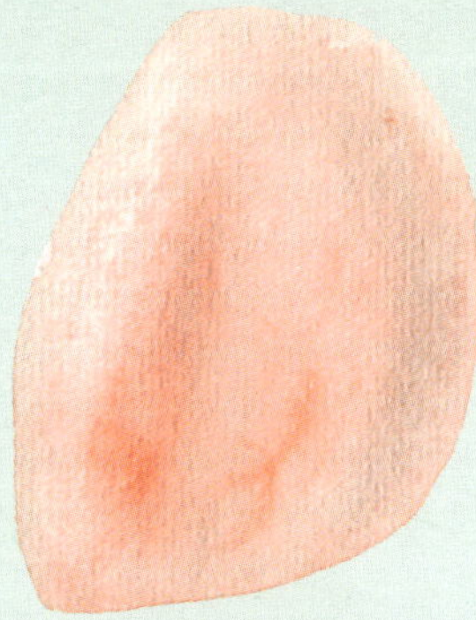

1 Der Uhu hat einen ovalen Körper, eher dreieckige Flügel und eine Raute als Schnabel.

2 Mit einem großen Pinsel malst du die Formen mit Wasser und nur wenig Farbe auf das Papier. Erst das Oval, dann sofort die Form des Flügels, damit sich beide Formen verbinden.

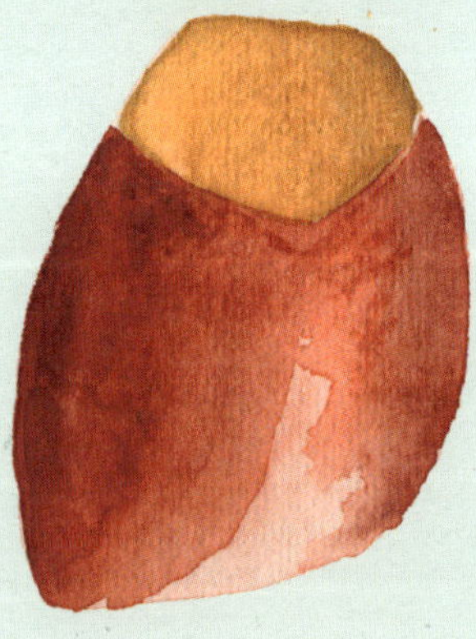

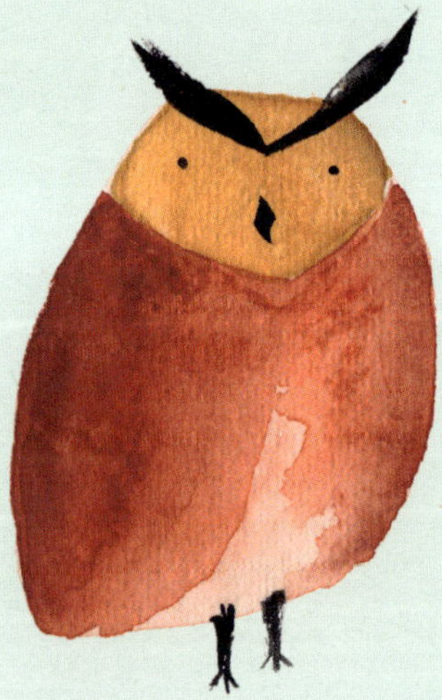

3 Anschließend malst du mit dem mittleren Pinsel und mehr Farbe im Pinsel die Flügel nach. Der rechte Flügel ist etwas verlaufen, aber dieser Zufall sieht toll aus! Nachdem die Flügel trocken sind, malst du mit Ocker den Kopf (dort sollen die Farben nicht zusammenlaufen).

4 Auf den getrockneten Kopf malst du nun die Augen, den Schnabel und mit einem groben Pinselstrich (der Pinsel sollte relativ trocken sein) die buschigen Ohren/Augenbrauen. Füge am Ende ein paar kleine Füße dazu.

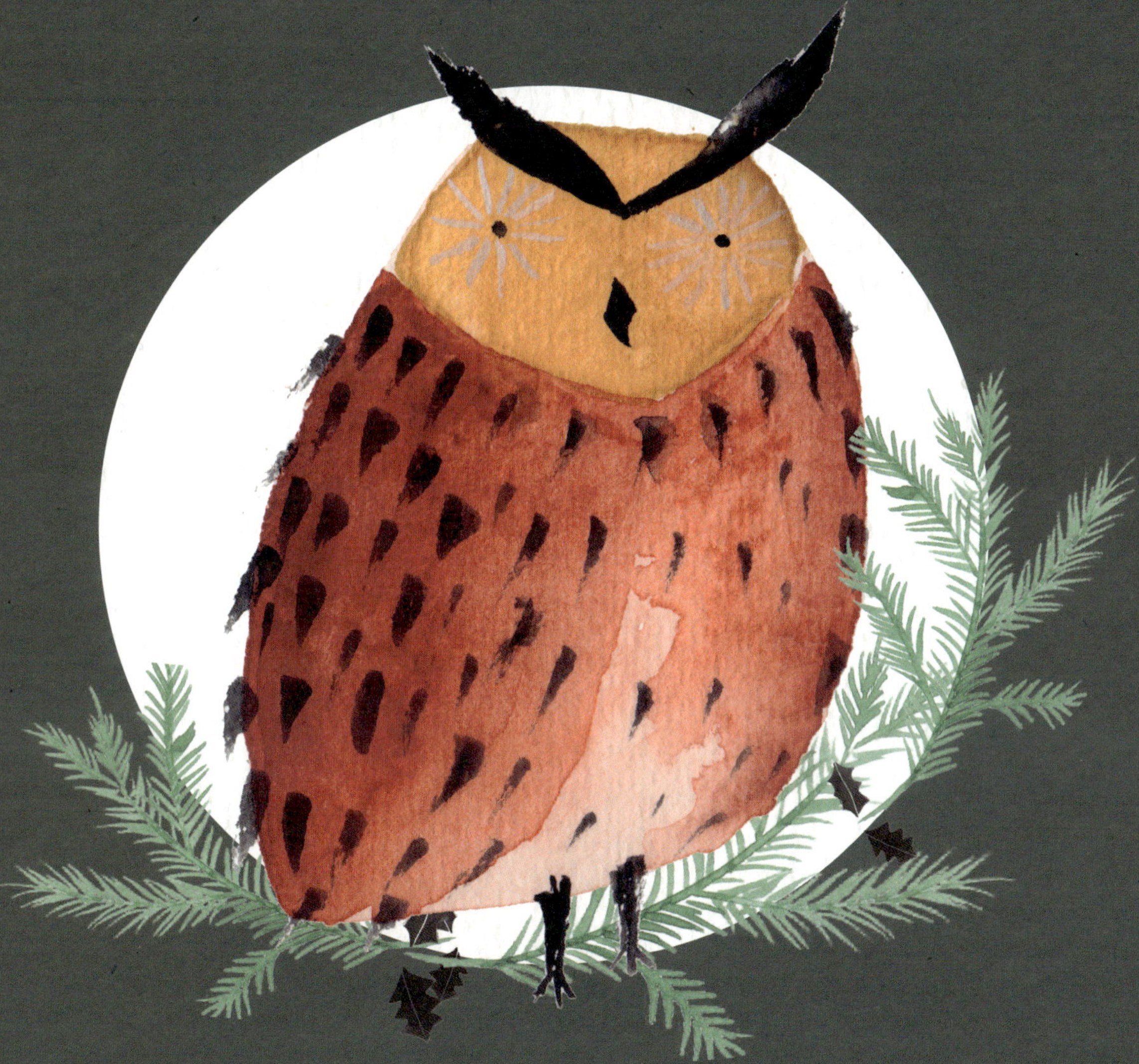

5 Mit Deckweiß umrandest du die Augen mit dünnen Strichen (von innen nach außen malend). Mit dem relativ trockenen, mittleren Pinsel ziehst du vertikale, schwarze Striche – die Federn.

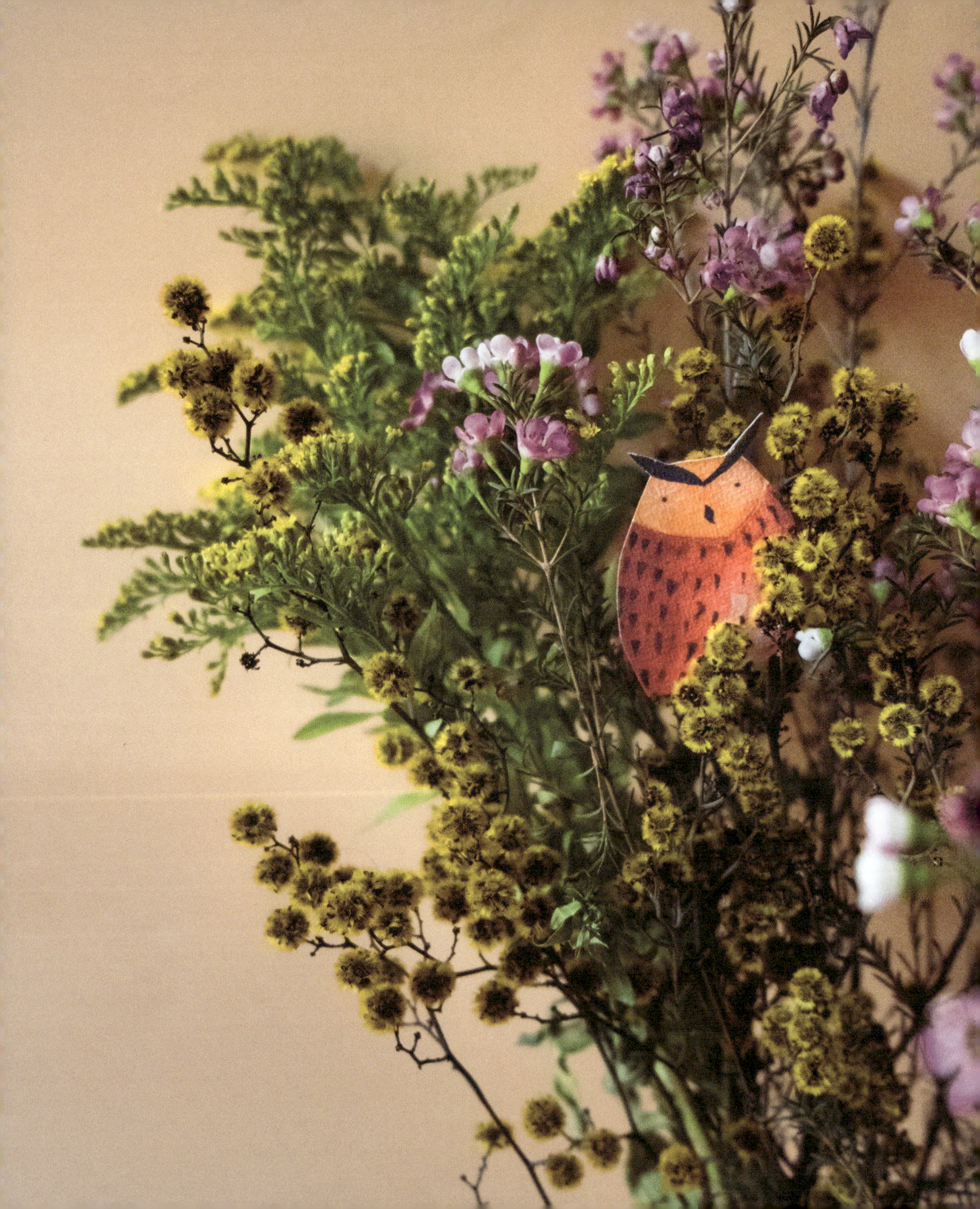

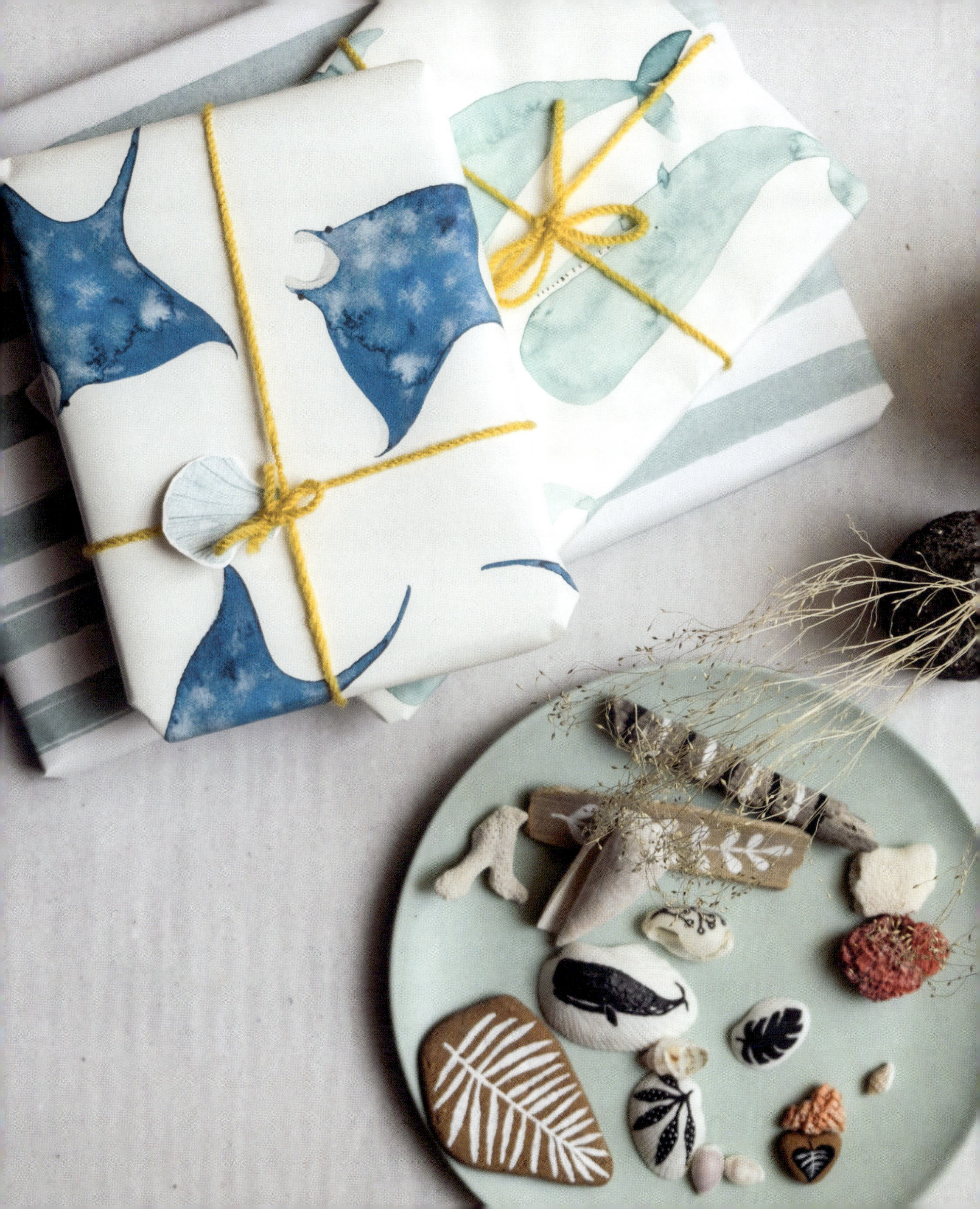

Viper

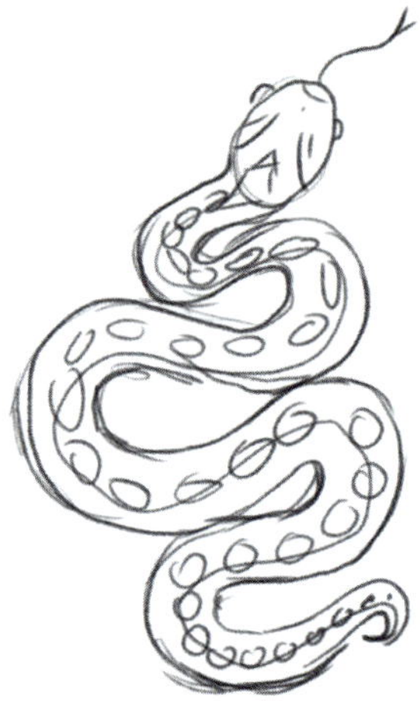

1 Schlangen haben einen ovalen Kopf, und der Körper besteht aus vielen „Serpentinen".

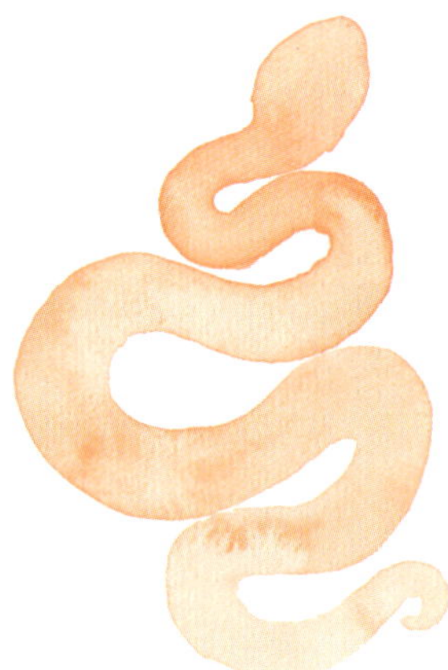

2 Mit einem mittelgroßen Pinsel malst du den Kopf und direkt daran in einigen Windungen den Schlangenkörper. In der Mitte ist der Körper dicker.

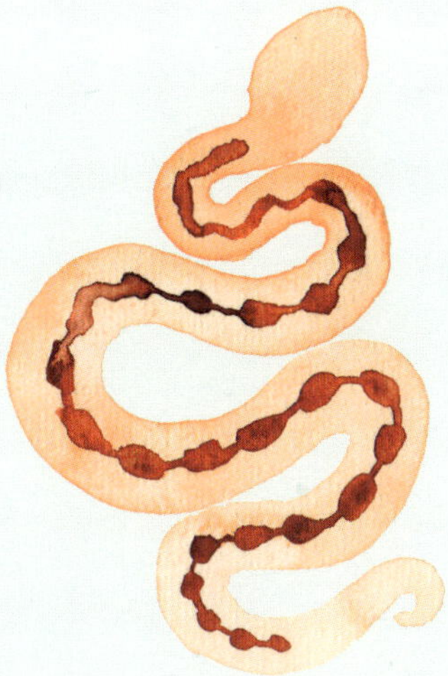

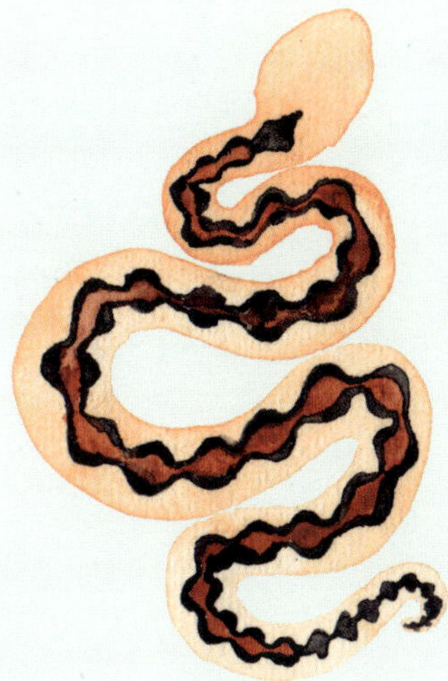

3 Wenn alles trocken ist, malst du in den nächsten Schritten mit dem kleinen Pinsel viele kleine Ovale auf den Rücken, die du mit kurzen Strichen verbindest.

4 Wenn das Muster getrocknet ist, umrandest du das Muster mit schwarzer Farbe.

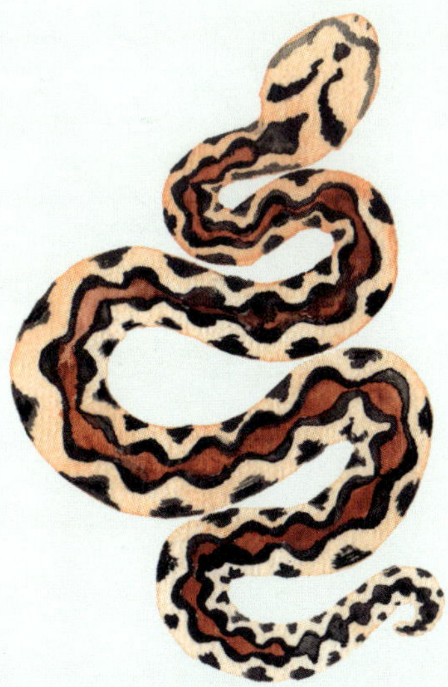

5 Danach malst du kleine Dreiecke an den Rand (immer da, wo das Muster nach innen geht) sowie die Kopfzeichnung.

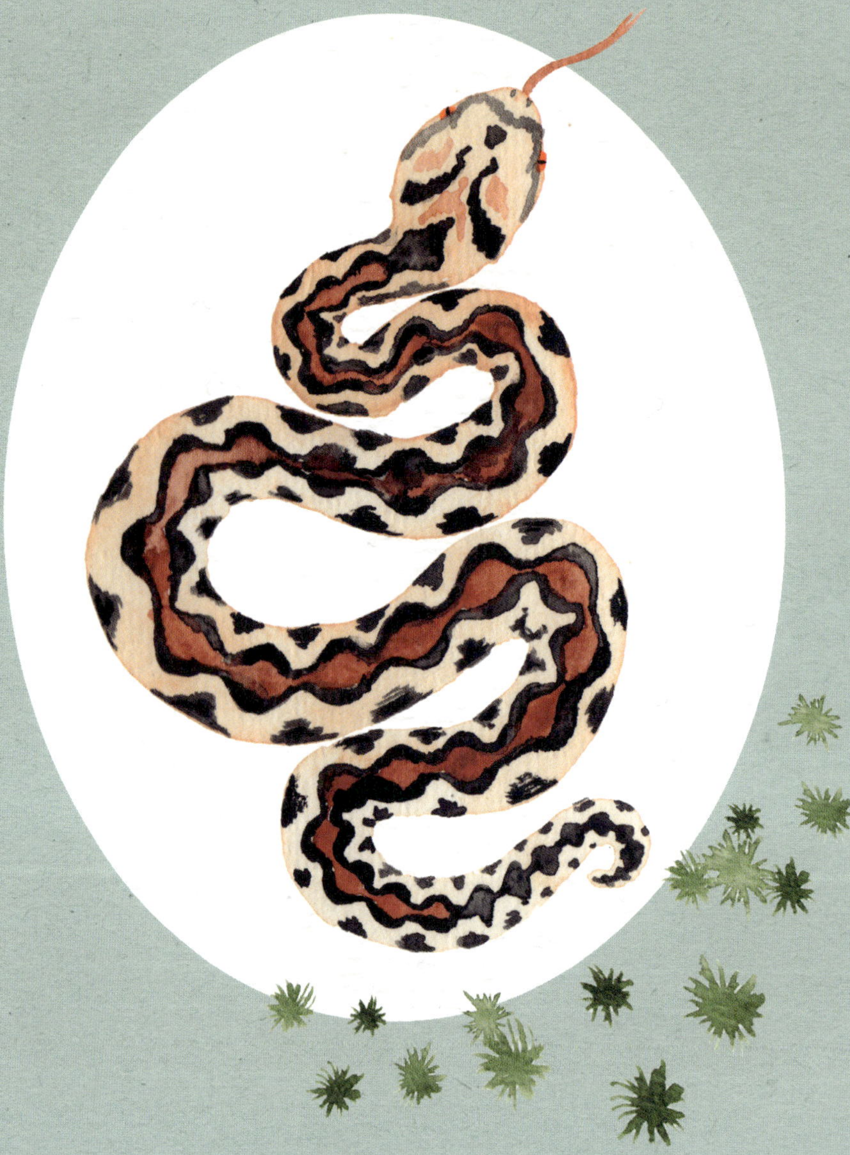

6 Augen und Zunge vollenden die Schlange.

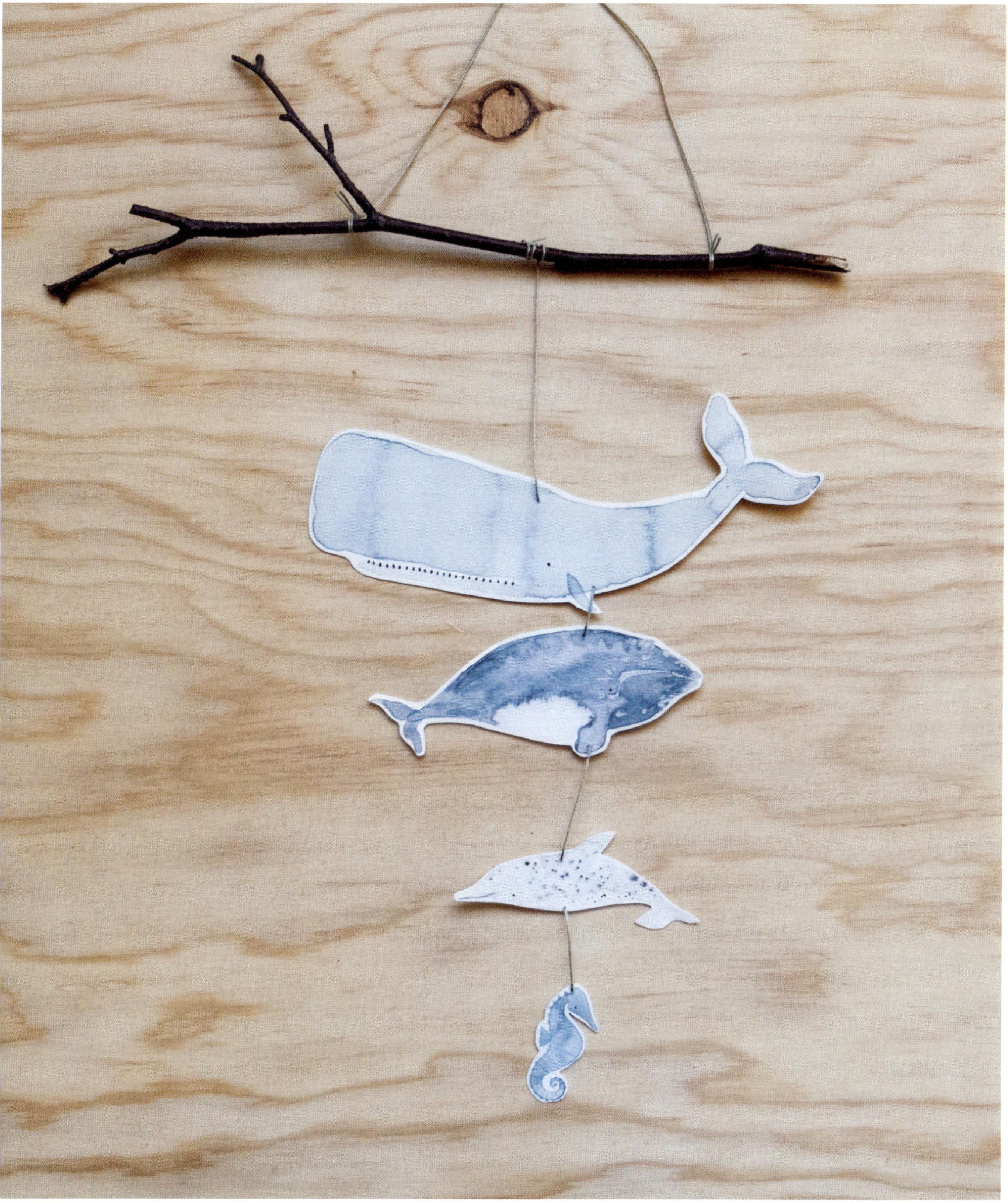

Wal

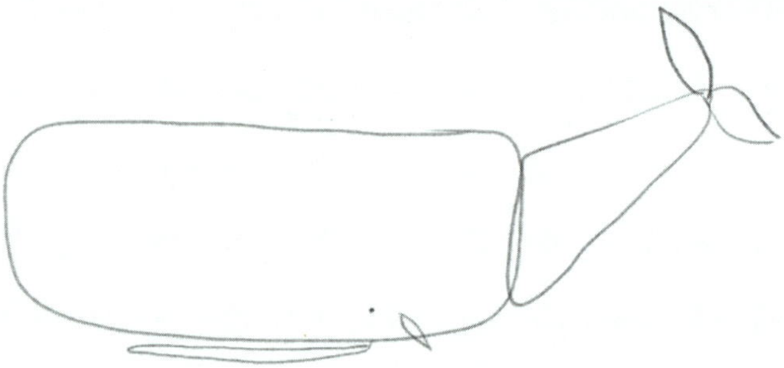

1 Zuerst schaust du dir den Wal wieder ganz genau an und zerlegst ihn in ganz einfache Formen. Der Pottwal besteht hauptsächlich aus einem abgerundeten Viereck und einem Dreieck.

2 Mit einem großen Pinsel malst du die Formen mit Wasser und nur wenig Farbe auf das Papier. Erst das Viereck und direkt daran den dreieckigen Schwanz.

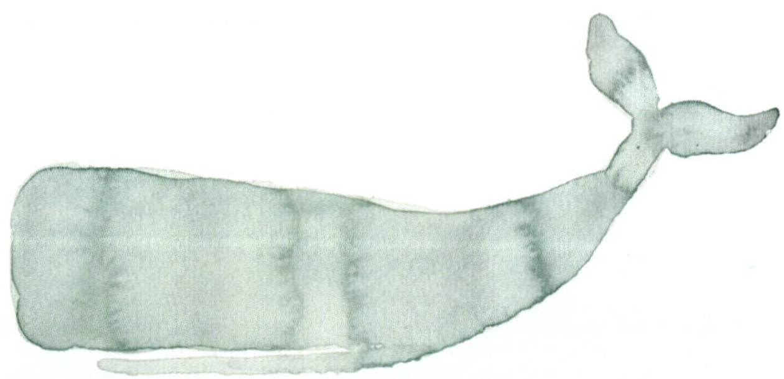

3 Im nächsten Schritt bekommt der Wal einen Unterkiefer – ein einfacher Strich mit einem kleineren Pinsel. Die Schwanzflossen bekommen erstmal nur ein halbes Oval.

4 Die noch nasse Fläche füllst du mit einem Blauton. Die Farbe sollte schön wässrig sein. Anschließend wird die Schwanzflosse in einer Art Blattform vollendet.

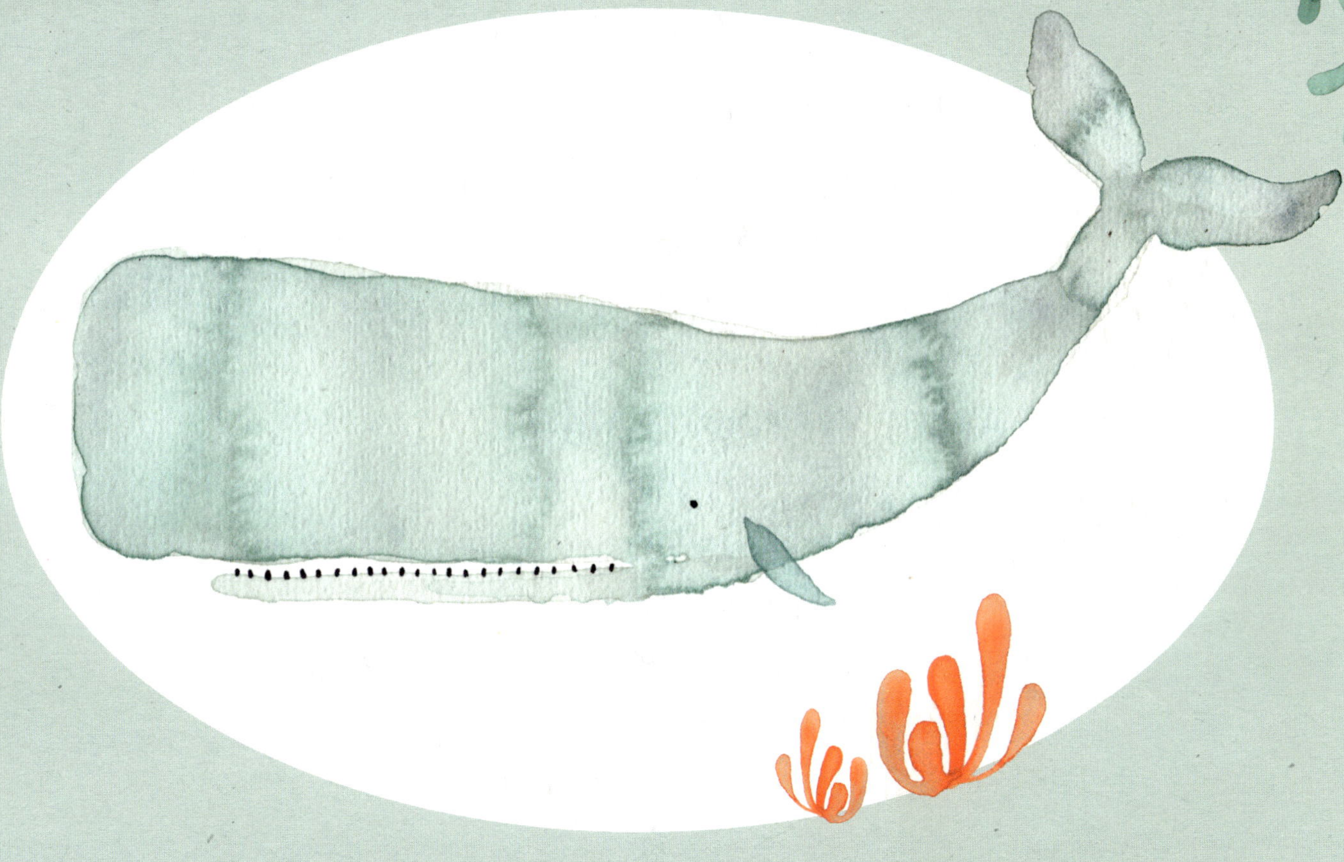

5 Nun wartest du kurz, bis die blaue Farbe getrocknet ist. Der Wal bekommt noch eine kleine Seitenflosse in Form eines kleinen Blattes. Mit schwarzer Farbe und einem ganz dünnen Pinsel setzt du kleine Pünktchen für das Auge und die Zähne. Ahoi!

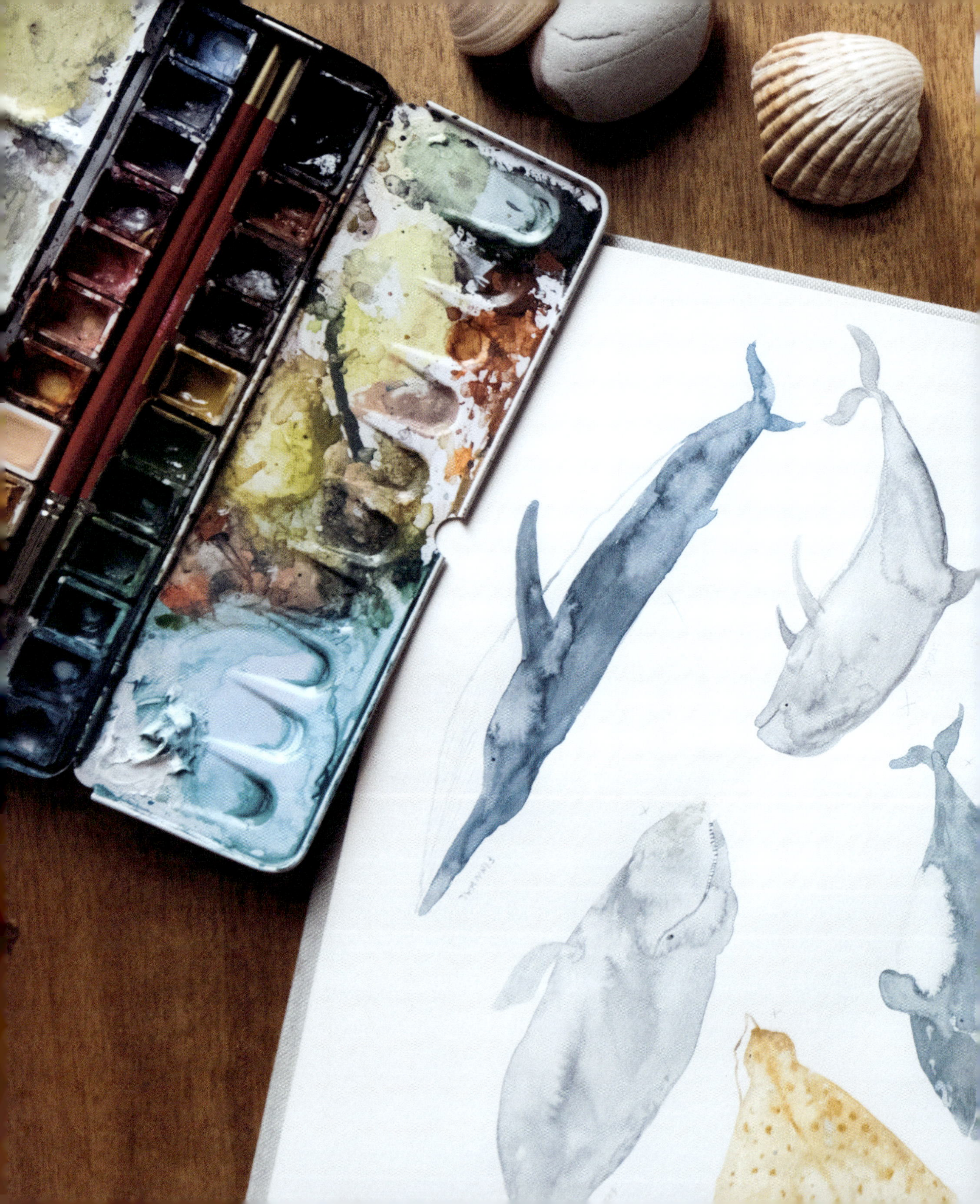

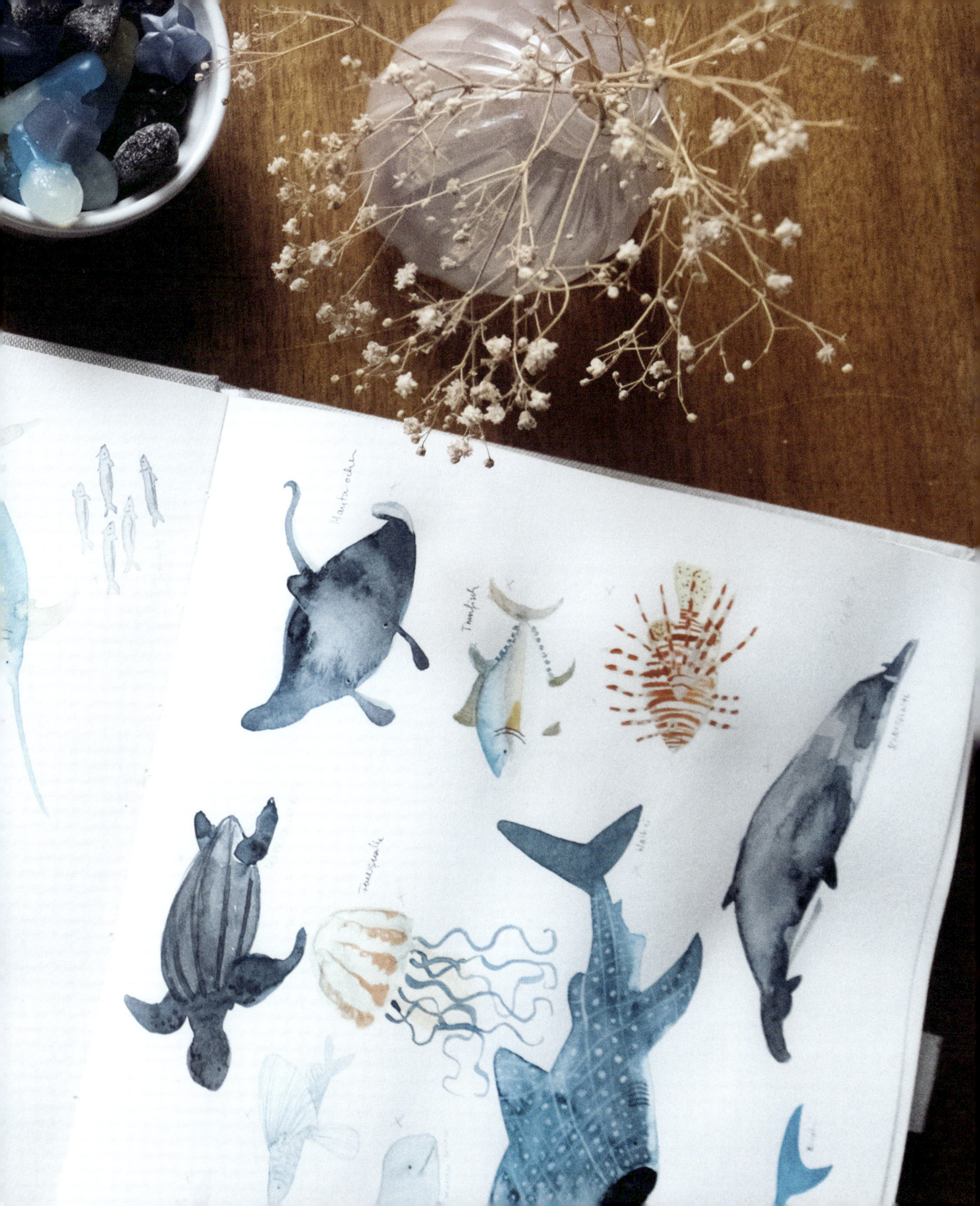
Thunfisch

Xenopus laevis

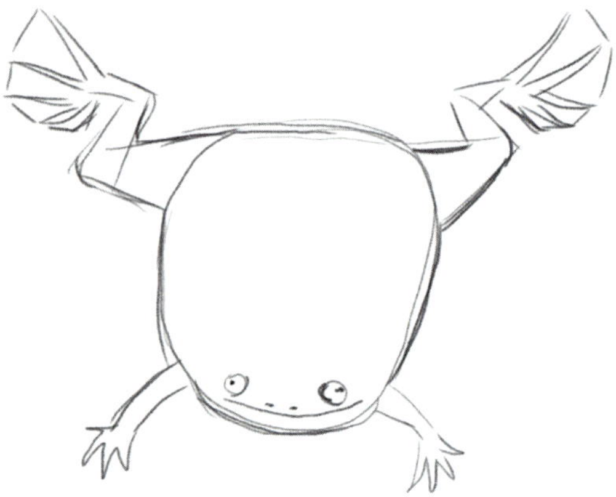

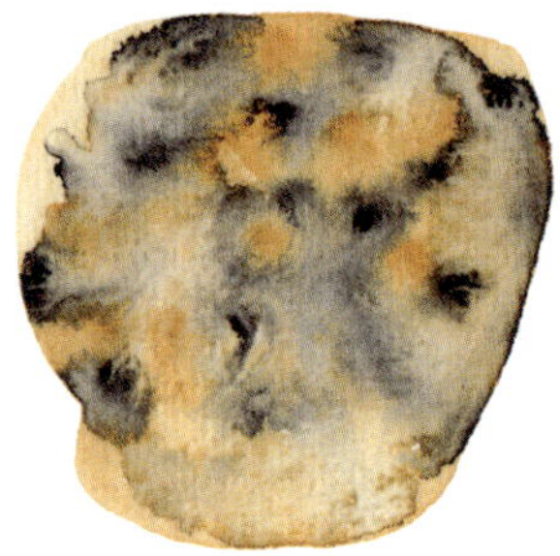

1 Der Xenopus, ein Krallenfrosch, besteht aus einem ovalen Körper, zackenförmigen Hinterbeinen und kurzen Vorderbeinen.

2 Mit einem mittelgroßen Pinsel malst du den ovalen Rumpf mit einem wässrigen Gelbton auf das Blatt. In die noch feuchte Farbe kommen gleich ein paar schwarze Tupfen. Lass sich das Schwarz kurz verteilen und gib dann noch kräftige gelbe Tupfen hinzu.

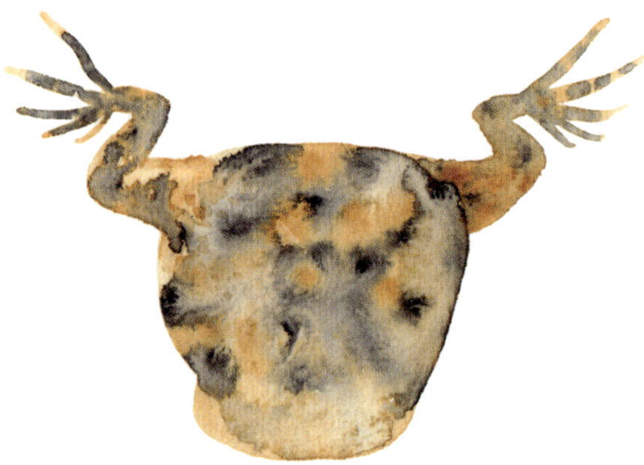

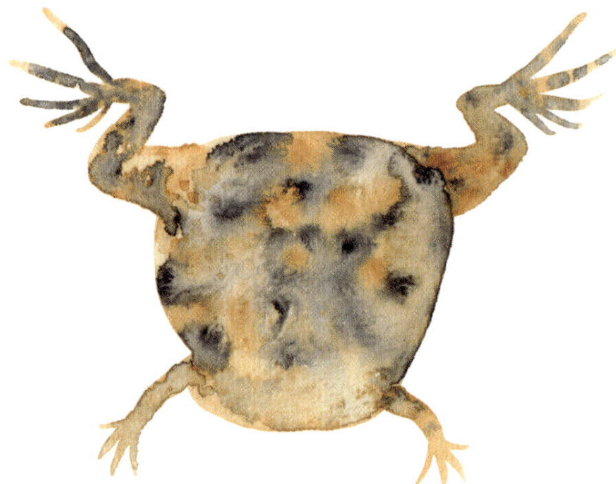

3 Dann malst du die zackenförmigen Beine mit je fünf Krallen. Erst mit wässrigem Gelb, dann mit wässrigem Schwarz malst du anschließend Tupfen auf den gesamten Körper.

4 Der Frosch hat kurze Vorderbeine mit spitzen Krallen.

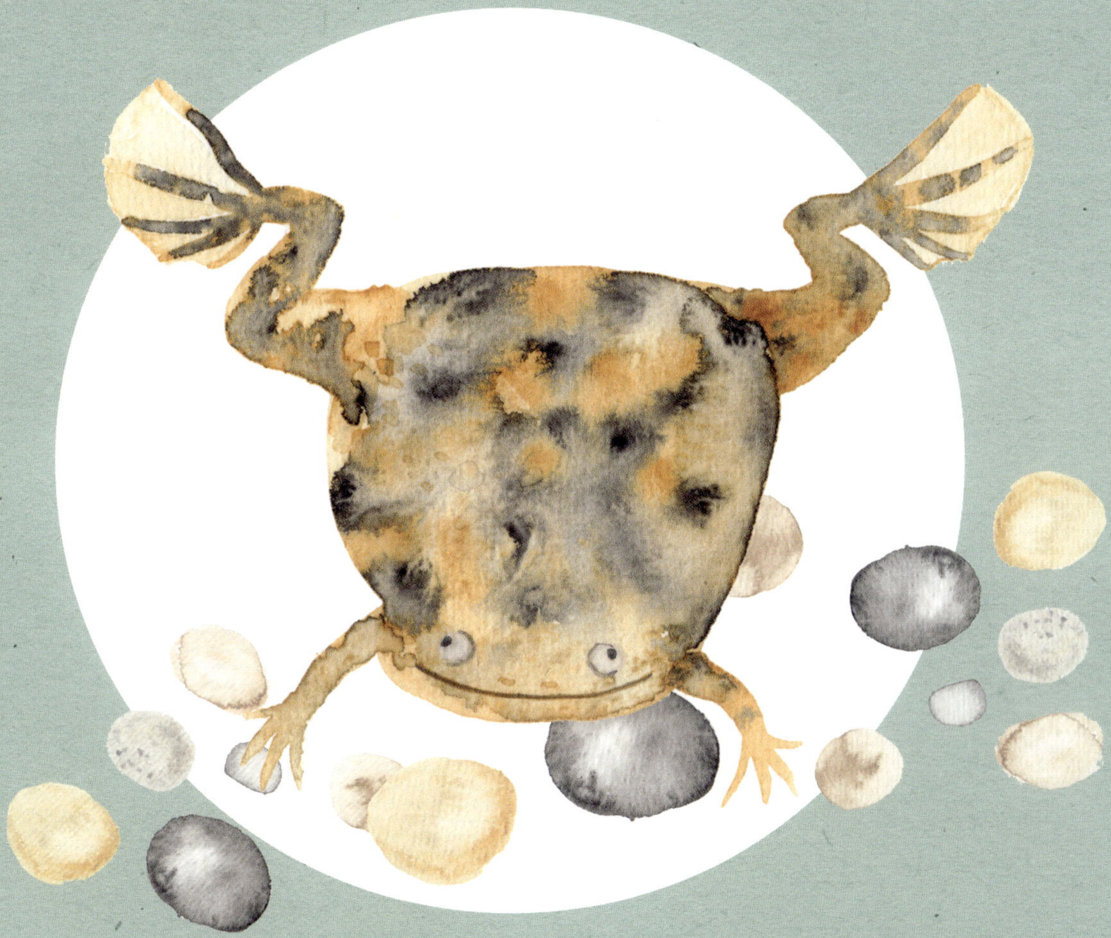

5 Schwimmhäute, Augen, Nasenlöcher und breiter Mund vollenden dieses knuffige Kerlchen.

Yak

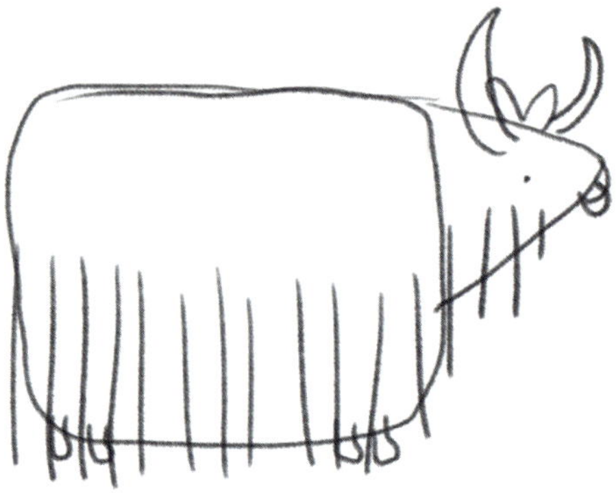

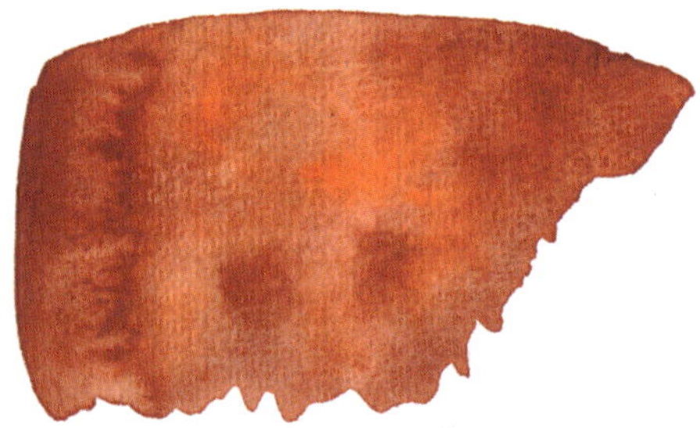

1 Ein Yak ist eigentlich nur ein haariger Kasten mit Hörnern.

2 Mit einem großen Pinsel und einem bräunlichen Rot malst du die viereckige Form mit ordentlich Farbe auf das Papier. Rechts ein Klecks für den Kopf und unten ruhig etwas unordentlich ausmalen.

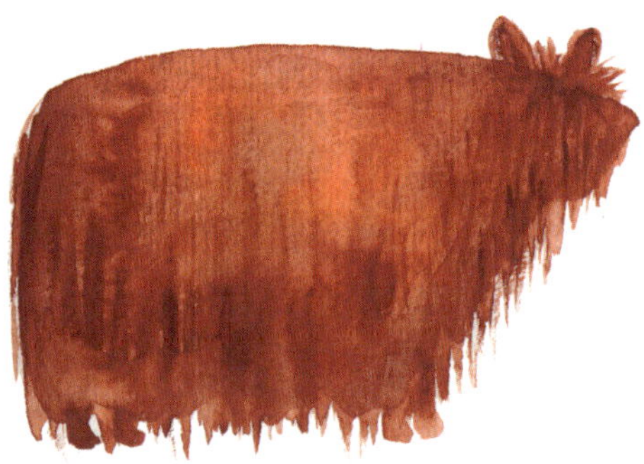

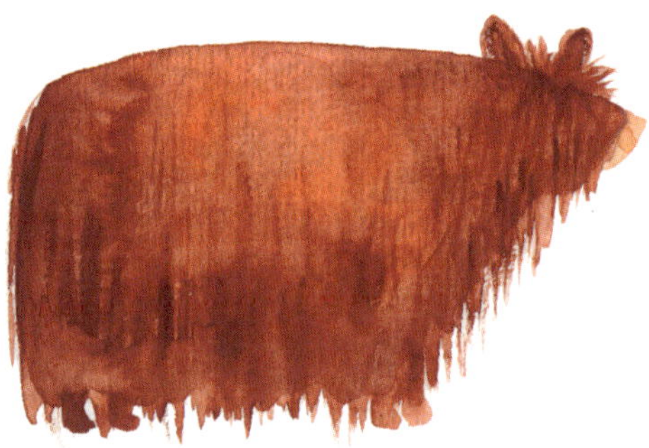

3 Das Yak bekommt blattförmige Ohren, kleine Füßchen und vertikale Fell-Striche …

4 … und eine kleine Nase. Dafür etwas weniger Farbe und mehr Wasser benutzen.

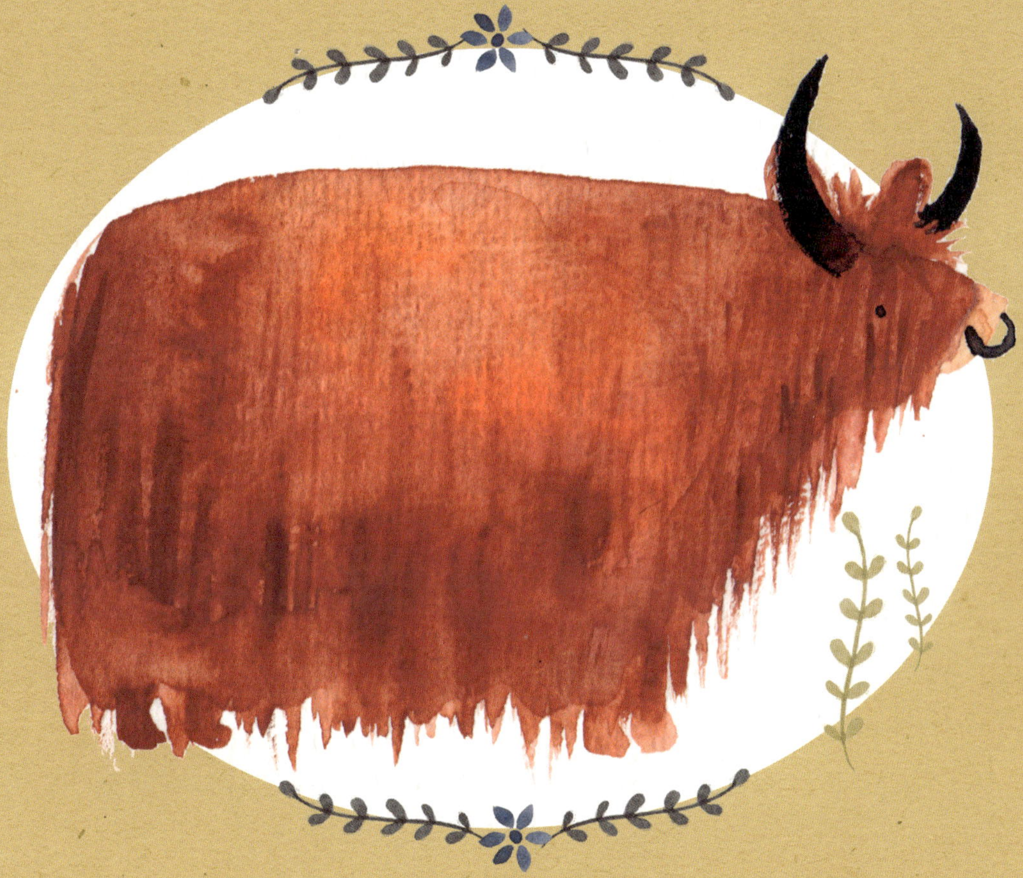

5 Schwarze Hörner, ein Auge und ein Nasenring machen es zu einem glücklichen Yak.

Zebra

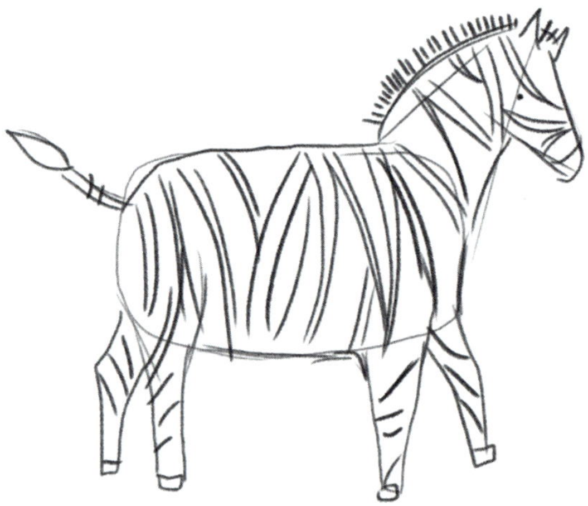

1 Unser Zebra hat natürlich auch einen kastigen Rumpf, einen eher dreieckigen Hals und Kopf, auch die Ohren sind kleine Dreiecke.

2 Mit einem großen Pinsel malst du die viereckige Form mit „schmutzigem" Weiß auf das Papier. Hals und Kopf direkt anfügen.

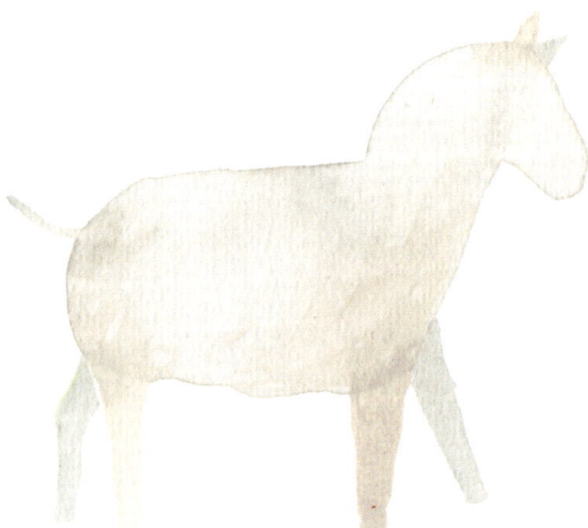

3 Beine, Ohren und Schwanz …

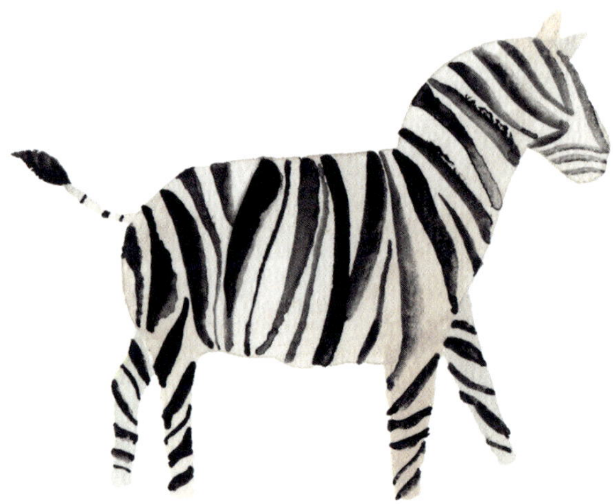

4 … und nun kannst du dich bei dem Streifenmuster wild austoben. Male dünne und dicke Streifen.

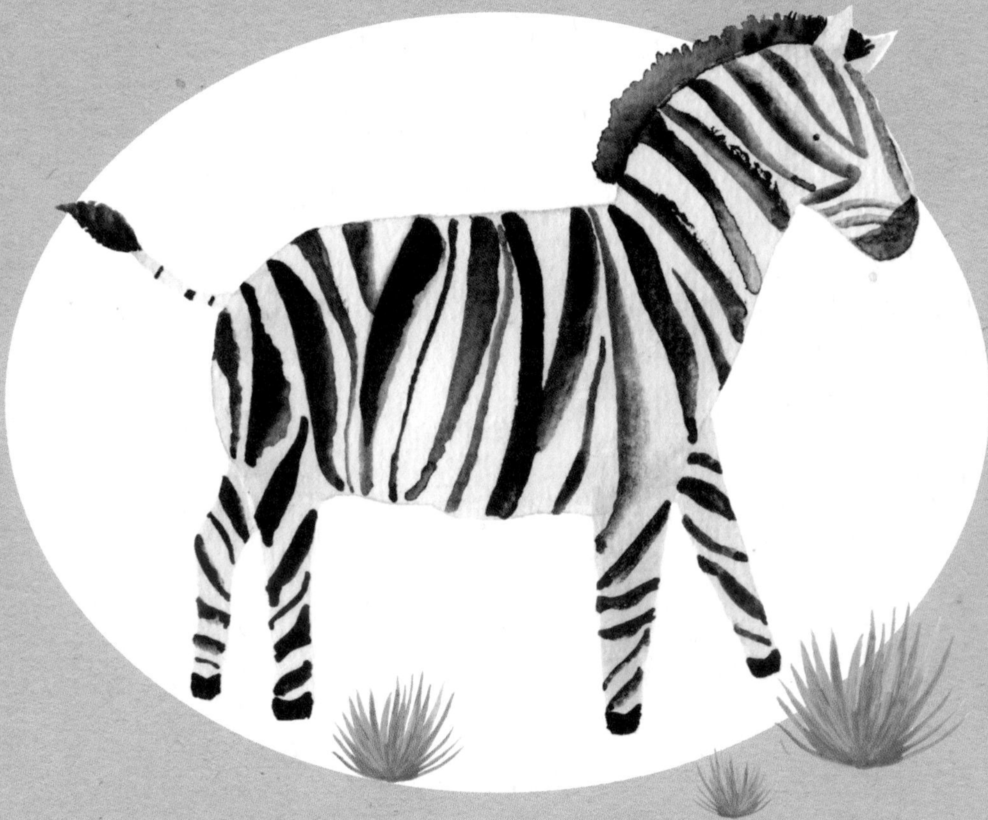

5 Schweif, Hufe, Schnauze und Pünktchenauge – fertig ist das Zebra.

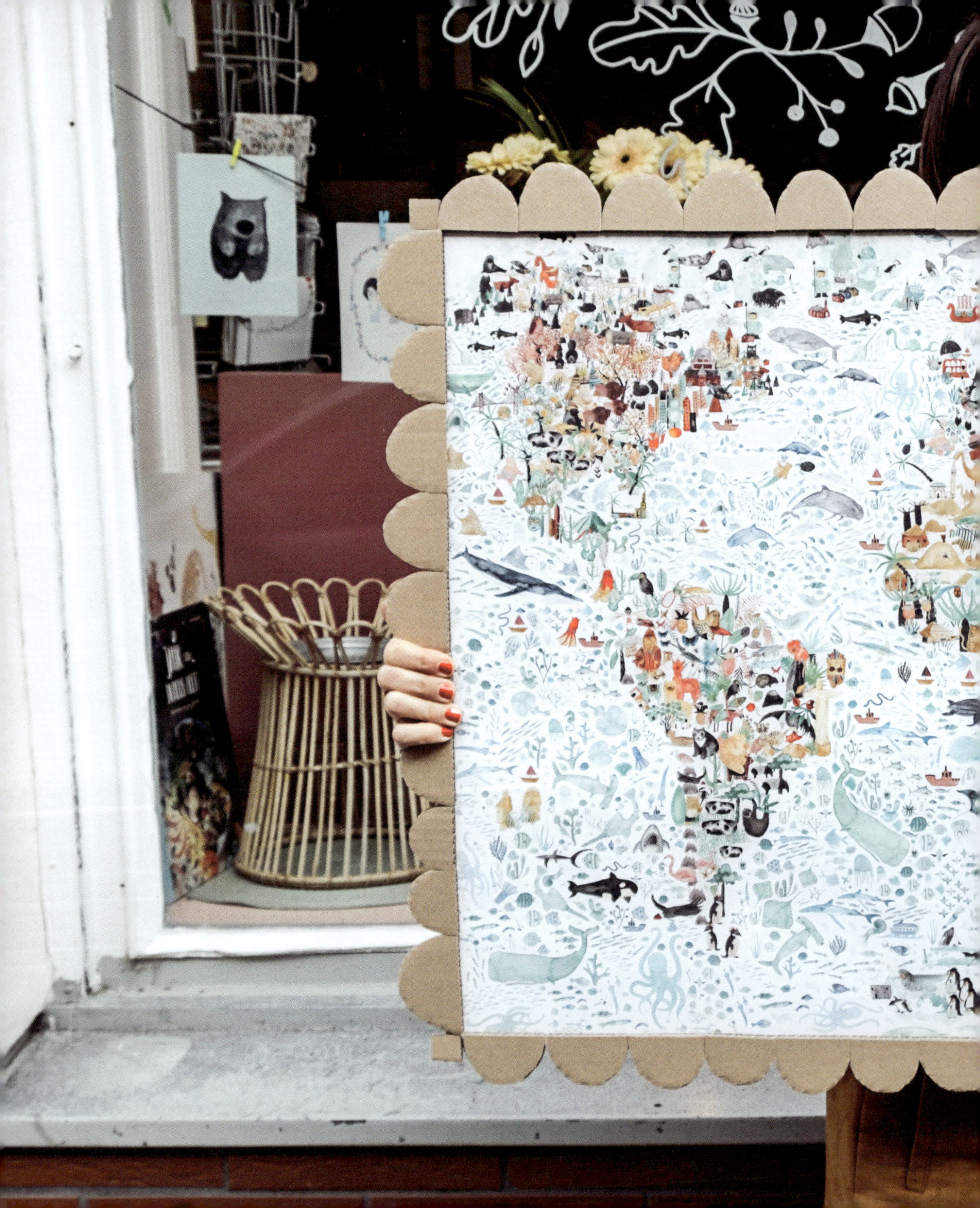

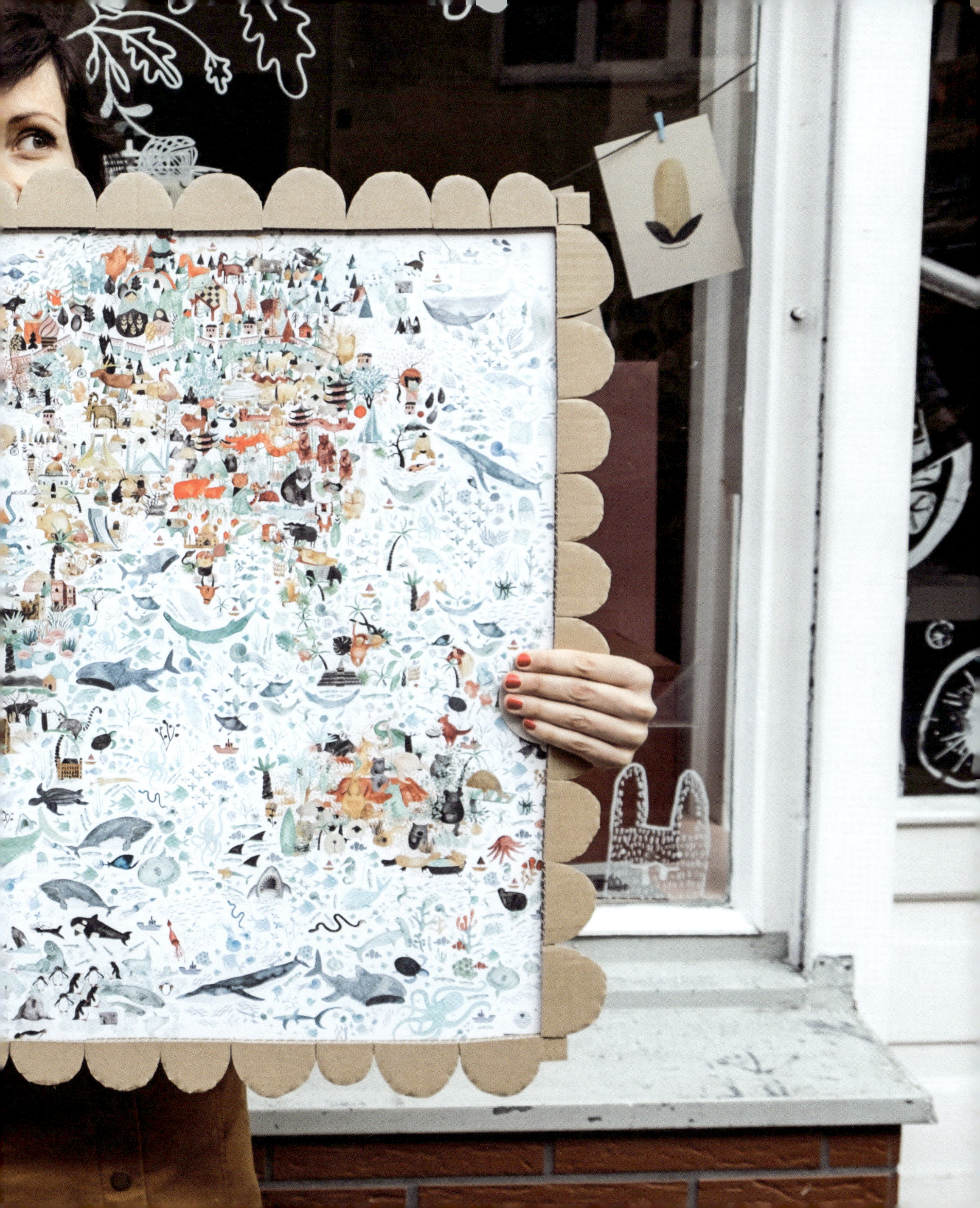

Bibliografische Information der Deutschen Bibliothek.

Die Deutsche Bibliothek verzeichnet diese Publikation in der Deutschen Nationalbibliografie.

Detaillierte bibliografische Daten sind im Internet über http://www.dnb.de/ abrufbar.

Alle in diesem Buch veröffentlichten Abbildungen sind urheberrechtlich geschützt und dürfen nur mit ausdrücklicher schriftlicher Genehmigung des Verlags gewerblich genutzt werden. Eine Vervielfältigung oder Verbreitung der Inhalte des Buchs ist untersagt und wird zivil- und strafrechtlich verfolgt. Das gilt insbesondere für Vervielfältigungen, Übersetzungen, Mikroverfilmungen und die Einspeicherung und Verarbeitung in elektronischen Systemen.

Die im Buch veröffentlichten Aussagen und Ratschläge wurden von Verfasser und Verlag sorgfältig erarbeitet und geprüft. Eine Garantie für das Gelingen kann jedoch nicht übernommen werden, ebenso ist die Haftung des Verfassers bzw. des Verlags und seiner Beauftragten für Personen-, Sach- und Vermögensschäden ausgeschlossen.

Bei der Verwendung im Unterricht ist auf dieses Buch hinzuweisen.

EIN BUCH DER EDITION MICHAEL FISCHER

5. Auflage 2022

© 2019 Edition Michael Fischer GmbH, Donnersbergstr. 7, 86859 Igling

Covergestaltung und Layout: Jenny Boidol / bär von pappe

Redaktion und Lektorat: Anna Schmitt und Franziska Klorer

ISBN 978-3-96093-323-6

Gedruckt bei Polygraf Print, Čapajevova 44, 08001 Prešov, Slowakei

www.emf-verlag.de